HOMO
FABER
Ein Bericht

Max Frisch

Edited and slightly abridged by
Paul Kurt Ackermann
Boston University

in collaboration with
Constance Clarke
Boston University

HOUGHTON MIFFLIN COMPANY   BOSTON
Atlanta   Dallas   Geneva, Illinois
Hopewell, New Jersey   Palo Alto

Reprinted by permission of Suhrkamp Verlag
© 1957 Suhrkamp Verlag Frankfurt-am-Main

Printed in the U.S.A.
Library of Congress Catalog Card Number: 72-9379
ISBN: 0-395-14402-7

PREFACE

This edition of *Homo Faber* is intended for the second
year of German language study and may be used either in
the third or fourth semester. Frisch uses simple sentence
structures, and his vocabulary is contemporary and idio-
matic.

The annotations on the pages facing the text are not intended as translations of difficult words, but rather to
help the student in his vocabulary study and to familiarize
him with the construction of German words. The end
vocabulary is complete and repeats words which have already appeared on the facing pages.

We have abbreviated the original text by about one fifth
in order to keep this edition to a manageable size. All
deletions were made together with Max Frisch and ap-
proved by him. For his revealing comments and for his
warm friendliness we cannot thank him enough.

Cambridge, Massachusetts   P. K. Ackermann

INTRODUCTION

Homo Faber is a many-sided work, and it is an indication
of Frisch's skill that he is able to keep various story
strands, ideas, and themes moving easily within the frame-
work of a rather short and crisply written novel. The love
story involves relationships that are complicated and become more intricate the longer the reader thinks about
them. The events take place in Mexico, Cuba, Guatemala,
and Southern Europe, and the landscape descriptions are
vivid and evocative. Beyond the evocation of places and
scenes there are allusions to classical mythology and
poetry that provide depth and significance to the unfold-
ing plot. But these allusions are subtle and playful and
need not be pressed too far.

The novel is also the life story of Walter Faber, an engineer
by profession and an apostle of modern technology.
Through him Frisch explores two ideas, both of contemporary interest: one, that modern technology and recent
scientific discoveries have encouraged a mechanistic concept of life that blinds man to values lying beyond
measurable quantities; the other is the problem of personal identity, the age-old question of "Who am I?" In
Homo Faber these ideas are interrelated, and Frisch pur-
sues them critically and provocatively.

The novel is written in the form of a journal during a period
of less than four months, although the events referred to
cover many years. This is an "I" novel, but Frisch does
not identify with his protagonist. He makes the narrator's

point of view and the limits of his insights and consciousness perfectly clear to the reader, with the result that the reader's awareness exceeds that of the narrative "I". Even though this "I" does not represent Frisch, it nevertheless occasionally voices his thoughts and observations. Frisch has invented Faber in order to critically expose a specific outlook on life. An author employing such a technique has the problem of making his own disapproval known to the reader. He can do this either by letting his hero come to grief as the result of his way of life, or by undermining the credulity of his statements by demonstrating, as Frisch does, that the hero's professed sentiments cannot really be taken seriously, that a conflict exists between his utterances and his real but unperceived self.

And there is such a conflict in Faber. For one thing, he protests too much. He is too aggressive in his constant espousal of his matter-of-fact life style, his love for numbers and measurements, his disdain for all kinds of emotions. Besides, the reader quickly begins to feel that Faber relies too much on the support of modern gadgetry and that an electric power failure, aside from being felt as a personal affront, would render his life uncivilized, disorderly, unmanageable. Faber is, in fact, vulnerable and far more emotional than he is willing to acknowledge. One example is his attitude towards women. He comments that they are a strenuous distraction, and he rails against marriage. The very sight of a double room makes him flee. But the truth is that Faber proposes marriage on board ship to a young girl who reminds him of a long-ago unresolved love affair and whose pony tail and tight jeans attract him. Clearly Faber does not know himself very well. He is playing a role for his own benefit, the role of the cool, objective engineer, but he has convinced only part of himself. Of the conflict within himself he is unaware.

Role playing and the search for an authentic self, in short, the problem of identity, has been a recurrent theme in

Frisch's works. In his play *Andorra* he shows how pernicious the creation of stereotypes is. He demonstrates here in the context of race prejudice that we force our victim into a stereotype in order to persecute him without doing too much violence to our conscience. In the novels *Stiller* and *A Wilderness of Mirrors* (*Mein Name sei Gantenbein*), as well as in the play *Biografia*, he experiments with the idea that irrespective of what our real self might be, we do have the option of changing our adopted role, that other identities and lives are possible for us. But we cling to our adopted roles. Every man, Frisch said, invents a kind of script, a story, a life, which he will regard as uniquely his own. He will fight to preserve his role and his mask, even if it means great sacrifice. Faber clings to his role, to his concept of himself as a man who trusts statistics but is leery of the reality of emotional experience and of fate. In the course of his story, Faber becomes more aware and changes subtly. Ironically, this development parallels the course of his fatal disease (a favorite theme of the German Romantic tradition). On a smaller scale than Hesse's *Steppenwolf*, Faber experiences his own "magic theatre" in Cuba among elemental, spiritually healthy, joyful people. But Frisch is too knowing and too ironically critical to allow his hero to find a comfortable, pat answer to his problems. The contemporary Greek poet Cavafy wrote: "When you start on your journey, then pray that the road is long, full of adventure, full of knowledge." Walter Faber's Cuba is not, like Cavafy's Ithaca, the symbolic end of a quest, but rather a possibility. Faber remains mostly a spectator in the land of these spontaneous people, so unlike himself, although in the end he is carried away briefly by the contageous vitality and sings the praises of life.

P. K. A.

BIBLIOGRAPHY

Max Frisch, a Swiss, became a professional writer in the
mid-forties and has since then acquired an international
reputation as one of the foremost Swiss men of letters.
His plays and novels have been translated into many lan-
guages.

Works by Max Frisch

PLAYS

Nun singen sie wieder. Basel: Verlag Benno Schwabe, 1946.
Santa Cruz. Basel: Verlag Benno Schwabe, 1947.
Die Chinesische Mauer. Basel: Verlag Benno Schwabe, 1947.
          . Frankfurt/Main: Suhrkamp, 1955.
Als der Krieg zu Ende war. Basel: Verlag Benno Schwabe,
   1949.
Graf Oederland. Frankfurt/Main: Suhrkamp, 1951.
Don Juan oder Die Liebe zur Geometrie. Frankfurt/Main:
   Suhrkamp, 1953.
Herr Biedermann und die Brandstifter. Hamburg: Hans
   Bredow-Institut, 1953.
Biedermann und die Brandstifter. Frankfurt/Main: Suhr-
   kamp, 1959.
Die große Wut des Philipp Hotz. St. Gallen: Tschudy-Ver-
   lag (in "Hortulus"), 1958.
Andorra. Frankfurt/Main: Suhrkamp, 1961.
Stücke. Frankfurt/Main: Suhrkamp, 1962 (2 vols.).
Biographie. Frankfurt/Main: Suhrkamp, 1967.

NOVELS

Jürg Reinhart. Stuttgart: Deutsche Verlags-Anstalt, 1934.

Blätter aus dem Brotsack. Zürich: Atlantis, 1940.

Die Schwierigen oder J'adore ce qui me brûle. Zürich: Atlantis, 1943 and 1957.

Tagebuch mit Marion. Zürich: Atlantis, 1947.

Tagebuch 1946–1949. Frankfurt/Main: Suhrkamp, 1950.

Stiller. Frankfurt/Main: Suhrkamp, 1954.

Homo Faber. Frankfurt/Main: Suhrkamp, 1957.

Mein Name sei Gantenbein. Frankfurt/Main: Suhrkamp, 1964.

Tagebuch 1967–1971. Frankfurt/Main: Suhrkamp, 1972.

1. *starteten*: *starten* to take off (as of a plane)
4. *Ich richtete mich sofort zum Schlafen* I immediately got ready to go to sleep
11. *einzig und allein* purely and simply
14. *auffiel*: *auf-fallen, ie, a* to be noticeable; *der mir sogleich auffiel* who immediately struck my attention
15. *Bügelfalten*: *die Falte, -n* fold, crease; *bügeln* to iron, press; *sich die Bügelfalten zog* pulled (straightened out) the creases (of his pants)
19. *die Gürtel geschnallt hatte*: *der Gürtel, -* belt; safety belt; *schnallen* to buckle, fasten
21. *auf Vollgasprobe*: *die Probe, -n* test, trial; *das Vollgas* open or full throttle; *Vollgas geben, a, e* to put one's foot down on the accelerator; *die Vollgasprobe* testing of the motor at full speed
23. *Ivy hatte . . . auf mich eingeschwatzt*: *schwatzen* to chatter; *ein-schwatzen auf* to talk insistently to a person
25. *grundsätzlich* on principle; *der Grundsatz, ̈e* principle
27. *ging's los*: *los-gehen, i, a* to start, begin
28. *Schneetreiben*: *der Schnee* snow; *treiben, ie, ie* to drive, drift; *das Schneetreiben* blizzard of snow, snow storm

Erste Station

Wir starteten in La Guardia, New York, mit dreistündiger
Verspätung infolge Schneestürmen. Unsere Maschine war,
wie üblich auf dieser Strecke, eine Super-Constellation.
Ich richtete mich sofort zum Schlafen, es war Nacht. Wir
warteten noch weitere vierzig Minuten draußen auf der   5
Piste, Schnee vor den Scheinwerfern, Pulverschnee, Wirbel
über der Piste, und was mich nervös machte, so daß ich
nicht sogleich schlief, war nicht die Zeitung, die unsere
Stewardeß verteilte, *First Pictures Of World's Greatest
Air Crash In Nevada,* eine Neuigkeit, die ich schon am   10
Mittag gelesen hatte, sondern einzig und allein diese Vibration in der stehenden Maschine mit laufenden Motoren – dazu der junge Deutsche neben mir, der mir sogleich auffiel, ich weiß nicht wieso, er fiel auf, wenn er den
Mantel auszog, wenn er sich setzte und sich die Bügelfalten   15
zog, wenn er überhaupt nichts tat, sondern auf den Start
wartete wie wir alle und einfach im Sessel saß, ein Blonder
mit rosiger Haut, der sich sofort vorstellte, noch bevor
man die Gürtel geschnallt hatte. Seinen Namen hatte ich
überhört, die Motoren dröhnten, einer nach dem andern   20
auf Vollgasprobe –
Ich war todmüde.
Ivy hatte drei Stunden lang, während wir auf die verspä-
tete Maschine warteten, auf mich eingeschwatzt, obschon
sie wußte, daß ich grundsätzlich nicht heirate.   25
Ich war froh, allein zu sein.
Endlich ging's los –
Ich habe einen Start bei solchem Schneetreiben noch nie
erlebt, kaum hatte sich unser Fahrgestell von der weißen

1

2. *nicht einmal* not even
4. *Blinklicht: das Licht, -er* light; *blinken* to flicker, gleam, flash; *das Blinklicht, -er* flashing light
4. *Tragfläche: die Fläche, -n* surface; *tragen, u, a* to carry; *die Tragfläche, -n* wing (as of an airplane)
6. *kam sich wie . . . vor: sich vor-kommen, a, o wie* to feel like
8. *Rauchen gestattet: gestatten* to permit; *rauchen* to smoke; *Rauchen gestattet* Smoking permitted: Smoking
9. *so jung war er auch wieder nicht* he wasn't as young as all that
12. *geschäftlich* on business; *das Geschäft, -e* business
12. *soviel ich verstand: verstehen, a, a* as far as I understood
13. *ziemliche Böen: die Böe, -n* gust of wind, turbulence; *ziemliche* considerable
17. *keinerlei Bedürfnis nach Bekanntschaft: die Bekanntschaft, -en* acquaintance; *das Bedürfnis, -(ss)e nach* need for; no need at all for getting acquainted
23. *entgegenkam: entgegen-kommen, a, o* to meet halfway, oblige; *als ich seinem schwachen Englisch entgegenkam mit Deutsch* when I met (answered) his weak English with German
26. *machte er . . . sofort auf europäische Brüderschaft (coll.): die Brüderschaft* brotherhood; *machen auf* to put on a phony show of; he immediately affected a spirit of European brotherhood
28. *gelöffelt: löffeln* to eat with a spoon; *der Löffel, -* spoon
30. *ab und zu* now and then
31. *Funkenregen: der Regen* rain; *der Funke, -n* spark; *der Funkenregen* shower of sparks
31. *wie üblich* as usual
32. *Motor-Haube: die Haube, -n* bonnet; *die Motor-Haube, -n* hood (over a motor), engine cowling (aviation)
34. *ließen nach: nach-lassen, ie, a* to subside
35. *auf die Nerven ging: auf die Nerven gehen, i, a* to get on (one's) nerves

Piste gehoben, war von den gelben Bodenlichtern nichts
mehr zu sehen, kein Schimmer, später nicht einmal ein
Schimmer von Manhattan, so schneite es. Ich sah nur das
grüne Blinklicht an unsrer Tragfläche, die heftig schwank-
te, zeitweise wippte; für Sekunden verschwand sogar die- 5
ses grüne Blinklicht im Nebel, man kam sich wie ein Blinder vor.
Rauchen gestattet.
Er kam aus Düsseldorf, mein Nachbar, und so jung war
er auch wieder nicht, anfangs Dreißig, immerhin jünger 10
als ich; er reiste, wie er mich sofort unterrichtete, nach
Guatemala, geschäftlich, soviel ich verstand –
Wir hatten ziemliche Böen.
Er bot mir Zigaretten an, mein Nachbar, aber ich bediente
mich von meinen eignen, obschon ich nicht rauchen wollte, 15
und dankte, nahm nochmals die Zeitung, meinerseits keinerlei Bedürfnis nach Bekanntschaft. Ich war unhöflich,
mag sein. Ich hatte eine strenge Woche hinter mir, kein Tag
ohne Konferenz, ich wollte Ruhe haben, Menschen sind
anstrengend. Später nahm ich meine Akten aus der Mappe, 20
um zu arbeiten; leider gab es gerade eine heiße Bouillon,
und der Deutsche (er hatte, als ich seinem schwachen Englisch entgegenkam mit Deutsch, sofort gemerkt, daß ich
Schweizer bin) war nicht mehr zu stoppen. Er redete über
Wetter, beziehungsweise über Radar, wovon er wenig ver- 25
stand; dann machte er, wie üblich nach dem zweiten Weltkrieg, sofort auf europäische Brüderschaft. Ich sagte wenig.
Als man die Bouillon gelöffelt hatte, blickte ich zum Fenster hinaus, obschon nichts andres zu sehen war als das
grüne Blinklicht draußen an unsrer nassen Tragfläche, ab 30
und zu Funkenregen wie üblich, das rote Glühen in der
Motor-Haube. Wir stiegen noch immer –
Später schlief ich ein.
Die Böen ließen nach.
Ich weiß nicht, warum er mir auf die Nerven ging, ir- 35
gendwie kannte ich sein Gesicht, ein sehr deutsches Ge-

3

8. *befanden uns: sich befinden, a, u* to be, find oneself
9. *großer Höhe: die Höhe, -n* height, altitude
11. *die üblichen Scheiben* the usual windowpanes
13. *nichts von* nothing of, not a trace of
19. *Wasserzweige: der Zweig, -e* branch; *das Wasser* water; *der Wasserzweig, -e* branch of water: branch of a river, delta
19. *wenn auch* even though
20. *wie aus Messing* as of (made of) brass
23. *Heftlein: das Heft, -e* notebook; *das Heftlein, -* slim volume
23. *rororo* trade name for Rowohlt paperback books
25. *beziehungsweise: beziehen, o, o* to refer, relate; *beziehungsweise* respectively; relatively
26. *mag... nicht: mögen* to be fond of, like
32. *entschlossen: sich entschließen, o, o* to decide; *Ich war entschlossen* I had made up my mind
35. *sicherer: sicher (adv.)* secure
36. *gestattet: sich gestatten* to take the liberty (to)

sicht. Ich überlegte mit geschlossenen Augen, aber vergeblich. Ich versuchte, sein rosiges Gesicht zu vergessen, was
mir gelang, und schlief etwa sechs Stunden, überarbeitet
wie ich war – kaum war ich erwacht, ging er mir wieder
auf die Nerven.   5
Er frühstückte bereits.
Ich tat, als schliefe ich noch.
Wir befanden uns (ich sah es mit meinem rechten Auge)
irgendwo über dem Mississippi, flogen in großer Höhe
und vollkommen ruhig, unsere Propeller blinkten in der   10
Morgensonne, die üblichen Scheiben, man sieht sie und
sieht hindurch, ebenso glänzten die Tragflächen, starr im
leeren Raum, nichts von Schwingungen, wir lagen reglos
in einem wolkenlosen Himmel, ein Flug wie hundert an-
dere zuvor, die Motoren liefen in Ordnung.   15
»Guten Tag!« sagte er –
Ich grüßte zurück.
»Gut geschlafen?« fragte er –
Man erkannte die Wasserzweige des Mississippi, wenn auch
unter Dunst, Sonnenglanz drauf, Geriesel wie aus Messing   20
oder Bronze; es war noch früher Morgen, ich kenne die
Strecke, ich schloß die Augen, um weiterzuschlafen.
Er las ein Heftlein, rororo.
Ich nahm meinen elektrischen Rasierapparat aus der Mappe, um mich zu rasieren, beziehungsweise um eine Viertel-   25
stunde allein zu sein, ich mag die Deutschen nicht, obschon
Joachim, mein Freund, auch Deutscher gewesen ist...
In der Toilette überlegte ich mir, ob ich mich nicht anderswohin setzen könnte, ich hatte einfach kein Bedürfnis,
diesen Herrn näher kennenzulernen, und bis Mexico-City,   30
wo mein Nachbar umsteigen mußte, dauerte es noch mindestens vier Stunden. Ich war entschlossen, mich anderswohin zu setzen; es gab noch freie Sitze. Als ich in die
Kabine zurückkehrte, rasiert, so daß ich mich freier fühlte, sicherer – ich vertrage es nicht, unrasiert zu sein –   35
hatte er sich gestattet, meine Akten vom Boden aufzuhe-

2. *seinerseits* on his part
2. *Höflichkeit: die Höflichkeit* politeness; *die Höflichkeit in Person* politeness personified
2. *Ich bedankte mich, indem ich die Akten in meine Mappe versorgte* I thanked (him) as I stowed the papers away in my briefcase
7. *in der letzten Zeit* recently
14. *machte ihm Eindruck: der Eindruck, ⁻e* impression; *Eindruck machen* to impress
16. *Schwyzzer: Schweizer* Swiss
17. *geradezu* downright, positively
18. *Unterwürfigkeit: sich unterwerfen, a, o* to submit; *die Unterwürfigkeit* submissiveness; *bis zur Unterwürfigkeit* to the point of submissiveness
20. *die Zwischenlandung, -en* the stop-over
27. *Schererei: die Schererei, -en* bother, trouble, annoyance
30. *Düsseldorfer* native of Düsseldorf
31. *Hocker: hocken* to crouch, squat; *der Hocker, -* stool
31. *frei-hielt: frei-halten, ie, a* to keep empty
31. *vermutlich* presumably; *vermuten* to presume

ben, damit niemand drauf tritt, und überreichte sie mir, seinerseits die Höflichkeit in Person. Ich bedankte mich, indem ich die Akten in meine Mappe versorgte, etwas zu herzlich, scheint es, denn er benutzte meinen Dank sofort, um weitere Fragen zu stellen.

Ob ich für die *Unesco* arbeite?

Ich spürte den Magen – wie öfter in der letzten Zeit, nicht schlimm, nicht schmerzhaft, ich spürte nur, daß man einen Magen hat, ein blödes Gefühl. Vielleicht war ich drum so unausstehlich. Ich setzte mich an meinen Platz und berichtete, um nicht unausstehlich zu sein, von meiner Tätigkeit, *technische Hilfe für unterentwickelte Völker*, ich kann darüber sprechen, während ich ganz anderes denke. Ich weiß nicht, was ich dachte. Die *Unesco*, scheint es, machte ihm Eindruck, wie alles Internationale, er behandelte mich nicht mehr als Schwyzzer, sondern hörte zu, als sei man eine Autorität, geradezu ehrfürchtig, interessiert bis zur Unterwürfigkeit, was nicht hinderte, daß er mir auf die Nerven ging.

Ich war froh um die Zwischenlandung.

Im Augenblick, als wir die Maschine verließen und vor dem Zoll uns trennten, wußte ich, was ich vorher gedacht hatte: Sein Gesicht (rosig und dicklich, wie Joachim nie gewesen ist) erinnerte mich doch an Joachim. –

Ich vergaß es wieder.

Das war in Houston, Texas.

Nach dem Zoll, nach der üblichen Schererei mit meiner Kamera, die mich schon um die halbe Welt begleitet hat, ging ich in die Bar, um einen Drink zu haben, bemerkte aber, daß mein Düsseldorfer bereits in der Bar saß, sogar einen Hocker freihielt – vermutlich für mich! – und ging gradaus in die Toilette hinunter, wo ich mir, da ich nichts andres zu tun hatte, die Hände wusch.

Aufenthalt: 20 Minuten

Mein Gesicht im Spiegel, während ich Minuten lang die Hände wasche, dann trockne: weiß wie Wachs, mein Ge-

7

3. *es kommt vom Neon Licht* it is because of the neon light
7. *was los ist* what the matter is, what is happening
9. *Als ich wieder zu mir kam: zu sich kommen, a, o* to regain one's consciousness, composure
11. *in nächster Nähe* in closest proximity
12. *Lautsprecherei: der Lautsprecher, -* loudspeaker, public address system; *Ich kenne diese Lautsprecherei* I know all about this public address system bit. (The suffix *ei* often denotes a derisive attitude, e.g., *die Schererei* bother, *die Warterei* waiting.)
12. *auf allen vieren* on all fours: on hands and knees
23. *die Röhre, -n* water tap, pipe
23. *was nicht zu machen war* which could not be done
24. *Schweißanfall: der Anfall, ⁻e* attack, seizure; *der Schweiß* sweat; *schwitzen* to sweat

sicht, beziehungsweise grau und gelblich mit violetten Adern darin, scheußlich wie eine Leiche. Ich vermutete, es kommt vom Neon-Licht, und trocknete meine Hände, die ebenso gelblich-violett sind, dann der übliche Lautsprecher, der alle Räume bedient, somit auch das Untergeschoß: *Your attention please, your attention please!* Ich wußte nicht, was los ist. Meine Hände schwitzten, obschon es in dieser Toilette geradezu kalt ist, draußen ist es heiß. Ich weiß nur soviel: – Als ich wieder zu mir kam, kniete die dicke Putzerin, die ich vorher nicht bemerkt hatte, neben mir, jetzt in nächster Nähe, ich hörte den hallenden Lautsprecher, während ich noch auf allen vieren war –

Plane is ready for departure.

Zweimal:

Plane is ready for departure.

Ich kenne diese Lautsprecherei.

All passengers for Mexico-Guatemala-Panama, dazwischen Motorenlärm, *kindly requested,* Motorenlärm, *gate number five, thank you.*

Ich erhob mich.

Ich schwor mir, nie wieder zu rauchen, und versuchte, mein Gesicht unter die Röhre zu halten, was nicht zu machen war wegen der Schüssel, es war ein Schweißanfall, nichts weiter, Schweißanfall mit Schwindel.

Your attention please –

Ich fühlte mich sofort wohler.

Passenger Faber, passenger Faber!

Das war ich.

Please to the information-desk.

Ich hörte es, ich tauchte mein Gesicht in die öffentliche Schüssel, ich hoffte, daß sie ohne mich weiterfliegen, das Wasser war kaum kälter als mein Schweiß. Dann neuerdings: *Plane is ready for departure.* Ich trocknete mein Gesicht mit dem Taschentuch. Ich kämmte mich sogar, bloß um Zeit zu verlieren, der Lautsprecher gab Meldung

1. *Meldung um Meldung* announcement after announcement
4. *rutschen* to slide, glide
5. *schaute zu: zu-schauen* to watch
5. *die übliche Olive* the usual olive
7. *Mischbecher: der Becher, –* beaker, mug; *mischen* to mix; *der Mischbecher, –* cocktail shaker
10. *Piste: die Piste, –n* runway (as at an airport); *auf die Piste hinaus* out onto the runway
20. *Shell Tanker* trucks carrying Shell gasoline
21. *weg* gone
21. *atmete auf: auf-atmen* to breath a sigh of relief
23. *das Rudel* pack (of wolves); *here:* crowd
24. *ziemlich voran* pretty much in front
27. *Aber es geht nicht mich an* But it does not concern me
29. *Propellerkreuze: das Kreuz, –e* cross; *der Propeller, –* propeller
30. *ich hielt sie (die Warterei) nicht aus: aus-halten, ie, a* to bear, tolerate
31. *begab: sich begeben, a, e* to go
31. *das Untergeschoß* basement
36. *damit mir nicht schwindlig wurde* so that I wouldn't become dizzy

um Meldung, Ankünfte, Abflüge, dann nochmals:
Passenger Faber, passenger Faber –
In der Bar war es leer –
Ich rutschte mich auf einen Hocker, zündete mir eine Zigarette an, schaute zu, wie der Barmann die übliche Olive 5
ins kalte Glas wirft, dann aufgießt, die übliche Geste: mit
dem Daumen hält er das Sieb vor dem silbernen Mischbecher, damit kein Eis ins Glas plumpst, und ich legte meine
Note hin, draußen rollte eine Super-Constellation vorbei
und auf die Piste hinaus, um zu starten. Ohne mich! Ich 10
trank meinen Martini-Dry, als wieder der Lautsprecher
mit seinem Knarren einsetzte: *Your attention please!* Eine
Weile hörte man nichts, draußen brüllten gerade die Motoren der startenden Super-Constellation, die mit dem üblichen Dröhnen über uns hinwegflog – dann neuerdings: 15
Passenger Faber, passenger Faber –
Niemand konnte wissen, daß ich gemeint war, und ich
sagte mir, lange können sie nicht mehr warten – ich ging
aufs Observation-Dach, um unsere Maschine zu sehen.
Sie stand, wie es schien, zum Start bereit; die Shell-Tanker 20
ker waren weg, aber die Propeller liefen nicht. Ich atmete
auf, als ich das Rudel unsrer Passagiere über das leere
Feld gehen sah, um einzusteigen, mein Düsseldorfer ziemlich voran. Ich wartete auf das Anspringen der Propeller,
der Lautsprecher hallte und schepperte auch hier: 25
Please to the information-desk!
Aber es geht nicht mich an.
Miß Sherbon, Mr. and Mrs. Rosenthal –
Ich wartete und wartete, die vier Propellerkreuze blieben einfach starr, ich hielt sie nicht aus, diese Warterei auf 30
meine Person, und begab mich neuerdings ins Untergeschoß, wo ich mich hinter der geriegelten Tür eines Cabinets versteckte, als es nochmals kam:
Passenger Faber, passenger Faber.
Es war eine Frauenstimme, ich schwitzte wieder und 35
mußte mich setzen, damit mir nicht schwindlig wurde,

11

12. *um nicht durch Blässe aufzufallen: die Blässe* paleness, pallor; *auf-fallen, ie, a* to attract attention; so
that my pallor would not attract attention
13. *wie irgendeiner* like any ordinary person
13. *pfiff vor mich hin: vor sich hin-pfeifen, i, i* to
whistle to oneself
15. *anfangen sollte* should do
34. *ausgeklinkt: die Klinke, -n* doorhandle; *aus-klinken*
to release, unlash

man konnte meine Füße sehen.

This is our last call.

Zweimal: *This ist our last call.*

Ich weiß nicht, wieso ich mich eigentlich versteckte. Ich
schämte mich; es ist sonst nicht meine Art, der letzte zu   5
sein. Ich blieb in meinem Versteck, bis ich festgestellt hatte,
daß der Lautsprecher mich aufgab, mindestens zehn Minuten. Ich hatte einfach keine Lust weiterzufliegen. Ich
wartete hinter der geriegelten Tür, bis man das Donnern
einer startenden Maschine gehört hatte – eine Super-Con-   10
stellation, ich kenne ihren Ton! – dann rieb ich mein Gesicht, um nicht durch Blässe aufzufallen, und verließ das
Cabinet wie irgendeiner, ich pfiff vor mich hin, ich stand
in der Halle und kaufte irgendeine Zeitung, ich hatte
keine Ahnung, was ich in diesem Houston, Texas, anfan-   15
gen sollte. Es war merkwürdig; plötzlich ging es ohne
mich! Ich horchte jedes Mal, wenn der Lautsprecher er-
tönte – dann ging ich, um etwas zu tun, zur Western
Union: um eine Depesche aufzugeben, betreffend mein
Gepäck, das ohne mich nach Mexico flog, ferner eine De-   20
pesche nach Caracas, daß unsere Montage um vierundzwanzig Stunden verschoben werden sollte, ferner eine
Depesche nach New York, ich steckte gerade meinen Kugelschreiber zurück, als unsere Stewardeß, die übliche Liste in der andern Hand, mich am Ellbogen faßte: 25

»There you are!«

Ich war sprachlos –

»We're late, Mister Faber, we're late!«

Ich folgte ihr, meine überflüssigen Depeschen in der Hand,
mit allerlei Ausreden, die nicht interessierten, hinaus zu   30
unsrer Super-Constellation; ich ging wie einer, der vom
Gefängnis ins Gericht geführt wird – Blick auf den Boden
beziehungsweise auf die Treppe, die sofort, kaum war ich
in der Kabine, ausgeklinkt und weggefahren wurde.

»I'm sorry!« sagte ich, »I'm sorry.«   35

Die Passagiere, alle schon angeschnallt, drehten ihre Köpfe,

13

4. *zog meine Uhr auf: die Uhr auf-ziehen, o, o* to wind the watch
8. *gab zu: zu-geben, a, e* to admit
9. *Weltklasse: die Klasse, –n* class; *die Welt* world: *die Zigarre gehört zur Weltklasse* the cigar is of international reputation
15. *Flores* town in Guatemala
23. *Nutzbarmachung: nutzen* to use, exploit; *nutzbar* usable, productive; *die Nutzbarmachung* utilization
26. *Einschiffungen: das Schiff, -e* ship; *ein-schiffen* to embark, go on board; *die Einschiffung, -en* embarkation
26. *Puerto Barrios* town in Guatemala
27. *schien mir: scheinen, ie, ie* to appear, seem; it seemed to me
30. *Glück: das Glück* luck; *Glück wünschen* to wish (someone) good luck
34. *Maya-Ruinen* Mayan ruins

ohne ein Wort zu sagen, und mein Düsseldorfer, den ich
vergessen hatte, gab mir sofort den Fensterplatz wieder,
geradezu besorgt: Was denn geschehen wäre? Ich sagte,
meine Uhr sei stehengeblieben, und zog meine Uhr auf.
Start wie üblich –   5
Das Nächste, was mein Nachbar erzählte, war interessant
– überhaupt fand ich ihn jetzt, da ich keine Magenbeschwerden mehr hatte, etwas sympathischer; er gab zu,
daß die deutsche Zigarre noch nicht zur Weltklasse gehört,
Voraussetzung einer guten Zigarre, sagte er, sei ein guter   10
Tabak.
Er entfaltete eine Landkarte.
Die Plantage, die seine Firma auszubauen hoffte, lag allerdings, wie mir schien, am Ende der Welt, Staatsgebiet von
Guatemala, von Flores nur mit Pferd zu erreichen,   15
während man von Palenque (Staatsgebiet von Mexico)
mit einem Jeep ohne weiteres hinkommt; sogar ein Nash,
behauptete er, wäre schon durch diesen Dschungel ge-
fahren.
Er selbst flog zum ersten Mal dahin.   20
Bevölkerung: Indios.
Es interessierte mich, insofern ich ja auch mit der Nutz-
barmachung unterentwickelter Gebiete beschäftigt bin; wir
waren uns einig, daß Straßen erstellt werden müssen, vielleicht sogar ein kleiner Flugplatz, alles nur eine Frage der   25
Verbindungen, Einschiffungen in Puerto Barrios – Ein kühnes
Unternehmen, schien mir, jedoch nicht unvernünftig, viel-
leicht wirklich die Zukunft der deutschen Zigarre.
Er faltete die Karte zusammen –
Ich wünschte Glück.   30
Auf seiner Karte (1:500 000) war sowieso nichts zu erkennen, Niemandsland, weiß, zwei blaue Linien zwischen
grünen Staatsgrenzen, Flüsse, die einzigen Namen (rot,
nur mit Lupe zu lesen) bezeichneten Maya-Ruinen –
Ich wünschte Glück.   35
Ein Bruder von ihm, der schon seit Monaten da unten
lebte, hatte offenbar Mühe mit dem Klima, ich konnte es

15

1. *Feuchte: feucht* humid; *die Feuchte* humidity
5. *lauter* nothing but
6. *Farbspiel: das Spiel, -e* play, game; *die Farbe, -n* color; *Farbspiel wie üblich* the usual play of colors
8. *nachzuholen: nach-holen* to catch up on
10. *ebenso* likewise
11. *im Bild: das Bild, -er* picture; *im Bild sein* to know what is going on, understand
13. *die Panne, -n* break-down; *der die Panne hatte* which had broken down
16. *wie gesagt* as I said
18. *ihrem Aussehen nach* according to her looks

mir vorstellen, Flachland, tropisch, Feuchte der Regenzeit, die senkrechte Sonne.

Damit war dieses Gespräch zu Ende.

Ich rauchte, Blick zum Fenster hinaus: unter uns der blaue
Golf von Mexico, lauter kleine Wolken, und ihre violetten   5
Schatten auf dem grünlichen Meer, Farbspiel wie üblich,
ich habe es schon oft genug gefilmt – ich schloß die Augen,
um wieder etwas Schlaf nachzuholen, den Ivy mir gestoh-
len hatte; unser Flug war nun vollkommen ruhig, mein
Nachbar ebenso.   10

Ich war, kaum erwacht, sofort im Bild:

Unter uns das offene Meer –

Es war der Motor links, der die Panne hatte; ein Propeller als starres Kreuz im wolkenlosen Himmel – das
war alles.   15

Unter uns, wie gesagt, der Golf von Mexico.

Unsere Stewardeß, ein Mädchen von zwanzig Jahren, ein
Kind mindestens ihrem Aussehen nach, hatte mich an der

3. *Schwimmweste: die Weste, -n* vest; *schwimmen, a, o* to swim; *die Schwimmweste, -n* life-jacket
3. *war eben dabei: dabei sein* to be in the act of
4. *humorig: der Humor* humor; *humorig* jokingly
5. *Alarm-Übung: üben* to drill; *die Übung, -en* drill; *die Alarm-Übung, -en* emergency drill
8. *Stiftzahn: der Zahn, ̈e* tooth; *der Stift, -e* peg, stud; *der Stiftzahn, ̈e* the crown of an artificial tooth that is cemented to the root by means of a stud: artificial tooth
8. *der Vierer oben rechts* right upper fourth (tooth)
9. *geradezu vergnügt* positively cheerful
15. *Kurs auf Tampico* heading for Tampico (town on the East Coast of Mexico)
15. *freundlich gebeten* (were) kindly requested
16. *Ruhe... bewahren: bewahren* to maintain, keep; *die Ruhe* calm
20. *regte mich nicht auf: auf-regen* to excite; *die Aufregung, -en* excitement
23. *in den nördlichen Staaten: im Norden der Vereinigten Staaten*
25. *bloß um zu reden* merely for the sake of talking
26. *Feierlichkeit: die Feier, -n* festival, ceremony; *die Feierlichkeit, -en* solemnity
30. *Die Motoren... liefen in Ordnung: die Ordnung* order; *laufen, ie, au* to run; The engines ran properly
30. *von Ausfall nichts zu spüren: der Ausfall, ̈e* loss, failure; *spüren* to feel, sense; there was no feeling of engine failure
34. *Fischvergiftung: das Gift, -e* poison; *vergiften* to poison; *der Fisch, -e* fish
37. *stinkt's nach: stinken, a, u nach* to reek of

linken Schulter gefaßt, um mich zu wecken, ich wußte
aber alles, bevor sie's erklärte, indem sie mir eine grüne
Schwimmweste reichte; mein Nachbar war eben dabei,
seine Schwimmweste anzuschnallen, humorig wie bei
Alarm-Übungen dieser Art –   5
Wir flogen mindestens auf zweitausend Meter Höhe.

Natürlich sind mir keine Zähne ausgefallen, nicht einmal
mein Stiftzahn, der Vierer oben rechts; ich war erleichtert,
geradezu vergnügt.

Im Korridor, vorn, der Captain: 10
There is no danger at all –
Alles nur eine Maßnahme der Vorsicht, unsere Maschine
ist sogar imstande mit zwei Motoren zu fliegen, wir befin-
den uns 8,5 Meilen von der mexikanischen Küste entfernt,
Kurs auf Tampico, alle Passagiere freundlich gebeten,   15
Ruhe zu bewahren und vorläufig nicht zu rauchen.
Thank you.

Alle saßen wie in einer Kirche, alle mit grünen Schwimmwesten um die Brust, ich kontrollierte mit meiner Zunge,
ob mir wirklich keine Zähne wackelten, alles andere regte   20
mich nicht auf.

Zeit: 10.25 Uhr.

Ohne unsere Verspätung wegen Schneesturm in den nördlichen Staaten wären wir jetzt in Mexico-City gelandet,
ich sagte es meinem Düsseldorfer – bloß um zu reden.   25
Ich hasse Feierlichkeit.

Keine Antwort.

Ich fragte nach seiner genauen Zeit –

Keine Antwort.

Die Motoren, die drei anderen, liefen in Ordnung, von   30
Ausfall nichts zu spüren, ich sah, daß wir die Höhe hiel-
ten, dann Küste im Dunst, eine Art von Lagune, dahinter
Sümpfe. Aber von Tampico noch nichts zu sehen. Ich
kannte Tampico von früher, von einer Fischvergiftung,
die ich nicht vergessen werde bis ans Ende meiner Tage.   35
»Tampico«, sagte ich, »das ist die dreckigste Stadt der
Welt, Ölhafen, Sie werden sehen, entweder stinkt's nach

4. *unter keinen Umständen: der Umstand, ⁼e* circumstance, fuss; under no circumstances
6. *Einheimischen: das Heim, -e* home; *einheimisch*
   native; *der Einheimische, -n* the native
8. *Vorträge: der Vortrag, ⁼e* lecture; *ganze Vorträge*
   entire lectures
11. *was sonst nicht meine Art ist* what otherwise is not
    my manner = a thing I don't normally do
18. *Also doch nicht Tampico* So we weren't making for
    Tampico
25. *angesichts der Sierra Madre Oriental* in the face of
    the Sierra Madre Oriental (a Mexican mountain
    range)
26. *bevorstand: bevor-stehen, a, a* to be in store (for),
    impend; *die uns noch bevorstand* which was still
    ahead of us
35. *Lippenstiftrot: rot* red; *der Stift, -e* stick, peg;
    der Lippenstift, -e lipstick; *Lippenstiftrot* lip-
    stick-red

Öl oder nach Fisch –«
Er fingerte an seiner Schwimmweste.
»Ich rate Ihnen wirklich«, sagte ich, »essen Sie keinen
Fisch, mein Herr, unter keinen Umständen –«
Er versuchte zu lächeln. 5
»Die Einheimischen sind natürlich immun«, sagte ich,
»aber unsereiner –«
Er nickte, ohne zu hören. Ich hielt ganze Vorträge, scheint
es, über Amöben, beziehungsweise über Hotels in Tampico. Sobald ich merkte, daß er gar nicht zuhörte, mein 10
Düsseldorfer, griff ich ihn am Ärmel, was sonst nicht
meine Art ist, im Gegenteil, ich hasse diese Manie, einander am Ärmel zu greifen. Aber anders hörte er einfach
nicht zu. Ich erzählte ihm die ganze Geschichte meiner
langweiligen Fischvergiftung in Tampico, 1951, also vor 15
sechs Jahren – Wir flogen indessen, wie sich zeigte, gar
nicht der Küste entlang, sondern plötzlich landeinwärts.
Also doch nicht Tampico! Ich war sprachlos, ich wollte
mich bei der Stewardeß erkundigen.
Rauchen wieder gestattet! 20
Vielleicht war der Flughafen von Tampico zu klein für
unsere Super-Constellation (damals ist es eine DC-4 gewesen) oder sie hatten Weisung bekommen, trotz der Motorpanne nach Mexico-City durchzufliegen, was ich allerdings angesichts der Sierra Madre Oriental, die uns 25
noch bevorstand, nicht begriff. Unsere Stewardeß – ich
griff sie am Ellenbogen, was sonst, wie gesagt, nicht meine
Art ist – hatte keine Zeit für Auskünfte, sie wurde zum
Captain gerufen.
Tatsächlich stiegen wir. 30
Ich versuchte an Ivy zu denken –
Wir stiegen.
Unter uns immer noch Sümpfe, seicht und trübe, dazwischen Zungen von Land, Sand, die Sümpfe teilweise grün
und dann wieder rötlich, Lippenstiftrot, was ich mir nicht 35
erklären konnte, eigentlich keine Sümpfe, sondern Lagu-

1. *Lametta (n.)* (christmas tree) tinsel
2. *Stanniol (n.)* tinfoil
4. *Untiefen: tief* deep; *die Untiefe, -n* shoal
5. *Unterwassergewächs: das Gewächs, -e* growth,
   plant; *wachsen, u, a* to grow; *das Unterwassergewächs, -e* underwater plant
5. *Einmündung: der Mund, ̈er* mouth; *die
   Einmündung, -en* mouth of a river; estuary
10. *Swissair* Swiss Airline
11. *zur Hand* on hand
16. *was auf optischer Täuschung beruht* which rests
    on optical illusion
20. *Unsere Stewardeß tat mir leid* I felt sorry for our
    stewardess
36. *Ich ließ sie los* I let her go

nen, und wo die Sonne spiegelt, glitzert es wie Lametta beziehungsweise wie Stanniol, jedenfalls metallisch, dann wieder himmelblau und wässerig (wie die Augen von Ivy) mit gelben Untiefen, Flecken wie violette Tinte, finster, vermutlich ein Unterwassergewächs, einmal eine Einmün- 5 dung, braun wie amerikanischer Milchkaffee, widerlich, Quadratmeilen nichts als Lagunen. Auch der Düsseldorfer hatte das Gefühl, wir steigen.

Die Leute redeten wieder.

Eine anständige Landkarte, wie bei der *Swissair* immer 10 zur Hand, gab es hier nicht, und was mich nervös machte, war lediglich diese idiotische Information: Kurs nach Tampico, während die Maschine landeinwärts fliegt – steigend, wie gesagt, mit drei Motoren, ich beobachtete die drei glitzernden Scheiben, die manchmal zu stocken 15 scheinen, was auf optischer Täuschung beruht, ein schwarzes Zucken wie üblich. Es war kein Grund, sich aufzuregen, komisch nur der Anblick: das starre Kreuz eines stehenden Propellers bei voller Fahrt.

Unsere Stewardeß tat mir leid. 20

Sie mußte von Reihe zu Reihe gehen, lächelnd wie Reklame, und fragen, ob jedermann sich wohlfühle in seiner Schwimmweste; sobald man ein Witzchen machte, verlor sie ihr Lächeln. Ob man im Gebirge schwimmen könne? fragte ich – 25

Order war Order.

Ich hielt sie am Arm, die junge Person, die meine Tochter hätte sein können, beziehungsweise am Handgelenk; ich sagte ihr (natürlich zum Spaß!) mit erhobenem Finger, sie habe mich zu diesem Flug gezwungen, jawohl, nie- 30 mand anders als sie – sie sagte:

»There is no danger, Sir, no danger at all. We're going to land in Mexico-City in about one hour and twenty minutes.«

Das sagte sie jedem. 35

Ich ließ sie los, damit sie wieder lächeln und ihre Pflicht erfüllen konnte, schauen, ob jedermann angeschnallt war.

23

1. *Kurz darauf hatte sie Order, Lunch zu bringen*
   Shortly after this she was ordered to bring lunch
4. *die normale Thermik* the normal thermic conditions
5. *sacken* to loose height (as of an airplane); *ab-sacken* to lose height very fast
10. *sich fing: sich fangen, i, a* to catch oneself
10. *als wäre es für immer in Ordnung* as though it were now all right for good
18. *unvermeidlich* unavoidable; *vermeiden, ie, ie* to avoid
22. *Notlandung: die Not, ⸚e* need, distress; *landen* to land; *die Notlandung, -en* emergency landing
26. *wohin mit dem Lunch* what to do with the lunch
28. *Pneu-Paar: das Paar, -e* pair; *der Pneu, -s* (pneumatic) tire
35. *war mir bewußt* I was aware of

Kurz darauf hatte sie Order, Lunch zu bringen, obschon
es noch nicht Lunchtime war ... Zum Glück hatten wir
schönes Wetter auch über Land, fast keine Wolken, jedoch
Böen wie üblich vor Gebirgen, die normale Thermik, so
daß unsere Maschine sackte, schaukelte, bis sie sich wie- 5
der im Gleichgewicht hatte und stieg, um neuerdings zu
sacken mit schwingenden Tragflächen; Minuten lang flog
man vollkommen ruhig, dann wieder ein Stoß, so daß
die Tragflächen wippten, und wieder das Schlenkern, bis
die Maschine sich fing und stieg, als wäre es für immer in 10
Ordnung, und wieder sackte – wie üblich bei Böen.
In der Ferne die blauen Gebirge.
Sierra Madre Oriental.
Unter uns die rote Wüste.
Als kurz darauf – wir erhielten gerade unsren Lunch, 15
mein Düsseldorfer und ich, das Übliche: Juice, ein schnee-
weißes Sandwich mit grünem Salat – plötzlich ein zwei-
ter Motor aussetzte, war die Panik natürlich da, unver-
meidlich, trotz Lunch auf dem Knie. Jemand schrie.
Von diesem Augenblick an ging alles sehr rasch – 20
Offenbar befürchtete man noch den Ausfall der anderen
Motoren, so daß man sich zur Notlandung entschloß.
Jedenfalls sanken wir, der Lautsprecher knackte und
knarrte, so daß man von den Anweisungen, die gegeben
werden, kaum ein Wort versteht. 25
Meine erste Sorge: wohin mit dem Lunch?
Wir sanken, obschon zwei Motoren, wie gesagt, genügen
sollten, das reglose Pneu-Paar in der Luft, wie üblich vor
einer Landung, und ich stellte meinen Lunch einfach auf
den Boden des Korridors, dabei befanden wir uns noch 30
mindestens fünfhundert Meter über dem Boden.
Jetzt ohne Böen.
No smoking.
Die Gefahr, daß unsere Maschine bei der Notlandung
zerschellt oder in Flammen aufgeht, war mir bewußt – 35
ich staunte über meine Ruhe.
Ich dachte an niemand.

25

4. *gespannt: spannen* to stretch, make tense; *die Spannung, -en* tension, suspense; *gespannt sein* to be full of suspense, curious
7. *die Bremsklappen: bremsen* to brake; *die Bremsklappe, -n* brake-flap
10. *wir flogen über die günstige Ebene hinaus* we flew on over the favorable (appropriate for landing) plain
16. *Agaven: die Agave, -n* agave (desert plant)
19. *Bauchlandung: die Landung, -en* landing; *der Bauch, ̈e* belly; *die Bauchlandung, -en* belly landing
24. *war unser Fahrgestell . . . ausgeschwenkt* our landing wheels were out
30. *ein blinder Schlag* a blind blow
30. *Sturz: stürzen* to fall violently, crash; *der Sturz, ̈e* crash
31. *die Bewußtlosigkeit: wissen, u, u* to know; *das Bewußtsein* consciousness; *bewußtlos* unconscious; *die Bewußtlosigkeit* unconsciousness
33. *Affenschwein: das Schwein, -e* pig; *Schwein haben* to be lucky (a pig is a symbol of luck); *der Affe, -n* monkey; *Affenschwein* a monkey's luck, enormous luck
34. *die Nottüre: die Tür, -en* door; *die Not, ̈e* need, distress; *die Nottüre, -n* emergency door (cf. *die Notlandung*)

Alles ging sehr geschwind, wie schon gesagt, unter uns Sand, ein flaches Tal zwischen Hügeln, die felsig zu sein schienen, alles vollkommen kahl, Wüste –
Eigentlich war man nur gespannt.

Wir sanken, als läge eine Piste unter uns, ich preßte mein Gesicht ans Fenster, man sieht ja diese Pisten immer erst im letzten Augenblick, wenn schon die Bremsklappen draußen sind. Ich wunderte mich, daß die Bremsklappen nicht kommen. Unsere Maschine vermied offensichtlich jede Kurve, um nicht abzusacken, und wir flogen über die günstige Ebene hinaus, unser Schatten flog immer näher, er sauste schneller als wir, so schien es, ein grauer Fetzen auf dem rötlichen Sand, er flatterte.

Dann Felsen –

Jetzt stiegen wir wieder.

Dann, zum Glück, neuerdings Sand, aber Sand mit Agaven, beide Motoren auf Vollgas, so flogen wir Minuten lang auf Haushöhe, das Fahrgestell wurde wieder eingezogen. Also Bauchlandung! Wir flogen, wie man sonst in großen Höhen fliegt, ziemlich ruhig und ohne Fahrgestell – aber auf Haushöhe, wie gesagt, und ich wußte, es wird keine Piste kommen, trotzdem preßte ich das Gesicht ans Fenster.

Plötzlich war unser Fahrgestell neuerdings ausgeschwenkt, ohne daß eine Piste kam, dazu die Bremsklappen, man spürte es wie eine Faust gegen den Magen, Bremsen, Sinken wie im Lift, im letzten Augenblick verlor ich die Nerven, so daß die Notlandung – ich sah nur noch die flitzenden Agaven zu beiden Seiten, dann beide Hände vors Gesicht! – nichts als ein blinder Schlag war, Sturz vornüber in die Bewußtlosigkeit.

Dann Stille.

Wir hatten ein Affenschwein, kann ich nur sagen, niemand hatte auch nur eine Nottüre aufgetan, ich auch nicht, niemand rührte sich, wir hingen vornüber in unseren Gurten.

»Go on«, sagte der Captain, »go on!«

4. *sie dürften sich abschnallen: ab-schnallen* to unbuckle (the safety belt); they could unfasten their
belts
5. *kam . . . angerollt* was wheeled up
7. *Glutluft: die Luft, ̈e* air; *die Glut* heat; *die
Glutluft* very hot air
9. *die Strickleiter: die Leiter, -n* ladder; *der Strick, -e*
rope
10. *ohne daß es eine Order brauchte* without there being a need for an order
12. *strengstens verboten: verbieten, o, o* to forbid;
streng severe; absolutely forbidden
13. *nicht schlimm* not bad
16. *knallblauen: blau* blue; *knallen* to burst, explode;
knallblau striking blue
17. *Schwanzsteuer: das Steuer, -* rudder (as of a boat),
steering (as of a car); *der Schwanz, ̈e* tail; *das
Schwanzsteuer, -* tail rudder
31. *auszog: aus-ziehen, o, o* to take off
32. *glaube . . . an: glauben an* to believe in
32. *die Fügung* providence; *Wieso Fügung* Why providence
35. *2. IV* = April 2

Niemand rührte sich.

»Go on!«

Zum Glück kein Feuer, man mußte den Leuten sagen, sie dürften sich abschnallen, die Türe war offen, aber es kam natürlich keine Treppe angerollt, wie man's gewohnt ist, bloß Hitze, wie wenn man einen Ofen aufmacht, Glutluft.

Ich war unverletzt.

Endlich die Strickleiter!

Man versammelte sich, ohne daß es eine Order brauchte, im Schatten unter der Tragfläche, alle stumm, als wäre Sprechen in der Wüste strengstens verboten. Unsere Super-Constellation stand etwas vornüber gekippt, nicht schlimm, nur das vordere Fahrgestell war gestaucht, weil eingesunken im Sand, nicht einmal gebrochen. Die vier Propeller-Kreuze glänzten im knallblauen Himmel, ebenso die drei Schwanzsteuer. Niemand rührte sich, wie gesagt, offenbar warteten alle, daß der Captain etwas sagte.

»Well«, sagte er, »there we are!«

Er lachte.

Ringsum nichts als Agaven, Sand, die rötlichen Gebirge in der Ferne, ferner als man vorher geschätzt hat, vor allem Sand und nochmals Sand, gelblich, das Flimmern der heißen Luft darüber, Luft wie flüssiges Glas. –

Zeit: 11.05 Uhr.

Ich zog meine Uhr auf –

Die Besatzung holte Wolldecken heraus, um die Pneus vor der Sonne zu schützen, während wir in unseren grünen Schwimmwesten umherstanden, untätig. Ich weiß nicht, warum niemand die Schwimmweste auszog.

Ich glaube nicht an Fügung und Schicksal, als Techniker bin ich gewohnt mit den Formeln der Wahrscheinlichkeit zu rechnen. Wieso Fügung? Ich gebe zu: Ohne die Notlandung in Tamaulipas (2. IV.) wäre alles anders gekom-

3. *Es ist nicht auszudenken: aus-denken, a, a* to imagine; It is impossible to imagine
8. *das Unwahrscheinliche: scheinen, ie, ie* to seem, appear; *wahr* true; *wahrscheinlich* probable, apparent; *unwahrscheinlich* improbable; *das Unwahrscheinliche* the improbable
9. *Erfahrungstatsache: die Tatsache, -n* fact; *die Erfahrung, -en* experience; *erfahren, u, a* to experience; *die Erfahrungstatsache, -n* fact of experience
9. *gelten lassen, ie, a* to admit, not to dispute
10. *keinerlei Mystik* no mysticism of any kind
10. *Mathematik genügt mir: genügen* to suffice; mathematics is good enough for me
13. *Sechserwürfel: der Würfel, -* dice; *werfen, a, o* to throw; *der Sechserwürfel, -* six-sided die
16. *dem Wesen nach* in kind, in substance
17. *die Häufigkeit* frequency; *häufig* frequent; *das Häufigere* that which occurs more frequently
17. *von vornherein* a priori
23. *Grenzfall: der Fall, ⁻e* case; *die Grenze, -n* limit; *der Grenzfall, ⁻e* borderline case; *der Grenzfall des Möglichen* extreme limits of probability
27. *Vergleiche hierzu* Compare
29. *Wahrscheinlichkeitslehre: die Lehre, -n* theory, doctrine; *die Wahrscheinlichkeit, -en* probability

men; ich hätte diesen jungen Hencke nicht kennengelernt, ich hätte vielleicht nie wieder von Hanna gehört, ich wüßte heute noch nicht, daß ich Vater bin. Es ist nicht auszudenken, wie anders alles gekommen wäre ohne diese Notlandung in Tamaulipas. Vielleicht würde Sabeth noch leben. Ich bestreite nicht: Es war mehr als ein Zufall, daß alles so gekommen ist, es war eine ganze Kette von Zufällen. Aber wieso Fügung? Ich brauche, um das Unwahrscheinliche als Erfahrungstatsache gelten zu lassen, keinerlei Mystik; Mathematik genügt mir.

Mathematisch gesprochen:

Das Wahrscheinliche (daß bei 6 000 000 000 Würfen mit einem regelmäßigen Sechserwürfel annähernd 1 000 000 000 Einser vorkommen) und das Unwahrscheinliche (daß bei 6 Würfen mit demselben Würfel einmal 6 Einser vorkommen) unterscheiden sich nicht dem Wesen nach, sondern nur der Häufigkeit nach, wobei das Häufigere von vornherein als glaubwürdiger erscheint. Es ist aber, wenn einmal das Unwahrscheinliche eintritt, nichts Höheres dabei, keinerlei Wunder oder Derartiges, wie es der Laie so gerne haben möchte. Indem wir vom Wahrscheinlichen sprechen, ist ja das Unwahrscheinliche immer schon inbegriffen und zwar als Grenzfall des Möglichen, und wenn es einmal eintritt, das Unwahrscheinliche, so besteht für unsereinen keinerlei Grund zur Verwunderung, zur Erschütterung, zur Mystifikation.

Vergleiche hierzu:

Ernst Mally *Wahrscheinlichkeit und Gesetz*, ferner Hans Reichenbach *Wahrscheinlichkeitslehre*, ferner Whitehead und Russel *Principia Mathematica*, ferner v. Mises *Wahrscheinlichkeit, Statistik und Wahrheit*.

Unser Aufenthalt in der Wüste von Tamaulipas, Mexico, dauerte vier Tage und drei Nächte, total 85 Stunden, worüber es wenig zu berichten gibt – ein grandioses Erlebnis (wie jedermann zu erwarten scheint, wenn ich davon

3. *von Sensation nicht die Spur: die Spur, -en* trace; *die Sensation, -en* the sensational; no trace of the sensational: nothing sensational happened

6. *Es blieb uns nichts als Warten* There was nothing for us to do but wait

11. *wie sich bald herausstellte: sich heraus-stellen* to turn out, appear; as it soon turned out

12. *Steck-Schach:* pocket chess, chess set used for travel. Called *das Steck-Schach* because each figure ends in a little peg which must be stuck (*stecken*) into a hole on a specially constructed board. This prevents figures from sliding over the set.

17. *Jockey-Unterhosen* brand name of shorts

18. *im Nu* in no time

29. *bei der Sache ist: bei der Sache sein* to concentrate

30. *Sie sind am Zug: ziehen, o, o* to pull, move; *der Zug, ⁻e* train; move (as of chess); *am Zuge sein* to be in line (for); *Sie sind am Zug* It's up to you to draw: your turn

33. *ergab sich durch Zufall: der Zufall, ⁻e* chance; *sich ergeben, a, e* to result (from); came about by chance

spreche) war es nicht. Dazu viel zu heiß! Natürlich dachte
ich auch sofort an den Disney-Film, der ja grandios war,
und nahm sofort meine Kamera; aber von Sensation nicht
die Spur, ab und zu eine Eidechse, die mich erschreckte,
eine Art von Sandspinnen, das war alles. 5
Es blieb uns nichts als Warten.

Das erste, was ich in der Wüste von Tamaulipas tat: ich
stellte mich dem Düsseldorfer vor, denn er interessierte
sich für meine Kamera, ich erläuterte ihm meine Optik.

Andere lasen. 10
Zum Glück, wie sich bald herausstellte, spielte er auch
Schach, und da ich stets mit meinem Steck-Schach reise,
waren wir gerettet; er organisierte sofort zwei leere Coca-
Cola-Kistchen, wir setzten uns abseits, um das allgemeine
Gerede nicht hören zu müssen, in den Schatten unter dem 15
Schwanzsteuer – kleiderlos, bloß in Schuhen (wegen der
Hitze des Sandes) und in Jockey-Unterhosen.
Unser Nachmittag verging im Nu.

Kurz vor Einbruch der Dämmerung erschien ein Flugzeug,
Militär, es kreiste lange über uns, ohne etwas abzuwerfen, 20
und verschwand (was ich gefilmt habe) gegen Norden,
Richtung Monterrey.
Abendessen: ein Käse-Sandwich, eine halbe Banane.
Ich schätze das Schach, weil man Stunden lang nichts zu
reden braucht. Man braucht nicht einmal zu hören, wenn 25
der andere redet. Man blickt auf das Brett, und es ist
keineswegs unhöflich, wenn man kein Bedürfnis nach per-
sönlicher Bekanntschaft zeigt, sondern mit ganzem Ernst
bei der Sache ist –
»Sie sind am Zug!« sagte er – 30
Die Entdeckung, daß er Joachim, meinen Freund, der seit
mindestens zwanzig Jahren einfach verstummt war, nicht
nur kennt, sondern daß er geradezu sein Bruder ist, ergab
sich durch Zufall ... Als der Mond aufging (was ich ebenfalls gefilmt habe) zwischen schwarzen Agaven am Hori- 35
zont, hätte man noch immer Schach spielen können, so
hell war es, aber plötzlich zu kalt; wir waren hinausge-

33

1. *hinausgestapft: hinaus-stapfen* to trudge out
2. *daß ich mir . . . nichts mache: sich etwas machen aus* to care for
3. *geschweige denn: schweigen, ie, ie* to be silent, not to mention
14. *errechenbar* capable of being calculated; *errechnen* to calculate
15. *eine Sache der* a matter of
20. *das müßte man nachsehen* one would have to examine that
26. *weibisch: das Weib, -er* woman (biological or biblical term; otherwise derogatory); *weibisch* womanish (male-chauvinist term); female
27. *die Sintflut* the Flood (biblical)
28. *gewellt: die Welle, -n* wave; *gewellt* wavy, undulated; *vom Winde gewellt* made undulating by the wind
33. *abstirbt: sterben, a, o* to die; *ab-sterben* to die slowly, wither

stapft, um eine Zigarette zu rauchen, hinaus in den Sand,
wo ich gestand, daß ich mir aus Landschaften nichts mache,
geschweige denn aus einer Wüste.

»Das ist nicht Ihr Ernst!« sagte er.

Er fand es ein Erlebnis.

»Gehen wir schlafen!« sagte ich, »– Hotel Super-Constellation, Holiday In Desert With All Accommodations!«

Ich fand es kalt.

Ich habe mich schon oft gefragt, was die Leute eigentlich
meinen, wenn sie von Erlebnis reden. Ich bin Techniker
und gewohnt, die Dinge zu sehen, wie sie sind. Ich sehe
alles, wovon sie reden, sehr genau; ich bin ja nicht blind.
Ich sehe den Mond über der Wüste von Tamaulipas – kla-
rer als je, mag sein, aber eine errechenbare Masse, die um
unseren Planeten kreist, eine Sache der Gravitation, interessant, aber wieso ein Erlebnis? Ich sehe die gezackten
Felsen, schwarz vor dem Schein des Mondes; sie sehen
aus, mag sein, wie die gezackten Rücken von urweltlichen
Tieren, aber ich weiß: Es sind Felsen, Gestein, wahrscheinlich vulkanisch, das müßte man nachsehen und feststellen.
Wozu soll ich mich fürchten? Es gibt keine urweltlichen
Tiere mehr. Wozu sollte ich sie mir einbilden? Ich sehe
auch keine versteinerten Engel, es tut mir leid; auch keine
Dämonen, ich sehe, was ich sehe: die üblichen Formen der
Erosion, dazu meinen langen Schatten auf dem Sand, aber
keine Gespenster. Wozu weibisch werden? Ich sehe auch
keine Sintflut, sondern Sand, vom Mond beschienen, vom
Wind gewellt wie Wasser, was mich nicht überrascht; ich
finde es nicht fantastisch, sondern erklärlich. Ich weiß
nicht, wie verdammte Seelen aussehen; vielleicht wie
schwarze Agaven in der nächtlichen Wüste. Was ich sehe,
das sind Agaven, eine Pflanze, die ein einziges Mal blüht
und dann abstirbt. Ferner weiß ich, daß ich nicht (wenn
es im Augenblick auch so aussieht) der erste oder letzte
Mensch auf der Erde bin; und ich kann mich von der
bloßen Vorstellung, der letzte Mensch zu sein, nicht erschüttern lassen, denn es ist nicht so. Wozu hysterisch sein?

4. *Totenreich: das Reich, -e* realm, kingdom; *tot* dead; *der Tote, -n* the dead man; *das Totenreich* kingdom of the dead
6. *peinlich: die Pein* pain; *peinlich* unpleasant, embarrassing
7. *ich sehe keinen ausgestorbenen Vogel dabei* I don't see it as an extinct bird
18. *ich sehe nicht ein: ein-sehen, a, e* to understand
21. *aus bloßer Fantasie: die Fantasie* phantasy, imagination; *bloß* mere; out of mere imagination: merely because of an overactive imagination
24. *erlebte noch immer* (he) was still experiencing (ironic)

Gebirge sind Gebirge, auch wenn sie in gewisser Beleuchtung, mag sein, wie irgend etwas anderes aussehen, es ist aber die Sierra Madre Oriental, und wir stehen nicht in einem Totenreich, sondern in der Wüste von Tamaulipas, Mexico, ungefähr sechzig Meilen von der nächsten Straße entfernt, was peinlich ist, aber wieso ein Erlebnis? Ein Flugzeug ist für mich ein Flugzeug, ich sehe keinen ausgestorbenen Vogel dabei, sondern eine Super-Constellation mit Motor-Defekt, nichts weiter, und da kann der Mond sie bescheinen, wie er will. Warum soll ich erleben, was gar nicht ist? Ich kann mich auch nicht entschließen, etwas wie die Ewigkeit zu hören; ich höre gar nichts, ausgenommen das Rieseln von Sand nach jedem Schritt. Ich schlottere, aber ich weiß: in sieben bis acht Stunden kommt wieder die Sonne. Ende der Welt, wieso? Ich kann mir keinen Unsinn einbilden, bloß um etwas zu erleben. Ich sehe den Sand-Horizont, weißlich in der grünen Nacht, schätzungsweise zwanzig Meilen von hier, und ich sehe nicht ein, wieso dort, Richtung Tampico, das Jenseits beginnen soll. Ich kenne Tampico. Ich weigere mich, Angst zu haben aus bloßer Fantasie, beziehungsweise fanatisch zu werden aus bloßer Angst, geradezu mystisch.

»Kommen Sie!« sagte ich.

Herbert stand und erlebte noch immer.

»Übrigens«, sagte ich, »sind Sie irgendwie verwandt mit einem Joachim Hencke, der einmal in Zürich studiert hat?«

Es kam mir ganz plötzlich, als wir so standen, die Hände in den Hosentaschen, den Rockkragen heraufgestülpt; wir wollten gerade in die Kabine steigen.

»Joachim?« sagte er, »das ist mein Bruder.«

»Nein!« sagte ich –

»Ja«, sagte er, »natürlich – ich erzählte Ihnen doch, daß ich meinen Bruder in Guatemala besuche.«

Wir mußten lachen.

»Wie klein die Welt ist!«

Die Nächte verbrachte man in der Kabine, schlotternd in

2. *vorhanden:* *vorhanden (war)* was available
8. *überhört:* *überhören* to miss (hearing)
19. *gelöscht:* *löschen* to extinguish, put out
20. *auszuknipsen:* *knipsen* to click; *aus-knipsen* to switch off
32. *genau so, wie wenn* exactly as if
34. *Totenstille:* *die Stille* silence; *tot* dead; *der Tote, -n* the dead man; *Totenstille* deathly silence

Mantel und Wolldecken; die Besatzung kochte Tee, solange Wasser vorhanden.

»Wie geht's ihm denn?« fragte ich. »Seit zwanzig Jahren
habe ich nichts mehr von ihm gehört.«

»Danke«, sagte er, »danke –«   5

»Damals«, sagte ich, »waren wir sehr befreundet –«

Was ich erfuhr, war so das Übliche: Heirat, ein Kind (was
ich offenbar überhört habe; sonst hätte ich mich nicht
später danach erkundigt), dann Krieg, Gefangenschaft,
Heimkehr nach Düsseldorf und so fort, ich staunte, wie   10
die Zeit vergeht, wie man älter wird.

»Wir sind besorgt«, sagte er –

»Wieso?«

»Er ist der einzige Weiße da unten«, sagte er, »seit zwei
Monaten keinerlei Nachrichten –«   15

Er berichtete.

Die meisten Passagiere schliefen schon, man mußte flüstern, das große Licht in der Kabine war lange schon gelöscht, um die Batterie zu schonen, war man gebeten,
auch das kleine Lämpchen über dem Sitz auszuknipsen;   20
es war dunkel, nur draußen die Helligkeit des Sandes,
die Tragflächen im Mondlicht, glänzend, kalt.

»Wieso Revolte?« fragte ich.

Ich beruhigte ihn.

»Wieso Revolte?« sagte ich, »vielleicht sind seine Briefe   25
einfach verlorengegangen –«

Jemand bat uns, endlich zu schweigen.

Zweiundvierzig Passagiere in einer Super-Constellation,
die nicht fliegt, sondern in der Wüste steht, ein Flugzeug
mit Wolldecken um die Motoren (um sie vor Sand zu   30
schützen) und mit Wolldecken um jeden Pneu, die Passagiere genau so, wie wenn man fliegt, in ihren Sesseln
schlafend mit schrägen Köpfen und meistens offenen Mün-
dern, aber dazu Totenstille, draußen die vier blanken Propeller-Kreuze, der weißliche Mondglanz auch auf den   35
Tragflächen, alles reglos – es war ein komischer Anblick.

Jemand redete im Traum –

39

1. *Beim Erwachen am Morgen. . . erschrak ich* Upon awakening in the morning I was startled
6. *Montage: die Montage* assembling (as of engine parts)
12. *Irrsinnshitze: die Hitze* heat; *der Irrsinn* madness; *die Irrsinnshitze* maddening heat
14. *Sandmäusen: die Maus, ⁻e* mouse; *der Sand* sand
16. *vor allem* most of all, especially
17. *aufwirbelte: wirbeln* to stir; *der Wirbel, -* whirl, swirl; *auf-wirbeln* to stir up
18. *Trittspuren: die Spur, -en* trace; *treten, a, e* to step; *der Tritt, -e* step; *die Trittspur, -en* footstep
23. *Zu filmen gab es überhaupt nichts* There was absolutely nothing to film
27. *Ich. . . greife unwillkürlich an mein Kinn* I absent-mindedly feel my chin
28. *alles mögliche* everything possible
36. *Ausschau zu halten: Ausschau halten, ie, a* to keep watch

Beim Erwachen am Morgen, als ich zum Fensterchen hinausschaute und den Sand sah, die Nähe des Sandes, erschrak ich eine Sekunde lang, unnötigerweise.

Herbert las wieder ein rororo.

Ich nahm mein Kalenderchen:

3. IV. Montage in Caracas!

Zum Frühstück gab es Juice, dazu zwei Biscuits, dazu Versicherungen, daß Lebensmittel unterwegs sind, Getränke auch, kein Grund zu Besorgnis – sie hätten besser nichts gesagt; denn so wartete man natürlich den ganzen Tag auf Motorengeräusch.

Wieder eine Irrsinnshitze!

In der Kabine war's noch heißer –

Was man hörte: Wind, dann und wann Pfiffe von Sandmäusen, die man allerdings nicht sah, das Rascheln einer Eidechse, vor allem ein steter Wind, der den Sand nicht aufwirbelte, wie gesagt, aber rieseln ließ, so daß unsere Trittspuren immer wieder gelöscht waren; immer wieder sah es aus, als wäre niemand hier gewesen, keine Gesellschaft von zweiundvierzig Passagieren und fünf Leuten der Besatzung.

Ich wollte mich rasieren –

Zu filmen gab es überhaupt nichts.

Ich fühle mich nicht wohl, wenn unrasiert; nicht wegen der Leute, sondern meinetwegen. Ich habe dann das Gefühl, ich werde etwas wie eine Pflanze, wenn ich nicht rasiert bin, und ich greife unwillkürlich an mein Kinn. Ich holte meinen Apparat und versuchte alles mögliche, beziehungsweise unmögliche, denn ohne elektrischen Strom ist mit diesem Apparat ja nichts zu machen, das weiß ich – das war es ja, was mich nervös machte: daß es in der Wüste keinen Strom gibt, kein Telefon, keinen Stecker, nichts.

Einmal, mittags, hörte man Motoren.

Alle, außer Herbert und mir, standen draußen in der brütenden Sonne, um Ausschau zu halten in dem violetten Himmel über dem gelblichen Sand und den grauen Di-

8. *indem sie sich . . . begnügten: sich begnügen* to be satisfied (with); in being satisfied with shoes and underpants: taking off everything but their shoes and their underpants

10. *aufgekrempelten: auf-krempeln* ιo tuck up, bend back, roll up

13. *Kopfschmerz: der Schmerz, -en* ache; *der Kopf, ⁻e* head; *der Kopfschmerz, -en* headache; (c.f., *Zahnschmerz* toothache)

27. *Einsilbigkeit: die Silbe, -n* syllable; *die Einsilbigkeit* manner of speaking in monosyllables

29. *Zeitvertreib: die Zeit, -en* time; *vertreiben, ie, ie* to drive away, banish; *zum Zeitvertreib* to pass the time

31. *feuerlos: das Feuer* fire; *feuerlos* without fire: unlit

34. *Pferdchen-Gewinn: der Gewinn* gain; *das Pferd, -e* horse; *here:* knight (as in chess); *der Pferdchen-Gewinn* gain of a knight: one knight up

37. *Münchnerin: die Münchnerin, –nen* inhabitant of Munich (*München*), *fem.*

37. *Halbjüdin: der Jude, -n (m.), die Jüdin, -nen (fem.)* Jew; *die Halbjüdin* half Jewish (*fem.*). The notorious Nürnberg Laws (September 1935) "for the protection of the racial purity of the state" reduced German Jews to the role of second-class citizens and stripped them of all political and civic rights and privileges. Germans "with Jewish blood" were classified according to the number of their Jewish ancestors. Each class had its own specific set of restrictions.

steln und den rötlichen Gebirgen, es war nur ein dünnes Summen, eine gewöhnliche DC-7, die da in großer Höhe glänzte, im Widerschein weiß wie Schnee, Kurs auf Mexico-City, wo wir gestern um diese Zeit hätten landen sollen.

Die Stimmung war miserabler als je.

Wir hatten unser Schach, zum Glück.

Viele Passagiere folgten unserem Vorbild, indem sie sich mit Schuhen und Unterhosen begnügten; die Damen hatten es schwieriger, einige saßen in aufgekrempelten Rökken und in Büstenhaltern, blau oder weiß oder rosa, ihre Bluse um den Kopf gewickelt wie einen Turban.

Viele klagten über Kopfschmerz.

Jemand mußte sich erbrechen –

Wir hockten wieder abseits, Herbert und ich, im Schatten unter dem Schwanzsteuer, das, wie die Tragflächen auch, im Widerschein des besonnten Sandes blendete, so daß man sogar im Schatten wie unter einem Scheinwerfer saß, und wir redeten wie üblich wenig beim Schach. Einmal fragte ich:

»Ist Joachim denn nicht mehr verheiratet?«

»Nein«, sagte er.

»Geschieden?«

»Ja«, sagte er.

»Wir haben viel Schach gespielt – damals.«

»So«, sagte er.

Seine Einsilbigkeit reizte mich.

»Wen hat er denn geheiratet?«

Ich fragte zum Zeitvertreib, es machte mich nervös, daß man nicht rauchen durfte, ich hatte eine Zigarette im Mund, feuerlos, weil Herbert sich so lange besann, obschon er sehen mußte, daß es nichts mehr zu retten gibt; ich lag mit einem Pferdchen-Gewinn im sicheren Vorteil, als er nach langem Schweigen, dann so beiläufig, wie ich meinerseits gefragt hatte, den Namen von Hanna erwähnte.

»– Hanna Landsberg, Münchnerin, Halbjüdin.«

43

3. *Ich ließ nichts merken*   I let nothing be noticed: I hid my feelings
5. *Ich tat, als: tun, a, a als*   to do as if: to pretend
6. *Figur um Figur*   piece after piece
9. *das Brettchen: das Brett, -er*   board; *here:*   little chess board
21. *Theresienstadt*   notorious concentration camp
26. *Fallschirmabwurf: ab-werfen, a, o*   to throw, drop (as of bombs); *der Abwurf, -̈e*   throwing down; *der Schirm, -e*   umbrella; *der Fallschirm, -e*   parachute; *der Fallschirmabwurf, -e*   dropping of the parachute
27. *die es . . . galt: gelten, a, o* (*with infinitive of another verb*) to be necessary to (do something); that had to be collected from within a radius of three hundred yards
30. *Bierdosen: die Dose, -n*   can; *das Bier, -e*   beer
31. *Gesellschaft: die Gesellschaft, -en*   social gathering
34. *zu Pferd*   on horseback

Ich sagte nichts.

»Sie sind am Zug!« sagte er.

Ich ließ nichts merken, glaube ich. Ich zündete versehentlich meine Zigarette an, was strengstens verboten war, und löschte sofort aus. Ich tat, als überlegte ich meine Züge, und verlor Figur um Figur –

»Was ist los?« lachte er, »was ist los?«

Wir spielten die Partie nicht zu Ende, ich gab auf und drehte das Brettchen, um die Figuren neuerdings aufzustellen. Ich wagte nicht einmal zu fragen, ob Hanna noch am Leben sei. Stundenlang spielten wir ohne ein Wort, von Zeit zu Zeit genötigt, unsere Coca-Cola-Kiste zu verrutschen, um im Schatten zu bleiben, das heißt: genötigt, immer wieder auf Sand zu sitzen, der gerade noch in der Sonne geglüht hatte. Wir schwitzten wie in der Sauna, wortlos über mein ledernes Steckschach gebeugt, das sich von unseren Schweißtropfen leider verfärbte.

Zu trinken gab es nichts mehr.

Warum ich nicht fragte, ob Hanna noch lebt, weiß ich nicht – vielleicht aus Angst, er würde mir sagen, Hanna sei nach Theresienstadt gekommen.

Ich errechnete ihr heutiges Alter.

Ich konnte sie mir nicht vorstellen.

Gegen Abend, kurz vor Dämmerung, kam endlich das versprochene Flugzeug, eine Sportmaschine, die lange kreiste, bis sie endlich den Fallschirmabwurf wagte: drei Säcke, zwei Kisten, die es im Umkreis von dreihundert Metern zu holen galt – wir waren gerettet: *Carta blanca, Cerveza Mexicana*, ein gutes Bier, das sogar Herbert, der Deutsche, anerkennen mußte, als man mit Bierdosen in der Wüste stand, Gesellschaft in Büstenhaltern und Unterhosen, dazu wieder Sonnenuntergang, den ich auf Farbfilm nahm.

Ich träumte von Hanna.

Hanna als Krankenschwester zu Pferd!

Am dritten Tag endlich ein erster Helikopter, um wenigstens die argentinische Mama mit ihren zwei Kindern zu

5. *Man mußte fast schreiben, bloß damit* You pretty well had to write simply so that
7. *Hermes-Baby* Swiss portable typewriter
8. *spannte einen Bogen ein: der Bogen, -* sheet of paper; *ein-spannen* to fasten in, fix
9. *Durchschlag: der Durchschlag, -̈e* carbon copy
10. *schob: schieben, o, o* to push; *here:* to push the carriage over to begin the letter
13. *sauberen Tisch zu machen: der Tisch, -e* table; *sauber* clean; to make a clean breast of it
19. *zwecks Anschaulichkeit* for the sake of local color
24. *war mir bewußt: es ist mir bewußt* I know, I am aware
29. *ohne daß es verletzte: ohne daß es Ivy verletzte*
34. *zum wievielten Mal* how often

holen, Gott sei Dank, und um Post mitzunehmen; er
wartete eine Stunde auf Post.

Herbert schrieb sofort nach Düsseldorf.

Jedermann saß und schrieb.

Man mußte fast schreiben, bloß damit die lieben Leute   5
nicht fragten, ob man denn keine Frau habe, keine Mutter,
keine Kinder, – ich holte meine Hermes-Baby (sie ist heute
noch voll Sand) und spannte einen Bogen ein, Bogen mit
Durchschlag, da ich annahm, ich würde an Williams schreiben, tippte das Datum und schob – Platz für Anrede: 10
»My Dear!«

Ich schrieb also an Ivy. Lange schon hatte ich das Bedürfnis, einmal sauberen Tisch zu machen. Endlich einmal hatte
ich die Ruhe und Zeit, die Ruhe einer ganzen Wüste.

»My Dear –«   15

Daß ich in der Wüste hocke, sechzig Meilen von der be-
fahrbaren Welt entfernt, war bald gesagt. Daß es heiß ist,
schönes Wetter, keine Spur von Verletzung und so weiter,
dazu ein paar Details zwecks Anschaulichkeit: Coca-Cola-
Kiste, Unterhosen, Helikopter, Bekanntschaft mit einem   20
Schachspieler, all dies füllte noch keinen Brief. Was weiter? Die bläulichen Gebirge in der Ferne. Was weiter? Gestern Bier. Was weiter? Ich konnte sie nicht einmal um
Zustellung von Filmen bitten und war mir bewußt, daß
Ivy, wie jede Frau, eigentlich nur wissen möchte, was ich   25
fühle, beziehungsweise denke, wenn ich schon nichts fühle,
und das wußte ich zwar genau: Ich habe Hanna nicht geheiratet, die ich liebte, und wieso soll ich Ivy heiraten? –
aber das zu formulieren, ohne daß es verletzte, war verdammt nicht leicht, denn sie wußte ja nichts von Hanna   30
und war ein lieber Kerl, aber eine Art von Amerikanerin,
die jeden Mann, der sie ins Bett nimmt, glaubt heiraten
zu müssen. Dabei war Ivy durchaus verheiratet, ich weiß
nicht zum wievielten Mal, und ihr Mann, Beamter in Wash-
ington, dachte ja nicht dran, sich scheiden zu lassen;   35
denn er liebte Ivy. Ob er ahnte, warum Ivy regelmäßig
nach New York flog, weiß ich nicht. Sie sagte, sie ginge

5. *Krach: der Krach* quarrel, fight; noise; *Krach haben* to quarrel
12. *zukleben: zu-kleben* to seal (as of an envelope)
19. *in dringenden Geschäften* on urgent business
25. *Gambit-Eröffnung* opening gambit (chess move)

zum Psychiater, und das ging sie nämlich auch. Jedenfalls klopfte es nie an meiner Türe, und ich sah nicht ein, wieso Ivy, sonst in ihren Ansichten modern, eine Ehe daraus machen wollte; sowieso hatten wir in letzter Zeit nur noch Krach, schien mir, Krach um jede Kleinigkeit. Ich brauchte nur daran zu denken – und es tippte plötzlich wie von selbst, im Gegenteil, ich mußte auf die Uhr sehen, damit mein Brief noch fertig wird, bis der Helikopter startet.

Sein Motor lief bereits –

Ich konnte meinen Brief nicht mehr durchlesen, nur in den Umschlag stecken, zukleben und geben – schauen, wie der Helikopter startete.

Langsam hatte man Bärte.

Ich sehnte mich nach elektrischem Strom –

Langsam wurde die Sache doch langweilig, eigentlich ein Skandal, daß die zweiundvierzig Passagiere und fünf Leute der Besatzung nicht längst aus dieser Wüste befreit waren, schließlich reisten die meisten von uns in dringenden Geschäften.

Einmal fragte ich doch:

»Lebt sie eigentlich noch?«

»Wer?« fragte er.

»Hanna – seine Frau.«

»Ach so«, sagte er und überlegte nur, wie er meine Gambit-Eröffnung abwehren solle, dazu sein Pfeifen, das mir sowieso auf die Nerven ging, ein halblautes Pfeifen ohne jede Melodie, Gezisch wie bei einem Ventil, unwillkürlich – ich mußte nochmals fragen:

»Wo lebt sie denn heute?«

»Weiß ich nicht«, sagte er.

»Aber sie lebt noch?«

»Ich nehme an.«

»Du weißt es nicht?«

»Nein«, sagte er, »aber ich nehme an –« Er wiederholte alles wie sein eigenes Echo: »– ich nehme an.«

12. *Sous les toits de Paris (Fr.)*: Under the roofs of
    Paris (popular song)
15. *das ist eine beschissene Sache,... wenn ich jetzt
    nicht abtausche* I think I've had it if I don't trade
    off now
24. *betrifft: betreffen, a, o* to concern; *Was Hanna
    betrifft* Concerning Hanna, in respect to Hanna
26. *Eidgenössische Technische Hochschule, Zürich*
    Swiss Institute of Technology at Zurich
28. *Maxwell'schen Dämon* Maxwell's demon: James C.
    Maxwell, 1831-1879, Scottish physicist. Maxwell's
    "demon" is a figure of speech, playfully used in il-
    lustrating one of Maxwell's theories.
32. *Vorwurf gemacht: vor-werfen, a, o (einem etwas)*
    to reproach a person with something; *der Vorwurf,
    ·e* reproach; *einen Vorwurf machen* to reproach

Unser Schach war ihm wichtiger.

»Vielleicht ist alles zu spät«, sagte er später, »vielleicht ist alles zu spät.«

Damit meinte er das Schach.

»Hat sie denn noch emigrieren können?«   5

»Ja«, sagte er, »das hat sie –«

»Wann?«

»1938«, sagte er, »in letzter Stunde – «

»Wohin?«

»Paris«, sagte er, »dann vermutlich weiter, denn ein paar   10
Jahre später waren wir ja auch in Paris. – Übrigens meine
schönste Zeit! Bevor ich in den Kaukasus kam. Sous les
toits de Paris!«

Mehr war nicht zu erfragen.

»Du«, sagte er, »das ist eine beschissene Sache, scheint mir,   15
wenn ich jetzt nicht abtausche.«

Wir spielten immer lustloser.

Wie man später erfuhr, warteten damals acht Helikopter
der US-Army an der mexikanischen Grenze auf die be-
hördliche Bewilligung, uns zu holen.   20

Ich putzte meine Hermes-Baby.

Herbert las.

Es blieb uns nichts als Warten.

Was Hanna betrifft:

Ich hätte Hanna gar nicht heiraten können, ich war da-   25
mals, 1933 bis 1935, Assistent an der Eidgenössischen
Technischen Hochschule, Zürich, arbeitete an meiner Dissertation (Über die Bedeutung des sogenannten Maxwell'-
schen Dämons) und verdiente dreihundert Franken im
Monat, eine Heirat kam damals nicht in Frage, wirtschaft-   30
lich betrachtet, abgesehen von allem anderen. Hanna hat
mir auch nie einen Vorwurf gemacht, daß es damals nicht
zur Heirat kam. Ich war bereit dazu. Im Grunde war es
Hanna selbst, die damals nicht heiraten wollte.

11. *ödete an: öde* empty, bleak; *die Öde, -n* waste-
land; *an-öden* to bore extremely
15. *gelte: gelten, a, o* to be thought of, considered
20. *flott* afloat, swimming; swell
22. *einmal* for once, for a change
25. *Standpunkt: der Standpunkt* point of view;
Natürlich ist das kein Standpunkt Of course that's
no way to look at it
34. *laut* according to
35. *schwarz auf weiß* in black and white: in writing

Mein Entschluß, eine Dienstreise einfach zu ändern und einen privaten Umweg über Guatemala zu machen, bloß um einen alten Jugendfreund wiederzusehen, fiel auf dem neuen Flugplatz in Mexico-City, und zwar im letzten Augenblick; ich stand schon an der Schranke, nochmals Händeschütteln, ich bat Herbert, seinen Bruder zu grüßen von mir, sofern Joachim sich überhaupt noch an mich erinnerte – dazu wieder der übliche Lautsprecher: *Your attention please, your attention please,* es war wieder eine Super-Constellation, *all passengers for Panama – Caracas – Pernambuco,* es ödete mich einfach an, schon wieder in ein Flugzeug zu steigen, schon wieder Gürtel zu schnallen, Herbert sagte:

»Mensch, du mußt gehen!«

Ich gelte in beruflichen Dingen als äußerst gewissenhaft, geradezu pedantisch, jedenfalls ist es noch nicht vorgekommen, daß ich eine Dienstreise aus purer Laune verzögerte, geschweige denn änderte – eine Stunde später flog ich mit Herbert.

»Du«, sagte er, »das ist flott von dir!«

Ich weiß nicht, was es wirklich war.

»Nun warten die Turbinen einmal auf mich«, sagte ich, »ich habe auch schon auf Turbinen gewartet – nun warten sie einmal auf mich!«

Natürlich ist das kein Standpunkt.

Schon in Campeche empfing uns die Hitze mit schleimiger Sonne und klebriger Luft, Gestank von Schlamm, der an der Sonne verwest, und wenn man sich den Schweiß aus dem Gesicht wischt, so ist es, als stinke man selbst nach Fisch. Ich sagte nichts. Schließlich wischt man sich den Schweiß nicht mehr ab, sondern sitzt mit geschlossenen Augen und atmet mit geschlossenem Mund, Kopf an eine Mauer gelehnt, die Beine von sich gestreckt. Herbert war ganz sicher, daß der Zug jeden Dienstag fährt, laut Reiseführer von Düsseldorf, er hatte es sogar schwarz auf weiß – aber es war, wie sich nach fünfstündigem Warten plötzlich herausstellte, nicht Dienstag, sondern Montag.

5. *schimmligen Vorhang: hängen, i, a* to hang; *vor*
   in front of; *der Vorhang, ⁼e* curtain; *schimmlig*
   moldy; *der Schimmel* mold
7. *Ablauf: ab-laufen, ie, au* to run off; to drain; *der*
   Ablauf, ⁼e drain
11. *Kameradschaft hin oder her* friendship or no friend-
    ship
13. *splitternackt* stark naked
18. *Zopilote: der Zopilot* carrion-eating bird, vulture
22. *Geschlamp von Eingeweide* tangle of entrails; *die*
    Eingeweide (pl. collective) entrails
24. *Därmen: der Darm, ⁼e* intestine, gut; *die Gedärme*
    (pl. collective) intestines, entrails
34. *aber um so heißer war* but was all the more hot: but
    was even hotter
35. *so tropfte es: der Tropfen, –* drop; *tropfen* to
    drip; it was dripping so much
36. *zuckerigen: der Zucker* sugar; *zuckerig* sugary,
    sticky

Ich sagte kein Wort.

Im Hotel gibt es wenigstens eine Dusche, ein Handtuch, das nach Campfer riecht wie üblich in diesen Gegenden, und wenn man sich duschen will, fallen die fingerlangen Käfer aus dem schimmligen Vorhang – ich ersäufte sie, doch kletterten sie nach einer Weile immer wieder aus dem Ablauf hervor, bis ich sie mit der Ferse zertrat, um mich endlich duschen zu können.

Ich träumte von diesen Käfern.

Ich war entschlossen, Herbert zu verlassen und am andern Mittag zurückzufliegen, Kameradschaft hin oder her –

Ich spürte wieder meinen Magen.

Ich lag splitternackt –

Es stank die ganze Nacht.

Auch Herbert lag splitternackt –

Campeche ist immerhin noch eine Stadt, eine Siedlung mit elektrischem Strom, so daß man sich rasieren konnte, und mit Telefon; aber auf allen Drähten hocken schon Zopilote, die reihenweise warten, bis ein Hund verhungert, ein Esel verreckt, ein Pferd geschlachtet wird, dann flattern sie herab . . . Wir kamen gerade hinzu, wie sie hin und her zerrten an einem solchen Geschlamp von Eingeweide, eine ganze Meute von schwarzvioletten Vögeln mit blutigen Därmen in ihren Schnäbeln, nicht zu vertreiben, auch wenn ein Wagen kommt; sie zerren das Aas anderswohin, ohne aufzufliegen, nur hüpfend, nur huschend, alles mitten auf dem Markt.

Herbert kaufte eine Ananas.

Ich war entschlossen, wie gesagt, nach Mexico-City zurückzufliegen. Ich war verzweifelt. Warum ich es nicht tat, weiß ich nicht.

Plötzlich war's Mittag –

Wir standen draußen auf einem Damm, wo es weniger stank, aber um so heißer war, weil schattenlos, und aßen unsere Ananas, wir bückten uns vornüber, so tropfte es, dann über die Steine hinunter, um die zuckerigen Finger zu spülen; das warme Wasser war ebenfalls klebrig, nicht

2. *unbestimmbarer Art: bestimmen* to determine, identify; *unbestimmbar* unidentifiable; of an unidentifiable sort
6. *aufs offene Meer hinaus* towards the open sea
19. *dank eines fernen Gewitters: das Gewitter, –* thunderstorm; thanks to a distant thunderstorm
20. *Wetterleuchten: das Wetter* weather; *leuchten* to shine, radiate; *das Wetterleuchten* summer lightning
25. *topfeben here:* flat as a pancake (*regional idiom*)
25. *schnurgerade: gerade* straight; *die Schnur ⁻e* string; *schnurgerade* straight as a string, very straight
31. *Drum = Darum* Is that why

zuckerig, aber salzig, und die Finger stanken nach Tang, nach Motoröl, nach Muscheln, nach Fäulnis unbestimmbarer Art, so daß man sie sofort am Taschentuch abwischte. Plötzlich das Motorengeräusch! Ich stand gelähmt. Meine DC-4 nach Mexico-City, sie flog gerade über uns hinweg, dann Kurve aufs offene Meer hinaus, wo sie im heißen Himmel sich sozusagen auflöste wie in einer blauen Säure –

Ich sagte nichts.

Ich weiß nicht, wie jener Tag verging.

Er verging –

Unser Zug (Campeche-Palenque-Coatzocoalcos) war besser als erwartet: Eine Dieselmaschine und vier Wagen mit air-condition, so daß wir die Hitze vergaßen, mit der Hitze auch den Unsinn dieser ganzen Reise.

»Ob Joachim mich noch kennt?«

Ab und zu hielt unser Zug auf offener Strecke in der Nacht, man hatte keine Ahnung wieso, nirgends ein Licht, nur dank eines fernen Gewitters erkannte man, daß es durch Dschungel geht, teilweise Sumpf, Wetterleuchten hinter einem Geflecht von schwarzen Bäumen, unsere Lokomotive tutete und tutete in die Nacht hinaus, man konnte das Fenster nicht öffnen, um zu sehen, was los ist ... Plötzlich fuhr er wieder: dreißig Stundenkilometer, obschon es topfeben ist, eine schnurgerade Strecke. Immerhin war man zufrieden, daß es weiterging.

Einmal fragte ich:

»Warum sind sie eigentlich geschieden?«

»Weiß ich nicht«, sagte er, »sie wurde Kommunistin, glaube ich –«

»Drum?«

Er gähnte.

»Ich weiß es nicht«, sagte er, »es ging nicht. Ich habe nie danach gefragt.«

Einmal, als unser Zug neuerdings hielt, ging ich zur Wagentür, um hinauszuschauen. Draußen die Hitze, die man vergessen hatte, eine feuchte Finsternis und Stille. Ich ging

3. *ausgestopft: stopfen* to fill, cram; *aus-stopfen* to stuff (as of taxidermy); *wie ausgestopft* like a stuffed animal
14. *Wir richteten uns zum Schlafen* We settled ourselves in a position for sleeping
19. *Beim Morgengrauen* At dawn
24. *Luftwurzeln: die Wurzel, -n* root; *die Luft, ̈-e* air; *die Luftwurzel, -n* aerial root
26. *es wimmelte von: wimmeln von* to teem with
27. *schwefelgelben: gelb* yellow; *der Schwefel* sulphur
32. *Schopf: der Schopf, ̈-e* crown, top of the head; *here:* shed, shelter

aufs Trittbrett hinunter, Stille mit Wetterleuchten, ein Büffel stand auf dem schnurgeraden Geleise vor uns, nichts weiter. Er stand wie ausgestopft, weil vom Scheinwerfer unserer Lokomotive geblendet, stur. Sofort hatte man wieder Schweiß auf der Stirne und am Hals. Es tutete und tutete. Ringsum nichts als Dickicht. Nach einigen Minuten ging der Büffel (oder was es war) langsam aus dem Scheinwerfer, dann hörte ich Rauschen im Dickicht, das Knicken von Ästen, dann ein Klatschen, sein Platschen im Wasser, das man nicht sah –

Dann fuhren wir wieder.

»Haben sie denn Kinder?« fragte ich.

»Eine Tochter –«

Wir richteten uns zum Schlafen, die Jacke unter den Nakken, die Beine gestreckt auf die leeren Sitze gegenüber.

»Hast du sie gekannt?«

»Ja«, sagte ich, »warum?«

Kurz darauf schlief er –

Beim Morgengrauen noch immer Dickicht, die erste Sonne über dem flachen Dschungel-Horizont, viel Reiher, die in weißen Scharen aufflatterten vor unserem langsamen Zug, Dickicht ohne Ende, unabsehbar, dann und wann eine Gruppe indianischer Hütten, verborgen unter Bäumen mit Luftwurzeln, manchmal eine einzelne Palme, sonst meistens Laubhölzer, Akazien und Unbekanntes, vor allem Büsche, ein vorsintflutliches Farnkraut, es wimmelte von schwefelgelben Vögeln, die Sonne wieder wie hinter Milchglas, Dunst, man sah die Hitze.

Ich hatte geträumt – (Nicht von Hanna!)

Als wir neuerdings auf offener Strecke hielten, war es Palenque, ein Bahnhöflein irgendwo, wo niemand einsteigt und niemand aussteigt außer uns, ein kleiner Schopf neben dem Geleise, ein Signal, nichts weiter, nicht einmal eine Verdopplung des Geleises (wenn ich mich richtig erinnere), wir erkundigten uns dreimal, ob das Palenque ist.

Sofort rann wieder der Schweiß –

Wir standen mit unserem Gepäck, als der Zug weiterfuhr,

11. *Reißverschluß: der Verschluß, ⸚(ss)e* closure, lock;
    reißen, i, i to rip, zip; *der Reißverschluß, ⸚(ss)e*
    zipper
13. *in greifbarer Nähe* within reaching (handy) distance
14. *Lebenszweck: der Zweck, -e* purpose; *das Leben*
    life; *der Lebenszweck, -e* purpose in life
25. *Sprechen machte nur durstig = Sprechen machte*
    uns nur durstig
35. *Ich dachte ja nicht daran* I had no such intentions,
    not on your life
36. *löste Schweiß aus: der Schweiß* sweat; *aus-lösen*
    to release; set the sweat pouring

wie am Ende der Welt, mindestens am Ende der Zivilisation, und von einem Jeep, der hier hätte warten sollen, um den Herrn aus Düsseldorf sofort zur Plantage hinüberzufahren, war natürlich keine Spur.

»There we are!«

Ich lachte.

Immerhin gab es ein Sträßlein, und nach einer halben Stunde, die uns ziemlich erschöpft hatte, kamen Kinder aus den Büschen, später ein Eseltreiber, der unser Gepäck nahm, ein Indio natürlich, ich behielt nur meine gelbe Aktenmappe mit Reißverschluß.

Fünf Tage hingen wir in Palenque.

Wir hingen in Hängematten, allzeit ein Bier in greifbarer Nähe, schwitzend, als wäre Schwitzen unser Lebenszweck, unfähig zu irgendeinem Entschluß, eigentlich ganz zufrieden, denn das Bier ist ausgezeichnet, *Yucateca*, besser als das Bier im Hochland, wir hingen in unseren Hängematten und tranken, um weiter schwitzen zu können, und ich wußte nicht, was wir eigentlich wollten.

Wir wollten einen Jeep!

Wenn man es sich nicht immer wieder sagte, so vergaß man es, und sonst sagten wir wenig den ganzen Tag, ein sonderbarer Zustand.

Ein Jeep, ja, aber woher?

Sprechen machte nur durstig.

Der Wirt unsres winzigen Hotels (*Lacroix*) hatte einen Landrover, offensichtlich das einzige Fahrzeug in Palenque, das er aber selber brauchte, um Bier und Gäste von der Bahn zu holen, Leute, die sich etwas aus indianischen Ruinen machen, Liebhaber von Pyramiden; zur Zeit war nur ein einziger da, ein junger Amerikaner, der zuviel redete, aber zum Glück war er tagsüber immer weg – draußen auf den Ruinen, die auch wir, meinte er, besichtigen sollten.

Ich dachte ja nicht daran!

Jeder Schritt löste Schweiß aus, der sofort mit Bier er-

1. *es ging nur*   it was only manageable
11. *begafft von lauter Maya-Kindern: gaffen*   to stare, gape at; gaped at by a crowd of Mayan children
13. *von der fixen Idee besessen*   obsessed by the fixed idea
14. *Hühnerdorf: das Dorf, ̈er*   village, hamlet; *das Huhn, ̈er*   chicken; *das Hühnerdorf, ̈er*   chicken village: miserable hamlet, dump
18. *es war mir einerlei*   it was all the same to me
36. *erzählte wieder von seinem Kaukasus*   told me again all about his time in the Caucasus (Caucasus: mountain system in Russia between Europe and Asia)

setzt werden mußte, und es ging nur, indem man in der
Hängematte hing mit bloßen Füßen und sich nicht rührte,
rauchend, Apathie als einzig möglicher Zustand – sogar
das Gerücht, die Plantage jenseits der Grenze sei seit Monaten verlassen, regte uns nicht auf; wir blickten einander   5
an, Herbert und ich, und tranken unser Bier.
Unsere einzige Chance: der Landrover.
Der stand tagelang vor dem Hotelchen –
Aber der Wirt, wie gesagt, brauchte ihn!
Am dritten oder vierten Morgen, als wir wie üblich früh-   10
stückten, begafft von lauter Maya-Kindern, die übrigens
nicht betteln, sondern einfach vor unserem Tisch stehen
und von Zeit zu Zeit lachen, war Herbert von der fixen
Idee besessen, es müßte irgendwo in diesem Hühnerdorf,
wenn man es gründlich untersuchte, irgendeinen Jeep ge-   15
ben – irgendwo hinter einer Hütte, irgendwo im Dickicht
von Kürbis und Bananen und Mais. Ich ließ ihn. Es war
Blödsinn, schien mir, wie alles, aber es war mir einerlei, ich
hing in meiner Hängematte, und Herbert zeigte sich den
ganzen Tag nicht.   20
Sogar zum Filmen war ich zu faul.
Außer Bier, *Yucateca,* das ausgezeichnet war, aber ausgegangen, gab es in Palenque nur noch Rum, miserabel,
und Coca-Cola, was ich nicht ausstehen kann –
Ich trank Rum und schlief.   25
Jedenfalls dachte ich stundenlang an nichts –
Herbert, der erst in der Dämmerung zurückkam, bleich
vor Erschöpfung, hatte einen Bach entdeckt und gebadet,
ferner zwei Männer entdeckt, die mit krummen Säbeln
(so behauptete er) durch den Mais gingen, Indios mit wei-   30
ßen Hosen und weißen Strohhüten, genau wie die Män-
ner im Dorf – aber mit krummen Säbeln in der Hand.
Von Jeep natürlich kein Wort!
Er hatte Angst, glaube ich.
Ich rasierte mich, solange es noch elektrischen Strom   35
gab. Herbert erzählte wieder von seinem Kaukasus, seine

1. *Schauergeschichten: die Geschichte, -n* story; *der Schauer* terror, horror; *die Schauergeschichte, -n* tale of horror
1. *vom Iwan* about Ivan: about the Russians
4. *das Wellblechdach: das Dach, ⸚er* roof; *das Blech* sheet metal; *die Welle, -n* wave, ripple; *das Wellblechdach, ⸚er* roof covered with corrugated sheet metal
5. *Vorfilm* first film, short
5. *Fassadenkletterei: die Fassade, -n* facing of a building; *klettern* to climb, clamber; climbing up and down house walls. (The reference here is to films in which Harold Lloyd, great movie comic of the twenties, had hair-raising scenes on the walls of high buildings.)
7. *in den besten Kreisen von Mexico* in the best (social) circles of Mexico
8. *Browning* revolver
8. *Wir lachten uns krumm* We laughed ourselves crooked: We doubled up with laughter
17. *Achselzucken: die Achsel, -n* shoulder; *zucken* to twitch, shrug; *das Achselzucken* shrug of the shoulders

Schauergeschichten vom Iwan, die ich kenne; später gingen
wir, da es kein Bier mehr gab, ins Kino, geführt von unserem Ruinen-Freund, der sein Palenque kannte – es gab
tatsächlich ein Kino, Schopf mit Wellblechdach, wir sahen
als Vorfilm: Harald Lloyd, Fassadenkletterei in der Mode   5
der Zwanzigerjahre; als Hauptfilm: Liebesleidenschaft in
den besten Kreisen von Mexico, Ehebruch mit Cadillac
und Browning, alles in Marmor und Abendkleid. Wir
lachten uns krumm, während die vier oder fünf Indios
reglos vor der verrumpften Leinwand hockten, ihre großen   10
Strohhüte auf dem Kopf, vielleicht zufrieden, vielleicht
auch nicht, man weiß es nie, undurchsichtig, mongolisch...
Unser neuer Freund, Musiker aus Boston, wie gesagt, Amerikaner französischer Herkunft, war von Yucatan begeistert
und konnte nicht fassen, daß wir uns nicht für Ruinen   15
interessieren; er fragte, was wir hier machten.
Achselzucken unsrerseits –
Das Wunder geschah, als unser Ruinen-Freund hörte, daß
wir hinüber nach Guatemala müßten. Er war begeistert.
Er zog sofort sein Kalenderchen, um die restlichen Tage   20
seiner Ferien zu zählen. In Guatemala, sagte er, wimmle
es von Maya-Stätten, teilweise kaum ausgegraben, und
wenn wir ihn mitnähmen, wollte er alles versuchen, um
den Landrover zu bekommen, den wir nicht bekommen,
dank seiner Freundschaft mit dem *Lacroix*-Wirt – und er   25
bekam ihn.
(Hundert Pesos pro Tag.)
Es war Sonntag, als wir packten, eine heiße Nacht mit
schleimigem Mond, und der sonderbare Lärm, der mich
jeden Morgen geweckt hatte, erwies sich als Musik, Ge-   30
klimper einer altertümlichen Marimba, Gehämmer ohne
Klang, eine fürchterliche Musik, geradezu epileptisch. Es
war irgendein Fest, das mit dem Vollmond zu tun hat.
Ich packte unseren Landrover, jemand mußte es ja
machen, und ich machte es gern, um weiterzukommen.   35

3. *die mir ferne lag* which lay distant to me: in which I had no interest
6. *abgesehen von* quite apart from
10. *gerade in Anbetracht der Zeit* particularly in regard to the times (political situation)
12. *Schutzhaft: die Haft* custody, arrest; *der Schutz* protection; *die Schutzhaft* protective custody. (This refers to a political device by which persons in disfavor with the Nazi government were put into a concentration camp. The implication of *Schutzhaft* was that the arrested person was indeed a criminal and had to be protected from "the wrath of the people" by being put into a concentration camp.)
13. *Greuelmärchen: das Märchen, -* fairy tale; *das Greuel* horror; *das Greuelmärchen, -* tale of horror, atrocity story which cannot be believed
14. *im Stich zu lassen: im Stich lassen, ie, a* to abandon
16. *Parteitag in Nürnberg* annual rally of the Nazi party at Nuremberg, attended by huge crowds
17. *Rassengesetze: das Gesetz, -e* law; *die Rasse, -n* race (See page 42.)
21. *Thun* city in Switzerland
23. *gelangten wir zum Chef: der Chef* director; *gelangen zu* to get to
24. *Fremdenpolizei: die Polizei* police; *der Fremde, -n* alien; *die Fremdenpolizei* aliens' office
25. *vorwies: vor-weisen, ie, ie* to present, show
30. *Asylrecht* right of asylum
31. *ihre Auswanderung zu betreiben: die Auswanderung* emigration; *betreiben, ie, ie* to further; to make arrangements for her emigration
34. *nach Übersee* overseas
34. *Erleichterung allerseits* Everyone felt relieved
37. *kreidebleich: bleich* pale; *die Kreide* chalk

Hanna hatte Deutschland verlassen müssen und studierte damals Kunstgeschichte bei Professor Wölfflin, eine Sache, die mir ferne lag, aber sonst verstanden wir uns sofort, ohne an Heiraten zu denken. Auch Hanna dachte nicht an Heiraten. Wir waren beide viel zu jung, wie schon gesagt, ganz abgesehen von meinen Eltern, die Hanna sehr sympathisch fanden, aber um meine Karriere besorgt waren, wenn ich eine Halbjüdin heiraten würde, eine Sorge, die mich ärgerte und geradezu wütend machte. Ich war bereit, Hanna zu heiraten, ich fühlte mich verpflichtet gerade in Anbetracht der Zeit. Ihr Vater, Professor in München, kam damals in Schutzhaft, es war die Zeit der sogenannten Greuelmärchen, und es kam für mich nicht in Frage, Hanna im Stich zu lassen. Ich war kein Feigling, ganz abgesehen davon, daß wir uns wirklich liebten. Ich erinnere mich genau an jene Zeit, Parteitag in Nürnberg, wir saßen vor dem Radio, Verkündung der deutschen Rassengesetze. Im Grunde war es Hanna, die damals nicht heiraten wollte; ich war bereit dazu. Als ich von Hanna hörte, daß sie die Schweiz binnen vierzehn Tagen zu verlassen habe, war ich in Thun als Offizier; ich fuhr sofort nach Zürich, um mit Hanna zur Fremdenpolizei zu gehen, wo meine Uniform nichts ändern konnte, immerhin gelangten wir zum Chef der Fremdenpolizei. Ich erinnere mich noch heute, wie er das Schreiben betrachtete, das Hanna vorwies, und sich das Dossier kommen ließ, Hanna saß, ich stand. Dann seine wohlmeinende Frage, ob das Fräulein meine Braut sei, und unsere Verlegenheit. Wir sollten verstehen: die Schweiz sei ein kleines Land, kein Platz für zahllose Flüchtlinge, Asylrecht, aber Hanna hätte doch Zeit genug gehabt, ihre Auswanderung zu betreiben. Dann endlich das Dossier, und es stellt sich heraus, daß gar nicht Hanna gemeint war, sondern eine Emigrantin gleichen Namens, die bereits nach Übersee ausgewandert war. Erleichterung allerseits! Im Vorzimmer nahm ich meine Offiziershandschuhe, meine Offiziersmütze, als Hanna nochmals an den Schalter gerufen wurde, Hanna kreidebleich. Sie mußte

1. *der Rappen, –* Swiss currency (1 Swiss Frank
= 100 *Rappen*)
6. *die Aufenthaltsbewilligung: die Bewilligung, –en*
permission, permit; *der Aufenthalt* residence
9. *es kam nicht dazu: kommen, a, o zu* to come to
the point (of); I never got around to it
11. *sprunghaft: springen, a, u* to jump; *sprunghaft*
desultory, unsteady, moody
18. *Schwärmerin: schwärmen (coll.)* to gush (over),
be enthusiastic (about); *der Schwarm (coll.)* idol,
hero; *die Schwärmerin, –nen (fem.)* enthusiast,
sentimentalist
18. *Kunstfee: die Fee, –n* fairy; *die Kunst, ̈e* art; *die
Kunstfee (coll.)* a woman who makes the promulga-
tion of art her hobby or who gushes over art
19. *Homo Faber (Lat.)* man the maker, man the technician
24. *um nicht zu sagen* not to say, to put it less kindly
35. *Escher-Wyss* Swiss firm
35. *eine Chance sondergleichen* an extraordinary opportunity, a chance in a million

noch zehn Rappen zahlen, Porto für den Brief, den man fälschlicherweise an ihre Adresse geschickt hatte. Ihre maßlose Empörung darüber! Ich fand es einen Witz. Leider mußte ich am selben Abend wieder nach Thun zu meinen Rekruten; auf jener Fahrt kam ich zum Entschluß, Hanna zu heiraten, falls ihr je die Aufenthaltsbewilligung entzogen werden sollte. Kurz darauf (wenn ich mich richtig erinnere) starb ihr alter Vater in Schutzhaft. Ich war entschlossen, wie gesagt, aber es kam nicht dazu. Ich weiß eigentlich nicht warum. Hanna war immer sehr empfindlich und sprunghaft, ein unberechenbares Temperament; wie Joachim sagte: manisch-depressiv. Dabei hatte Joachim sie nur ein oder zwei Mal gesehen, denn Hanna wollte mit Deutschen nichts zu tun haben. Ich schwor ihr, daß Joachim, mein Freund, kein Nazi ist; aber vergeblich. Ich verstand ihr Mißtrauen, aber sie machte es mir nicht leicht, abgesehen davon, daß unsere Interessen sich nicht immer deckten. Ich nannte sie eine Schwärmerin und Kunstfee. Dafür nannte sie mich: Homo Faber. Manchmal hatten wir einen regelrechten Krach, wenn wir beispielsweise aus dem Schauspielhaus kamen, wohin sie mich immer wieder nötigte; Hanna hatte einerseits einen Hang zum Kommunistischen, was ich nicht vertrug, und andererseits zum Mystischen, um nicht zu sagen: zum Hysterischen. Ich bin nun einmal der Typ, der mit beiden Füßen auf der Erde steht. Nichtsdestoweniger waren wir sehr glücklich zusammen, scheint mir, und eigentlich weiß ich wirklich nicht, warum es damals nicht zur Heirat kam. Es kam einfach nicht dazu. Ich war, im Gegensatz zu meinem Vater, kein Antisemit, glaube ich; ich war nur zu jung wie die meisten Männer unter dreißig, zu unfertig, um Vater zu sein. Ich arbeitete noch an meiner Dissertation, wie gesagt, und wohnte bei meinen Eltern, was Hanna durchaus nicht begriff. Wir trafen uns immer in ihrer Bude. In jener Zeit kam das Angebot von Escher-Wyss, eine Chance sondergleichen für einen jungen Ingenieur, und was mir dabei Sorge machte, war nicht das Klima von Bagdad, sondern Hanna in Zü-

2. *ausgerechnet an dem Tag* of all days on the day
   (when)
5. *ich sei zu Tode erschrocken* I was scared to death
14. *übertölpelt: der Tölpel, –* dope; *übertölpeln* to
    dupe
17. *vor Vaterfreude* for joy at the prospect of becoming
    a father
21. *Das sei keine Sache* That's no problem
22. *das lasse sich schon machen* that can be arranged
35. *woran ich bin* where I stand (stood)

rich. Sie erwartete damals ein Kind. Ihre Offenbarung
hörte ich ausgerechnet an dem Tag, als ich von meiner ersten Besprechung mit Escher-Wyss kam, meinerseits entschlossen, die Stelle in Bagdad anzutreten sobald als möglich. Ihre Behauptung, ich sei zu Tode erschrocken, bestreite 5
ich noch heute; ich fragte bloß: Bist du sicher? Immerhin
eine sachliche und vernünftige Frage. Ich fühlte mich übertölpelt nur durch die Bestimmtheit ihrer Meldung; ich
fragte: Bist du bei einem Arzt gewesen? Ebenfalls eine
sachliche und erlaubte Frage. Sie war nicht beim Arzt ge- 10
wesen. Sie wisse es! Ich sagte: Warten wir noch vierzehn
Tage. Sie lachte, weil vollkommen sicher, und ich mußte
annehmen, daß Hanna es schon lange gewußt, aber nicht
gesagt hatte; nur insofern fühlte ich mich übertölpelt. Ich
legte meine Hand auf ihre Hand, im Augenblick fiel mir 15
nicht viel dazu ein, das ist wahr; ich trank Kaffee und
rauchte. Ihre Enttäuschung! Ich tanzte nicht vor Vaterfreude, das ist wahr, dazu war die politische Situation
zu ernst. Ich fragte: Hast du denn einen Arzt, wo du
hingehen kannst? Natürlich meinte ich bloß: um sich einmal 20
untersuchen zu lassen. Hanna nickte. Das sei keine Sache,
sagte sie, das lasse sich schon machen! Ich fragte: Was
meinst du? Später behauptete Hanna, ich sei erleichtert
gewesen, daß sie das Kind nicht haben wollte, und geradezu entzückt, drum hätte ich meinen Arm um ihre Schultern 25
gelegt, als sie weinte. Sie selber war es, die nicht mehr davon sprechen wollte, und dann berichtete ich von Escher-
Wyss, von der Stelle in Bagdad, von den beruflichen Mög-
lichkeiten eines Ingenieurs überhaupt. Das war keineswegs
gegen ihr Kind gerichtet. Ich sagte sogar, wieviel ich in 30
Bagdad verdienen würde. Und wörtlich: Wenn du dein
Kind haben willst, dann müssen wir natürlich heiraten.
Später ihr Vorwurf, daß ich von Müssen gesprochen habe!
Ich fragte offen heraus: Willst du heiraten, ja oder nein?
Sie schüttelte den Kopf, und ich wußte nicht, woran ich 35
bin. Ich besprach mich viel mit Joachim, während wir un-
ser Schach spielten; Joachim unterrichtete mich über das

1. *bekanntlich kein Problem*   obviously no problem
6. *zugesagt: zu-sagen*   to promise
8. *daß er keine große Geschichte daraus machte*   that he didn't make a great fuss about it
11. *Schluß machen*   to break (something) off, finish
13. *zur Vernunft zu bringen: die Vernunft*   reason; *bringen, a, a*   to bring; *zur Vernunft bringen*   to bring (someone) to (his) senses
17. *in der Luftlinie gemessen*   as the crow flies
18. *sagen wir*   let's say
28. *nach Himmelsrichtung*   according to the points of the compass, or sun; *here:*   southeast
30. *lückenlos: die Lücke, –n*   gap, break; *lückenlos* unbroken, uninterrupted

Medizinische, was bekanntlich kein Problem ist, dann über
das Juristische, bekanntlich auch kein Problem, wenn man
sich die erforderlichen Gutachten zu verschaffen weiß, und
dann stopfte er seine Pfeife, Blick auf unser Schach, denn
Joachim war grundsätzlich gegen Ratschläge. Seine Hilfe   5
(er war Mediziner im Staatsexamen) hatte er zugesagt, falls
wir, das Mädchen und ich, seine Hilfe verlangen. Ich war
ihm sehr dankbar, etwas verlegen, aber froh, daß er keine
große Geschichte draus machte; er sagte bloß: Du bist am
Zug! Ich meldete Hanna, daß alles kein Problem ist. Es   10
war Hanna, die plötzlich Schluß machen wollte; sie packte
ihre Koffer, plötzlich ihre wahnsinnige Idee, nach München
zurückzukehren. Ich stellte mich vor sie, um sie zur Vernunft zu bringen; ihr einziges Wort: Schluß! Ich hatte gesagt: Dein Kind, statt zu sagen: Unser Kind. Das war es,   15
was mir Hanna nicht verzeihen konnte.

Die Strecke zwischen Palenque und der Plantage, in der
Luftlinie gemessen, beträgt kaum siebzig Meilen, sagen
wir: hundert Meilen zum Fahren, eine Bagatelle, hätte es
so etwas wie eine Straße gegeben, was natürlich nicht   20
der Fall war; die einzige Straße, die in unsrer Richtung
führte, endete bereits bei den Ruinen, sie verliert sich einfach in Moos und Farnkraut –
Immerhin kamen wir voran.
37 Meilen am ersten Tag.   25
Wir wechselten am Steuer.
19 Meilen am zweiten Tag.
Wir fuhren einfach nach Himmelsrichtung, dabei natürlich im Zickzack, wo es uns durchließ, das Dickicht, das
übrigens nicht so lückenlos ist, wie es aus der Ferne aus-   30
sieht; überall gab es wieder Lichtungen, sogar Herden,
aber ohne Hirten, zum Glück keine größeren Sümpfe.
Wetterleuchten –
Zum Regnen kam es nie.
Was mich nervös machte: das Scheppern unsrer Kanister,   35

73

5. *wo es ihn hin und her schleuderte*   where he was bounced from side to side
6. *auf einer Schulreise: die Schulreise, -n*   trip undertaken by part or all of the pupils of a school, usually under the direction of a teacher
8. *Il etait un petit navire (Fr.)*   Once there was a little boat
11. *dabei tun sie uns... überhaupt nichts*   yet they do us no harm at all
13. *wie von Aasgeiern nicht anders zu erwarten (ist)*   as is only to be expected of vultures
18. *packte ihn ein regelrechter Koller*   he was seized by an absolute fury
19. *los und hinein*   up and into
20. *so daß es von schwarzen Federn nur so wirbelte*   so that black feathers whirled around him like mad
22. *Nachher hatte man es in den Rädern: das Rad, ̈-er* wheel, tire; Afterwards one had it in the wheels: It was all over the wheels
23. *bis man sich überwand: sich überwinden, a, u etwas zu tun*   to conquer one's disinclination to do something
25. *es half nichts als peinliche Handarbeit*   nothing but painstaking handwork worked
25. *Rille um Rille*   groove by groove
32. *in jeder Eintagspfütze: die Pfütze, -n*   puddle; *Eintag: ein Tag*   one day; *die Eintagspfütze*   shallow puddle (lasting only one day)
33. *diese Fortpflanzerei*   all this procreation
35. *Wo man hinspuckt, keimt es: spucken*   to spit; *keimen*   to germinate; Wherever one spits, it germinates

ich stoppte öfter und befestigte sie, aber nach einer halben
Stunde unserer Fahrt über Wurzeln und faule Stämme
schepperten sie wieder –

Marcel pfiff.

Obschon er hinten saß, wo es ihn hin und her schleuderte,
pfiff er wie ein Bub und freute sich wie auf einer Schulreise,
stundenlang sang er seine französischen Kinderlieder:

Il etait un petit navire . . .

Herbert wurde eher still.

Über Joachim redeten wir kaum –

Was Herbert nicht ertrug, waren die Zopilote; dabei tun
sie uns, solange wir leben, überhaupt nichts, sie stinken
nur, wie von Aasgeiern nicht anders zu erwarten, sie sind
häßlich, und man trifft sie stets in Scharen, sie lassen sich
kaum verscheuchen, wenn einmal an der Arbeit, alles
Hupen ist vergeblich, sie flattern bloß, hüpfen um das
aufgerissene Aas, ohne es aufzugeben . . . Einmal, als Herbert am Steuer saß, packte ihn ein regelrechter Koller;
plötzlich gab er Vollgas – los und hinein in die schwarze
Meute, mitten hinein und hindurch, so daß es von schwarzen Federn nur so wirbelte!

Nachher hatte man es an den Rädern.

Der süßliche Gestank begleitete uns noch stundenlang, bis
man sich überwand; das Zeug klebte in den Pneu-Rillen,
und es half nichts als peinliche Handarbeit, Rille um Rille.
– Zum Glück hatten wir Rum! – Ohne Rum, glaube ich,
wären wir umgekehrt – spätestens am dritten Tag – nicht
aus Angst, aber aus Vernunft.

Wir hatten keine Ahnung, wo wir sind.

Irgendwo am 18. Breitengrad . . .

Was mir auf die Nerven ging: die Molche in jedem Tümpel, in jeder Eintagspfütze ein Gewimmel von Molchen
– überhaupt diese Fortpflanzerei überall, es stinkt nach
Fruchtbarkeit, nach blühender Verwesung.

Wo man hinspuckt, keimt es!

Ich kannte sie, diese Karte 1:500 000, die nicht einmal

1. *die nicht einmal unter der Lupe etwas hergibt: die Lupe, -n* magnifying glass; *her-geben, a, e* to yield; which yields nothing, not even under the magnifying glass
5. *Herbert zuliebe* to please Herbert
10. *nicht ohne weiteres zu überqueren* to cross not without difficulties
12. *Herbert ließ keine Ruhe* Herbert wouldn't wait
25. *der Mergel* marl (clay soil)
27. *was darauf schließen ließ: schließen, o, o auf* to conclude; from which one could conclude that
37. *Akazien-Filigran* acacia filigree, delicate design of the acacia shrubs

unter der Lupe etwas hergibt, nichts als weißes Papier: ein
blaues Flüßchen, eine Landesgrenze schnurgerade, die Linie
eines Breitengrades im leeren Weiß!... Ich war für Umkehren. Ich hatte keine Angst (wovor denn!), aber es hatte
keinen Sinn. Nur Herbert zuliebe fuhr man noch weiter,   5
unglücklicherweise, denn kurz darauf kamen wir tatsächlich an einen Fluß, beziehungsweise ein Flußbett, das nichts
anderes sein konnte als der Rio Usumancinta, Grenze zwischen Mexico und Guatemala, teilweise trocken, teilweise
voll Wasser, das kaum zu fließen schien, nicht ohne weiteres   10
zu überqueren, aber es mußte Stellen geben, wo es auch
ohne Brücke möglich ist, und Herbert ließ keine Ruhe, obschon ich baden wollte, er steuerte am Ufer entlang, bis die
Stelle gefunden war, wo man überqueren konnte und wo
auch Joachim (wie sich später herausstellte) überquert hatte.   15
Ich badete.
Marcel badete ebenfalls, und wir lagen rücklings im Wasser, Mund geschlossen, um nichts zu schlucken, es war ein
trübes und warmes Wasser, das stank, jede Bewegung hin-
terläßt Bläschen, immerhin Wasser, lästig nur die zahllosen   20
Libellen und Herbert, der weiter drängte, und der Ge-
danke, es könnte Schlangen geben.
Herbert blieb an Land.
Unser Landrover stand bis zur Achse in dem schlüpfrigen
Mergel (oder was es ist), Herbert tankte –   25
Es wimmelte von Schmetterlingen.
Als ich einen rostigen Kanister im Wasser sah, was darauf
schließen ließ, daß auch Joachim (wer sonst?) an dieser
Stelle einmal getankt hatte, sagte ich kein Wort, sondern
badete weiter, während Herbert versuchte, unseren Land-   30
rover aus dem schlüpfrigen Mergel zu steuern ...
Ich war für Umkehren.
Ich blieb im Wasser, obschon es mich plötzlich ekelte, das
Ungeziefer, die Bläschen auf dem braunen Wasser, das
faule Blinken der Sonne, ein Himmel voll Gemüse, wenn   35
man rücklings im Wasser lag und hinaufblickte, Wedel mit
meterlangen Blättern, reglos, dazwischen Akazien-Filigran,

11. *es handelte sich . . . nur noch darum, Herbert zu überzeugen*   it was still only a question of convincing Herbert
16. *eigentlich hatte ich ihn soweit*   I really had him convinced
17. *dazwischenfunkte: funken*   to broadcast, transmit; *dazwischen-funken (coll.)*   to come between, frustrate
19. *Voilà, . . . les traces d'une Nash (Fr.)*   There, the tracks of a Nash (automobile)
21. *Mais regardez, . . . sans blague (Fr.)*   But look, no kidding
24. *je nach Bodenart*   depending on the kind of soil

Flechten, Luftwurzeln, reglos, ab und zu ein roter Vogel, der über den Fluß flog, sonst Totenstille (wenn Herbert nicht gerade Vollgas-Versuche machte –) unter einem weißlichen Himmel, die Sonne wie in Watte, klebrig und heiß, dunstig mit einem Regenbogenring.

Ich war für Umkehren.

»Weil es Unsinn ist«, sagte ich, »weil wir diese verfluchte Plantage nie finden werden –«

Ich war für Abstimmen.

Marcel war auch für Umkehren, da er seine Ferien zu Ende gehen sah, und es handelte sich, als Herbert es tatsächlich geschafft hatte und unser Landrover am anderen Ufer stand, nur noch darum, Herbert zu überzeugen von dem Unsinn, ohne jede Fährte weiterzufahren. Zuerst beschimpfte er mich, weil er meine Gründe nicht widerlegen konnte, dann schwieg er und hörte zu, und eigentlich hatte ich ihn soweit – wäre nicht Marcel gewesen, der dazwischenfunkte.

»Voilà«, rief er, »les traces d'une Nash!«

Wir nahmen's für einen Witz.

»Mais regardez«, rief er, »sans blague –«

Die verkrusteten Spuren waren teilweise verschwemmt, so daß es auch Karrenspuren sein konnten; an andern Stellen, je nach Bodenart, erkannte man tatsächlich das Pneu-Muster.

Damit hatten wir die Fährte.

Sonst wäre ich nicht gefahren, wie gesagt, und es wäre (ich werde diesen Gedanken nicht los) alles anders gekommen –

Nun gab es kein Umkehren.

(Leider!)

Am Morgen des vierten Tages sahen wir zwei Indios, die übers Feld gingen mit gekrümmten Säbeln in der Hand, genau wie die beiden, die Herbert schon in Palenque gesehen und für Mörder gehalten hatte; ihre krummen Säbel waren nichts anderes als Sicheln.

Dann die ersten Tabakfelder –

14. *Es fehlte nur noch* The only thing lacking was
16. *Wir verteilten uns auf Bezirke, die jeder abzuschreiten hatte: der Bezirk, -e* area; *ab-schreiten, i, i* to pace off, measure by steps; *sich verteilen* to disperse; Each one took an area which he had to check out
21. *stieß: stoßen, ie, o auf* to come upon, meet
23. *nicht abzuhalten in seiner Wut: die Wut* rage; *abhalten, ie, a* to hold off, restrain; uncontrollable in his rage
32. *Es sprühte von Leuchtkäfern: der Käfer, -* beetle; *leuchten* to shine; *der Leuchtkäfer, -* glowworm; *sprühen* to sparkle; It sparkled with glowworms

Die Hoffnung, noch vor Einbruch der Nacht hinzukommen, machte uns nervöser als je, dazu die Hitze wie noch nie, ringsum Tabak, Gräben dazwischen, Menschenwerk, schnurgerade, aber nirgends ein Mensch.

Wir hatten wieder die Spur verloren – 5
Wieder die Suche nach Pneu-Muster!

Bald ging die Sonne unter; wir stellten uns auf unseren Landrover und pfiffen, die Finger im Mund, so laut wir konnten. Wir mußten in nächster Nähe sein. Wir pfiffen und hupten, während die Sonne bereits in den grünen 10
Tabak sank – wie gedunsen, im Dunst wie eine Blase voll Blut, widerlich, wie eine Niere oder so etwas.

Ebenso der Mond.

Es fehlte nur noch, daß wir einander in der Dämmerung verloren, indem jeder, um Pneu-Spuren zu finden, irgend- 15
wohin stapfte. Wir verteilten uns auf Bezirke, die jeder abzuschreiten hatte. Wer etwas findet, was irgendwie nach Pneu aussieht, sollte pfeifen.

Nur die Vögel pfiffen –

Wir suchten noch bei Mondschein, bis Herbert auf die Zo- 20
pilote stieß, Zopilote auf einem toten Esel – er schrie und fluchte und schleuderte Steine gegen die schwarzen Vögel, nicht abzuhalten in seiner Wut. Es war scheußlich. Die Augen des Esels waren ausgehackt, zwei rote Löcher, ebenso die Zunge; nun versuchten sie, während Herbert noch 25
immer seine Steine schleuderte, die Därme aus dem After zu zerren.

Das war unsere vierte Nacht –

Zu trinken hatten wir nichts mehr.

Ich war todmüde, die Erde wie geheizt, ich hockte, mei- 30
nen Kopf in die Hände gestützt, schwitzend im bläulichen Mondschein. Es sprühte von Leuchtkäfern.

Herbert ging auf und ab.

Nur Marcel schlief.

Einmal – ich hörte plötzlich keine Schritte mehr und blick- 35
te nach Herbert – stand er drüben beim toten Esel, ohne

11. *Hencke-Bosch GmbH.* name of a firm; *GmbH.* =
    Gesellschaft mit beschränkter Haftung corporation
    with limited liability; Ltd.
12. *nach wie vor* as before
19. *señor (Sp.)* master, boss
25. *Von Revolte also keine Rede* So there was no question
    of an uprising
26. *eine amerikanische Baracke* an American Quonset
    hut
30. *Nuestro Señor ha muerto (Sp.)* Our boss has died
31. *Schraubenschlüssel: der Schlüssel, -* key; *die
    Schraube, -n* screw; *der Schraubenschlüssel* spanner, wrench

Steine zu werfen gegen die huschenden Vögel, er stand und sah es sich an.

Sie fraßen die ganze Nacht –

Als der Mond endlich in den Tabak sank, so daß der feuchte Dunst über den Feldern aufhörte, wie Milch zu erscheinen, schlief ich doch; aber nicht lange.

Schon wieder die Sonne!

Der Esel lag offen, die Zopilote waren satt und hockten auf den Bäumen ringsum, wie ausgestopft, als wir losfuhren ohne Weg; Herbert als Vertreter und Neffe der Hencke-Bosch GmbH., der diese Felder gehörten, übernahm die Verantwortung und das Steuer, nach wie vor wortlos, und fuhr mitten durch den Tabak, es war idiotisch, hinter uns die Bahnen von zerstörtem Tabak, aber es blieb uns nichts anderes übrig, da auf unser Hupen und Pfeifen, oft genug wiederholt, keinerlei Antwort erfolgte –

Die Sonne stieg.

Dann eine Gruppe von Indios, Angestellte der Hencke-Bosch GmbH. Düsseldorf, die uns sagten, ihr Señor sei tot. Ich mußte übersetzen, da Herbert kein Spanisch verstand. Wieso tot? Sie zuckten ihre Achseln. Ihr Señor sei tot, sagten sie, und einer zeigte uns den Weg, indem er neben unserem Landrover herlief im indianischen Trabschritt.

Die andern arbeiteten weiter.

Von Revolte also keine Rede!

Es war eine amerikanische Baracke, gedeckt mit Wellblech, und die einzige Türe war von innen verriegelt. Man hörte Radio. Wir riefen und klopften, Joachim sollte aufmachen.

»Nuestro Señor ha muerto –«

Ich holte den Schraubenschlüssel von unserem Landrover, und Herbert sprengte die Türe. Ich erkannte ihn nicht mehr. Zum Glück hatte er's hinter geschlossenen Fenstern getan, Zopilote auf den Bäumen ringsum, Zopilote auf dem Dach, aber sie konnten nicht durch die Fenster. Man sah ihn durch die Fenster. Trotzdem gingen diese Indios täglich an ihre Arbeit und kamen nicht auf die Idee, die

7. *wie in meinem Bericht zuhanden des Verwaltungsrates bereits erwähnt*   as already stated in my report to the board of directors
14. *was Herbert sich in den Kopf setzte*   what Herbert had got into his head
23. *Obendrein sah es nach schweren Gewittern aus: das Gewitter, –*   thunderstorm; *aus-sehen, a, e nach* to look like; Moreover it looked as though heavy thunderstorms were blowing up
30. *annuliert*   withdrawn, cancelled
32. *dabei blieb es*   that was it: I stuck to my promise
33. *Meinen . . . Eltern war es auch recht*   It was agreeable to my parents too (My parents were glad)
34. *mit Droschken und Klimbim: die Droschke, –n* open coach, taxi; *der Klimbim*   flourish, to-do; with taxis and a lot of to-do

Türe zu sprengen und den Erhängten abzunehmen. – Er
hatte es mit einem Draht gemacht. – Es wunderte mich,
woher sein Radio, das wir sofort abstellten, den elektrischen Strom bezieht, aber das war jetzt nicht das
Wichtigste –   5
Wir fotografierten und bestatteten ihn.
Die Indios (wie in meinem Bericht zuhanden des Verwaltungsrates bereits erwähnt) befolgten jede Anweisung von
Herbert, obschon er damals noch kein Spanisch konnte,
und anerkannten Herbert sofort als ihren nächsten Herrn   10
... Ich opferte noch anderthalb Tage, um Herbert zu überzeugen, daß von Revolte nicht die Rede sein konnte, und
daß sein Bruder einfach dieses Klima nicht ausgehalten
hat, was ich verstand; ich weiß nicht, was Herbert sich in
den Kopf setzte, er war nicht zu überreden, seinerseits   15
entschlossen, das Klima auszuhalten. Wir mußten zurück.
Wir hatten einfach keine Zeit, Marcel so wenig wie ich;
Marcel mußte zu seinen Symphonikern, wir hatten
schließlich auch unsere Berufe, ob Herbert es begriff oder
nicht – er zuckte die Achsel, ohne zu widersprechen,   20
und winkte kaum, als wir auf dem Landrover saßen,
Marcel und ich, und nochmals auf ihn warteten; er
schüttelte den Kopf. Obendrein sah es nach schweren
Gewittern aus, wir mußten fahren, solange wir die eigene
Spur noch hatten.   25

Es ist mir heute noch ein Rätsel, wieso Hanna und Joachim
geheiratet und wieso sie mich, Vater des Kindes, nie haben
wissen lassen, daß dieses Kind zur Welt gekommen ist.
Ich kann nur berichten, was ich weiß.
Es war die Zeit, als die jüdischen Pässe annulliert wurden.   30
Ich hatte mir geschworen, Hanna keinesfalls im Stich zu
lassen, und dabei blieb es. Joachim war bereit, Trauzeuge
zu sein. Meinen bürgerlichen und besorgten Eltern war es
auch recht, daß wir nicht eine Hochzeit mit Droschken und
Klimbim wollten; nur Hanna machte sich immer noch   35

85

5. *Die Sache eilte* The matter was urgent, time was short
8. *das Kirchengeläute* the sound of wedding bells
10. *Es wimmelte von Hochzeiten wie üblich an Samstagen* It was teeming with weddings as usual on Saturdays: The place was teeming with couples waiting to get married, as usual on a Saturday
15. *dachte ich nichts Schlimmes* I thought of nothing portentous, I had no sense of foreboding
17. *Limmat* Swiss river which flows through Zurich
19. *ringsum das Elfuhrgeläute* all around the eleven o'clock-ringing (of the church bells)
23. *es war einfach nichts zu machen* there was simply nothing to be done
31. *daß unser Kind nicht zur Welt kommen sollte* that our child should not be born
36. *finde: finden, a, u* to like

Zweifel, ob es denn richtig wäre, daß wir heirateten, richtig für mich. Ich brachte unsere Papiere aufs zuständige Amt, unsere Eheverkündigung stand in der Zeitung. Auch im Fall einer Scheidung, so sagte ich mir, blieb Hanna jedenfalls Schweizerin und im Besitz eines Passes. Die Sache eilte, da ich meine Stelle in Bagdad anzutreten hatte. Es war ein Samstagvormittag, als wir endlich – nach einem komischen Frühstück bei meinen Eltern, die dann das Kirchengeläute doch vermißten! – endlich ins Stadthaus gingen, um die Trauung zu vollziehen. Es wimmelte von Hochzeiten wie üblich an Samstagen, daher die lange Warterei, wir saßen im Vorzimmer, alle im Straßenanzug, umgeben von weißen Bräuten und Bräutigams, die wie Kellner aussahen. Als Hanna gelegentlich hinausging, dachte ich nichts Schlimmes, man redete, man rauchte. Als endlich der Standesbeamte uns rief, war Hanna nicht da. Wir suchten sie und fanden sie draußen an der Limmat, nicht zu bewegen, sie weigerte sich in das Trauzimmer zu kommen. Sie könne nicht! Ich redete ihr zu, ringsum das Elfuhrgeläute, ich bat Hanna, die Sache ganz sachlich zu nehmen; aber vergeblich. Sie schüttelte den Kopf und weinte. Ich heirate ja bloß, um zu beweisen, daß ich kein Antisemit sei, sagte sie, und es war einfach nichts zu machen. Die Woche darauf, meine letzte in Zürich, war abscheulich. Es war Hanna, die nicht heiraten wollte, und ich hatte keine Wahl, ich mußte nach Bagdad, gemäß Vertrag. Hanna begleitete mich noch an die Bahn, und wir nahmen Abschied. Hanna hatte versprochen, nach meiner Abreise sofort zu Joachim zu gehen, der seine ärztliche Hilfe angeboten hatte, und in diesem Sinn nahmen wir Abschied; es war ausgemacht, daß unser Kind nicht zur Welt kommen sollte.

Später hörte ich nie wieder von ihr.

Das war 1936.

Ich hatte Hanna damals gefragt, wie sie Joachim, meinen Freund, nun finde. Sie fand ihn ganz sympathisch. Ich

5. *von Montage konnte nicht die Rede sein*   there could be no question of assembly
9. *stellte mich: jemanden stellen*   to confront someone
19. *Sauterne*   white French wine
24. *schon gar nicht*   particularly not

wäre nie auf die Idee gekommen, daß Hanna und Joachim einander heiraten.

Mein Aufenthalt in Venezuela (heute vor zwei Monaten) dauerte nur zwei Tage, denn die Turbinen lagen noch im Hafen, alles noch in Kisten verpackt, und von Montage konnte nicht die Rede sein – 5
20. IV. Abflug von Caracas.
21. IV. Ankunft in New York, Idlewild.
Ivy stellte mich an der Schranke, sie hatte sich erkundigt, wann ich ankomme, und war nicht zu umgehen. Ob 10
sie meinen Brief nicht bekommen habe? Sie küßte mich, ohne zu antworten, und wußte bereits, daß ich in einer Woche dienstlich nach Paris fliegen mußte; sie roch nach Whisky.
Ich redete kein Wort. 15
Man saß in unserem Studebaker, und Ivy steuerte zu meiner Wohnung. Kein Wort von meinem Wüsten-Brief!
Ivy hatte Blumen besorgt, obschon ich mir aus Blumen nichts mache, dazu Hummer, dazu Sauternes: zur Feier meiner Errettung aus der Wüste! – dazu wieder ihre Küs- 20
se, während ich meine Post durchging.
Ich hasse Abschiede.
Ich hatte nicht damit gerechnet, Ivy nochmals zu sehen und schon gar nicht in dieser Wohnung, die sie »unsere« Wohnung nennt. 25
Mag sein, daß Ivy mich liebte.
Meine Wohnung, Central Park West, war mir schon lange zu teuer, zwei Zimmer mit Dachgarten, einzigartige Lage, kein Zweifel, aber viel zu teuer, wenn man nicht verliebt ist. 30
Mein Entschluß, diese Wohnung aufzugeben, war jetzt unerschütterlich, und ich sagte es auch.
Ivy widersprach nicht.
Ich hatte das Bedürfnis, mich zu rasieren, nicht weil ich's nötig hatte, sondern einfach so. Um nicht auf Ivy zu war- 35

3. *tiptop* in good shape, all right
4. *Aber darum ging es ja nicht* But that wasn't the point
13. *Als hätte unsereiner noch nie gewartet* As if the likes of us had never waited
30. *Roßschwanz: der Schwanz, ⁼e* tail; *das Roß, ⁼(ss)er* horse; *der Roßschwanz* pony-tail
33. *immerhin hoffte ich auf Männertisch* in any case I hoped to be assigned to a table without women

ten. Aber mein Apparat war kaputt; ich ging von Steckdose zu Steckdose – er summte nicht.
Ivy fand mich tiptop.
Aber darum ging es ja nicht!
Ivy in Mantel und Hut – 5
Natürlich war ich tiptop, ganz abgesehen davon, daß ich
im Badezimmer noch einen andern Apparat hatte, einen
älteren, der ging, aber darum ging es nicht, wie gesagt,
ich hatte mich gesetzt, um den Apparat auseinanderzu-
nehmen. Jeder Apparat kann einmal versagen; es macht 10
mich nur nervös, solange ich nicht weiß, warum.
»Walter«, sagte sie, »I'm waiting.«
Als hätte unsereiner noch nie gewartet!
»Technology!« sagte sie – nicht nur verständnislos, wie
ich's von Frauen gewohnt bin, sondern geradezu spöt- 15
tisch, was mich nicht hinderte, das Apparätchen vollkommen zu zerlegen; ich wollte wissen, was los ist.

– – –

Wir hätten Joachim (so denke ich oft) nicht in die Erde
begraben, sondern verbrennen sollen. Aber das war nun
nicht mehr zu ändern. Marcel hatte vollkommen recht: 20
Feuer ist eine saubere Sache, Erde ist Schlamm nach einem
einzigen Gewitter (wie wir's auf unsrer Rückfahrt erlebt
haben), Verwesung voller Keime, glitschig wie Vaseline,
Tümpel im Morgenrot wie Tümpel von schmutzigem Blut,
Monatsblut, Tümpel voller Molche, nichts als schwarze 25
Köpfe mit zuckenden Schwänzchen wie ein Gewimmel
von Spermatozoen, genau so – grauenhaft.
(Ich möchte kremiert werden!)

– – –

Es war kurz nach der Ausfahrt, als ich das Mädchen mit
dem blonden Roßschwanz zum ersten Mal erblickte, man 30
mußte sich im Speisesaal versammeln, um anzustehen wegen Tischkarten. Es war mir eigentlich unwichtig, wer an
meinem Tisch sitzt, immerhin hoffte ich auf Männertisch,

1. *gleichviel welcher Sprache*   irrespective of the language (spoken)
1. *von Wählen keine Spur*   not a chance of a choice
4. *wenn's ihm so paßte*   when it suited him
7. *in schwarzer Cowboy-Hose*   in black jeans
16. *wie man sich zum Zeitvertreib an ein Kreuzworträtsel macht*   as one starts a crossword puzzle to pass the time
19. *existentialistisch*   in the manner of the fans of Sartre's and Camus' existentialism
20. *Espadrilles*   rope-soled shoes
27. *erster oder zweiter Service*   first or second seating (for meals)
33. *Mitschläfer: der Mitschläfer*   the man who sleeps in (shares) your cabin; roommate, fellow passenger
33. *baumstarken: der Baum, ⸚e*   tree; *stark*   strong; *baumstark*   strong as a tree
36. *es war uns beiden wohler*   we both felt better

gleichviel welcher Sprache. Aber von Wählen keine Spur!
Der Steward hatte einen Plan vor sich, ein französischer
Bürokrat, ungnädig, wenn ein Mensch nicht französisch
versteht, dann wieder geschwätzig, wenn's ihm so paßte,
charmant ohne Ende, während wir warteten, eine ganze   5
Schlange von Passagieren – vor mir: ein junges Mädchen
in schwarzer Cowboy-Hose, kaum kleiner als ich, Engländerin oder Skandinavierin, ich konnte ihr Gesicht nicht
sehen, nur ihren blonden oder rötlichen Roßschwanz, der
bei jeder Bewegung ihres Kopfes baumelte. Natürlich   10
blickte man sich um, ob man jemand kennt; es hätte ja sein
können. Ich hoffte wirklich auf Männertisch. Das Mädchen
bemerkte ich bloß, weil ihr Roßschwanz vor meinem Gesicht baumelte, mindestens eine halbe Stunde lang. Ihr Gesicht, wie gesagt, sah ich nicht. Ich versuchte, das Gesicht zu   15
erraten. Zum Zeitvertreib; wie man sich zum Zeitvertreib
an ein Kreuzworträtsel macht. Übrigens gab es fast keine
jungen Leute. Sie trug (ich erinnere mich genau) einen
schwarzen Pullover mit Rollkragen, existentialistisch, dazu Halskette aus gewöhnlichem Holz, Espadrilles, alles   20
ziemlich billig. Sie rauchte, ein dickes Buch unter dem
Arm, und in der hinteren Tasche ihrer Cowboy-Hose
steckte ein grüner Kamm. Ich war einfach durch diese Warterei gezwungen, sie zu betrachten; sie mußte sehr jung
sein: ihr Flaum auf dem Hals, ihre Bewegungen, ihre   25
kleinen Ohren, die erröteten, als der Steward einen Spaß
machte – sie zuckte nur die Achsel; ob erster oder zweiter
Service, war ihr gleichgültig.
Sie kam in den ersten; ich in den zweiten.
Unterdessen war die letzte amerikanische Küste, Long   30
Island, auch verschwunden, ringsum nichts als Wasser; ich
brachte meine Kamera in die Kabine hinunter, wo ich zum
ersten Mal meinen Mitschläfer sah, einen jungen und baumstarken Mann, Lajser Lewin, Landwirt aus Israel. Ich ließ
ihm das untere Bett. Er hatte, als ich in die Kabine trat,   35
auf dem oberen gesessen, gemäß Ticket; aber es war uns
beiden wohler, glaube ich, als er auf dem unteren Bett

93

1. *seine Siebensachen* his belongings
1. *Eine Lawine von Mensch* An avalanche of a guy:
A big fellow
2. *in der Morgenhetze: die Hetze* rush; *der Morgen, -*
morning
29. *Manchesterrock: der Rock, ⸚e* skirt; *der Manchesterrock, ⸚e* corduroy skirt
29. *glockig: die Glocke, -n* bell; *glockig* shaped like a
bell, flared
29. *was ihr besser stand: stehen, a, a (with dat.)* to suit
(somebody); which looked better on her
33. *In der Bar . . . war kein Knochen: der Knochen, -*
bone; Not a soul was in the bar

saß, um seine Siebensachen auszupacken. Eine Lawine von Mensch! Ich rasierte mich, da ich in der Morgenhetze nicht dazu gekommen war. Ich steckte meinen Apparat an, denselben wie gestern, und er ging. Herr Lewin hatte die kalifornische Landwirtschaft studiert. Ich rasierte mich, ohne viel zu reden.

Später wieder auf Deck –

Es gab nichts zu sehen, Wasser ringsum, ich stand und genoß es, unerreichbar zu sein – statt daß ich mich um einen Decksessel kümmerte.

Ich wußte das alles noch nicht.

Möwen folgten dem Schiff –

Wie man fünf Tage auf einem solchen Schiff verbringt, konnte ich mir nicht vorstellen, ich ging hin und her, Hände in den Hosentaschen, einmal geschoben vom Wind, geradezu schwebend, dann wieder gegen den Wind, dann mühsam, so daß man sich nach vorne lehnen mußte mit flatternden Hosen, ich wunderte mich, woher die andern Passagiere ihre Sessel hatten. Jeder Sessel mit Namen versehen. Als ich den Steward fragte, gab es keine Decksessel mehr.

Sabeth spielte Pingpong.

Sie spielte famos, ticktack, ticktack, das ging nur so hin und her, eine Freude zum Zuschauen. Ich selber hatte seit Jahren nicht mehr gespielt.

Sie erkannte mich nicht.

Ich hatte genickt –

Sie spielte mit einem jungen Herrn. Möglicherweise ihr Freund oder Verlobter. Sie hatte sich umgekleidet und trug jetzt einen olivgrünen Manchesterrock, glockig, was ihr besser stand als die Bubenhosen, fand ich – vorausgesetzt, daß es wirklich dieselbe Person war!

Jedenfalls war die andere nirgends zu finden.

In der Bar, die ich zufällig entdeckte, war kein Knochen. In der Bibliothek gab es bloß Romane, anderswo Tische für Kartenspiele, was auch nach Langeweile aussah – draußen war's windig, jedoch weniger langweilig, da man ja fuhr.

19. *weil Gischt* because of the spray
34. *mein Nichtwissenkönnen* my inability to know

Eigentlich bewegte sich nur die Sonne –
Gelegentlich ein Frachter am Horizont.
Um vier Uhr gab's Tee.
Ab und zu blieb ich wieder beim Pingpong stehen, jedesmal überrascht, wenn ich sie von vorne sah, gezwungen
mich zu fragen, ob es wirklich dieselbe Person war, deren
Gesicht ich zu erraten versucht hatte, während wir auf
unsere Tischkarten hatten warten müssen. Ich stand bei
dem großen Fenster des Promenadendecks, rauchte und
tat, als blickte ich aufs Meer hinaus. Von hinten gesehen,
vom rötlichen Roßschwanz her, war sie's durchaus, aber
von vorne blieb sie merkwürdig. Ihre Augen wassergrau,
wie oft bei Rothaarigen. Sie zog ihre Wolljacke aus, weil
sie das Spiel verloren hatte, und krempelte ihre Bluse
herauf. Einmal überrannte sie mich fast, um den Ball zu
fangen. Ohne ein Wort der Entschuldigung. Das Mädchen
sah mich gar nicht.
Gelegentlich ging ich weiter –
Auf Deck wurde es kalt, sogar naß, weil Gischt, und der
Steward klappte die Sessel zusammen. Man hörte die
Wellen viel lauter als zuvor, dazu Pingpong aus dem unteren Stock, ticktack, ticktack. Dann Sonnenuntergang. Ich
schlotterte. Als ich in die Kabine hinunterging, um meinen Mantel zu holen, mußte ich nochmals durch das Promenadendeck – ich hob ihr einen Ball auf, ohne mich auf-
zudrängen, glaube ich, sie dankte kurz und englisch (sonst
sprach sie deutsch), und bald darauf gongte es zum Ersten
Service.
Der erste Nachmittag war überstanden.
Als ich mit Mantel und Kamera zurückkehrte, um den
Sonnenuntergang zu filmen, lagen die beiden Pingpong-
Schläger auf dem grünen Tisch –

– – –

Was ändert es, daß ich meine Ahnungslosigkeit beweise,
mein Nichtwissenkönnen! Ich habe das Leben meines Kindes vernichtet und ich kann es nicht wiedergutmachen.

97

9. *Es hätte ebensogut sein können, daß wir einfach aneinander vorbeigegangen wären* It could just as well have been that we had simply drifted past each other
19. *gerissener: gerissen* tricky, crafty
20. *schnitt: schneiden, i, i* to cut; to cut (put a spin on) a ball, as in tennis or ping-pong
25. *hopp-hopp* easy
28. *mit Schnäuzchen* with (little) mustache

Wozu noch ein Bericht? Ich war nicht verliebt in das Mädchen mit dem rötlichen Roßschwanz, sie war mir aufgefallen, nichts weiter, ich konnte nicht ahnen, daß sie meine
eigene Tochter ist, ich wußte ja nicht einmal, daß ich Vater
bin. Wieso Fügung? Ich war nicht verliebt, im Gegenteil,   5
sie war mir fremder als je ein Mädchen, sobald wir ins Gespräch kamen, und es war ein unwahrscheinlicher Zufall,
daß wir überhaupt ins Gespräch kamen, meine Tochter
und ich. Es hätte ebensogut sein können, daß wir einfach
aneinander vorbeigegangen wären. Wieso Fügung! Es hätte   10
auch ganz anders kommen können.

— — —

Schon am Abend jenes ersten Tages, nachdem ich den
Sonnenuntergang gefilmt hatte, spielten wir Pingpong,
unser erstes und letztes. Ein Gespräch war kaum möglich;
ich habe nicht mehr gewußt, daß ein Mensch so jung sein   15
kann. Ich hatte ihr meine Kamera erläutert, aber es langweilte sie alles, was ich sagte. Unser Pingpong ging besser, als meinerseits erwartet; ich hatte seit Jahrzehnten
nicht mehr gespielt. Nur ihr »service« war gerissener, sie
schnitt. Früher hatte ich auch schneiden können, aber es   20
fehlte mir die Übung; daher war ich zu langsam. Sie
schnitt, wo sie nur konnte, aber nicht immer mit Erfolg;
ich wehrte mich. Pingpong ist eine Frage des Selbst-
vertrauens, nichts weiter. Ich war nicht so alt, wie das
Mädchen meinte, und so hopp-hopp, wie sie's offenbar er-   25
wartet hatte, ging es dann doch nicht; langsam merkte
ich, wie ihre Bälle zu nehmen sind. Sicher langweilte ich
sie. Ihr Partner vom Nachmittag, ein Jüngling mit
Schnäuzchen, spielte natürlich viel imposanter. Ich hatte
bald einen roten Kopf, da ich mich öfter bücken mußte,   30
aber auch das Mädchen mußte noch die Wolljacke aus-
ziehen, sogar ihr Bluse krempeln, um mich zu schlagen,
sie warf ihren Roßschwanz in den Nacken zurück, ungeduldig. Sobald ihr Schnäuzchen-Freund auftauchte, um
zu lächeln als Zuschauer mit beiden Händen in den Hosen-   35

99

4. *Ich stelle ihr nicht nach: nach-stellen* to pursue
12. *um Luft zu schnappen* in order to catch (a breath of) air
27. *Entropie* entropy: the degradation of matter and energy in the universe to an ultimate state of inert uniformity
34. *Kybernetik* cybernetics: comparative study of the automatic control system formed by the nervous system and brain, and by mechanical-electrical communications systems
35. *galt es* it was necessary

taschen, gab ich meinen Schläger ab – sie bedankte sich, ohne mich aufzufordern, die Partie zu Ende zu spielen; ich bedankte mich gleichfalls, nahm meine Jacke.

Ich stellte ihr nicht nach.

Ich machte Konversation mit allerlei Leuten, meistens mit Mister Lewin, keinesfalls bloß mit Sabeth, sogar mit den alten. Jungfern an meinem Tisch, Stenotypistinnen aus Cleveland, die sich verpflichtet fühlten, Europa gesehen zu haben, oder mit dem amerikanischen Geistlichen, Baptist aus Chicago, aber ein fideler Kerl –

Ich bin nicht gewohnt, untätig zu sein.

Vor dem Schlafengehen machte ich jedesmal, um Luft zu schnappen, eine Runde um sämtliche Decks. Allein. Traf ich sie im Dunkeln – zufällig – Arm in Arm mit ihrem Pingpong-Freund, so tat sie, als hätte sie mich nicht gesehen; als dürfte ich unter keinen Umständen wissen, daß sie verliebt ist.

Was ging's mich an!

Ich ging, wie gesagt, um Luft zu schnappen.

Sie meinte, ich sei eifersüchtig –

Am andern Morgen, als ich allein an der Reling stand, trat sie zu mir und fragte, wo denn mein Freund sei. Es interessierte mich nicht, wen sie für meinen Freund hielt, Israel-Landwirt oder Chicago-Baptist, sie meinte, ich fühle mich einsam, und wollte nett sein, gab's nicht auf, bis sie mich zum Plaudern brachte – über Navigation, Radar, Erdkrümmung, Elektrizität, Entropie, wovon sie noch nie gehört hat. Sie war alles andere als dumm. Nicht viele Leute, denen ich den sogenannten Maxwell'schen Dämon erläuterte, begreifen so flink wie dieses junge Mädchen, das ich Sabeth nannte, weil Elisabeth, fand ich, ein unmöglicher Name ist. Sie gefiel mir, aber ich flirtete in keiner Weise. Ich redete wie ein Lehrer, fürchtete ich, während sie lächelte. Sabeth wußte nichts von Kybernetik, und wie immer, wenn man mit Laien darüber redet, galt es, allerlei kindische Vorstellungen vom Roboter zu widerlegen, das menschliche Ressentiment gegen die Ma-

1. *abgedroschenes Argument* threadbare argument
18. *Louvre* museum of fine arts in Paris
19. *Ihr Englisch läuft ganz famos* Her English goes splendidly
23. *ich mache mich bloß lustig über sie* I am just making fun of her
28. *seine Flirterei* his flirting, the way he flirted
37. *Dabei* At the same time

schine, das mich ärgert, weil es borniert ist, ihr abgedro-
schenes Argument: der Mensch sei keine Maschine.
Sabeth fand mich komisch.
Ein wenig, glaubte ich, mochte sie mich doch; jedenfalls
nickte sie, wenn sie mich auf Deck sah, sie lag in ihrem
Deckssessel und nahm sofort ihr Buch, aber winkte –
»Hello, Mister Faber!«
Sie nannte mich Mister Faber, weil ich mich, gewohnt an
die englische Aussprache meines Namens, so vorgestellt
hatte; im übrigen sprachen wir deutsch.
Ich ließ sie oft in Ruhe.
Eigentlich hätte ich arbeiten sollen –
Eines Morgens, als ich mit dem Baptist frühstücke, setzt
Sabeth sich an unsern Tisch, was mich aufrichtig freut,
Sabeth in ihren schwarzen Cowboy-Hosen. Ringsum gibt
es leere Tische genug, ich meine, falls das Mädchen mich
nicht leiden könnte. Es freut mich aufrichtig. Sie reden
vom Louvre in Paris, den ich nicht kenne, und ich schäle
unterdessen meinen Apfel. Ihr Englisch läuft ganz famos.
Wieder die Verblüffung, wie jung sie ist! Man fragt sich
dann, ob man selber je so jung gewesen ist. Ihre Ansichten!
Ein Mensch, der den Louvre nicht kennt, weil er sich nichts
draus macht, das gibt es einfach nicht; Sabeth meint, ich
mache mich bloß lustig über sie. Dabei ist es der Baptist,
der sich lustig macht über mich.
»Mister Faber is an engineer« – sagt er –
Was mich aufregt, sind keineswegs seine blöden Witze
über die Ingenieure, sondern seine Flirterei mit dem jungen Mädchen, das nicht seinetwegen an unseren Tisch gekommen ist, seine Hand, die er auf ihren Arm legt, dann
auf ihre Schulter, dann wieder auf ihren Arm, seine flei-
schige Hand. Wozu faßt er das Mädchen immer an! Bloß
weil er ein Kenner des Louvre ist.
»Listen«, sagt er immer, »listen!«
Sabeth:
»Yes, I'm listening –«
Dabei hat er gar nichts zu sagen, der Baptist, es geht ihm

103

1. *es geht ihm mit seinem ganzen Louvre bloß darum*
   the only purpose of all his talk about the Louvre is
2. *eine Altherren-Manier*   an old-gentlemanly manner
6. *der mit den Tatsachen fertig wird: die Tatsache, –n*
   fact; *fertig werden, u, o* to finish; to manage; who
   copes with facts
7. *einzigmännliche* only masculine: the only occupa-
   tion which is really appropriate for a man
11. *tut gespannt und aufmerksam* pretends to be curious
    and attentive
21. *indem sie den Menschenleib abbilden* while (in that)
    they portray the human body
28. *van Gogh* Dutch painter (1853–1890)

mit seinem ganzen Louvre bloß darum, das Mädchen anfassen zu können, so eine Altherren-Manier, dazu sein Lächeln über mich.

»Go on«, sagt er zu mir, »go on!«

Ich stehe auf dem Standpunkt, daß der Beruf des Technikers, der mit den Tatsachen fertig wird, immerhin ein männlicher Beruf ist, wenn nicht der einzigmännliche überhaupt; ich stelle fest, daß wir uns auf einem Schiff befinden, somit auf einem Werk der Technik –

»True«, sagt er, »very true!«

Dabei hält er ihren Arm die ganze Zeit, tut gespannt und aufmerksam, bloß um den Arm des Mädchens nicht loslassen zu müssen.

»Go on«, sagt er, »go on!«

Das Mädchen will mich unterstützen und bringt das Gespräch, da ich die Skulpturen im Louvre nicht kenne, auf meinen Roboter; ich habe aber keine Lust, davon zu sprechen, und sagte lediglich, daß Skulpturen und Derartiges nichts anderes sind (für mich) als Vorfahren des Roboters. Die Primitiven versuchten den Tod zu annullieren, indem sie den Menschenleib abbilden – wir, indem wir den Menschenleib ersetzen. Technik statt Mystik!

Zum Glück kam Mister Lewin.

Als sich herausstellt, daß auch Mister Lewin noch nie im Louvre gewesen ist, wechselt das Tischgespräch, Gottseidank, Mister Lewin hat gestern den Maschinenraum unsres Schiffes besichtigt – das führt zu einem Doppelgespräch: Baptist und Sabeth reden weiterhin über van Gogh, Lewin und ich reden über Dieselmotoren, wobei ich, obschon in Dieselmotoren interessiert, das Mädchen nicht aus den Augen lasse: sie hört dem Baptisten ganz aufmerksam zu, während sie seine Hand nimmt, um sie neben sich auf den Tisch zu legen, wie eine Serviette.

»Why do you laugh?« fragt er mich.

Ich lache einfach.

»Van Gogh is the most intelligent fellow of his time«, sagt er mir, »have you ever read his letters?«

105

4. *Hahn im Korb* cock of the walk
13. *weil (sie) ihrerseits sowieso zu einem Pingpong verabredet (war)* because she on her part had a pingpong date
21. *Was heißt schon Ähnlichkeit* What is meant by similarity anyway
23. *an den Haaren herbeigezogen* pulled hither by the hairs: farfetched
25. *Müßiggang: der Müßiggang* idleness; *aus lauter Müßiggang* out of pure idleness

Dazu Sabeth:

»Er weiß wirklich sehr viel.«

Sobald wir, Mister Lewin und ich, von Elektrizität sprechen weiß er aber auch nichts, unser Baptist und Hahn im Korb, sondern schält auch seinen Apfel und schweigt vor sich hin. Schließlich redet man über Israel.

Später auf Deck äußerte Sabeth (ohne Drängen meinerseits) den Wunsch, einmal den Maschinenraum zu besichtigen, und zwar mit mir; ich hatte lediglich gesagt, einmal werde ich auch den Maschinenraum besichtigen. Ich wollte sie keinesfalls belästigen. Sie wunderte sich, wieso ich keinen Decksessel habe, und bot mir sofort ihren Decksessel an, weil ihrerseits sowieso zu einem Pingpong verabredet. Ich dankte, und weg war sie –

Seither saß ich öfter in ihrem Sessel; der Steward holte ihren Sessel hervor, sowie er mich erblickte, und klappte ihn auf, begrüßte mich als Mister Piper, weil auf ihrem Sessel stand: *Miss E. Piper.*

Ich sagte mir, daß mich wahrscheinlich jedes junge Mädchen irgendwie an Hanna erinnern würde. Ich dachte in diesen Tagen wieder öfter an Hanna. Was heißt schon Ähnlichkeit? Hanna war schwarz, Sabeth blond beziehungsweise rötlich, und ich fand es an den Haaren herbeigezogen, die beiden zu vergleichen. Ich tat es aus lauter Müßiggang. Sabeth ist jung, wie Hanna damals jung gewesen ist, und zudem redete sie das gleiche Hochdeutsch, aber schließlich (so sagte ich mir) gibt es ganze Völkerstämme, die hochdeutsch reden. Stundenlang lag ich in ihrem Sessel, meine Beine auf das weiße Geländer gestemmt, das zitterte, Blick aufs Meer hinaus. Leider hatte ich keine Fachzeitschriften bei mir, Romane kann ich nicht lesen, dann überlege ich mir lieber, woher diese Vibration, wieso sie nicht zu vermeiden ist, die Vibration, oder ich rechnete mir aus, wie alt jetzt Hanna wäre, ob sie schon weiße Haare hätte. Ich schloß die Augen, um zu schlafen. Wäre Hanna auf Deck gewesen, kein Zweifel, ich hätte sie sofort erkannt. Ich dachte: vielleicht ist sie auf Deck! und

16. *weil lauter Sonnenbrillen* because of all their sun-
    glasses
17. *Allerlei Verbrauchtes: verbraucht* used up, old,
    worn out; All sorts of worn out people
25. *die Spintisiererei* thinking in circles, wool gathering

erhob mich, schlenderte zwischen den Decksesseln hin und
her, ohne im Ernst zu glauben, daß Hanna wirklich auf
Deck ist. Zeitvertreib! Immerhin (ich gebe es zu) hatte ich
Angst, es könnte sein, und ich musterte sämtliche Damen,
die keine jungen Mädchen mehr sind, in aller Ruhe. Man
kann das ja, wenn man eine dunkle Sonnenbrille trägt,
man steht und raucht und mustert, ohne daß die Gemu-
sterten es merken können, in aller Ruhe, ganz sachlich. Ich
schätzte ihr Alter, was keine leichte Sache war; ich achtete
weniger auf die Haarfarbe, sondern auf die Beine, die
Füße, sofern sie entblößt waren, vor allem auf die Hände
und die Lippen. Da und dort, fand ich, gab es sehr blü-
hende Lippen, während der Hals an die gefältelte Haut
von Eidechsen erinnert, und ich konnte mir denken, daß
Hanna noch immer sehr schön ist, ich meine liebenswert.
Leider waren ihre Augen nicht zu sehen, weil lauter Sonnenbrillen. Allerlei Verbrauchtes, allerlei, was vermutlich
nie geblüht hat, lag auch da, Amerikanerinnen, die Ge-
schöpfe der Kosmetik. Ich wußte bloß: So wird Hanna
nie aussehen.
Ich setzte mich wieder hin.
Der pfeifende Wind im Kamin –
Wellenschäume –
Einmal ein Frachter am Horizont –
Ich langweilte mich, daher die Spintisiererei um Hanna;
ich lag, meine Beine auf das weiße Geländer gestützt, das
die Vibration nicht lassen kann, und was ich von Hanna
wußte, war gerade genug für einen Steckbrief, der nichts
nützt, wenn die Person nicht hier ist. Ich sah sie nicht, wie
gesagt, nicht einmal mit geschlossenen Augen.
Zwanzig Jahre sind eine Zeit.
Stattdessen (ich machte die Augen auf, weil jemand an
meinen Sessel gestoßen war –) wieder das junge Ding, das
Fräulein Elisabeth Piper heißt.
Ihr Pingpong war zu Ende.
Am meisten frappierte mich, wie sie im Gespräch, um ihren
Widerspruch zu zeigen, ihren Roßschwanz in den Nacken

19. *Ich halte es mit der Vernunft* I believe in reason
36. *Ihr Schnäuzchen-Freund* her friend with the little mustache

wirft (dabei hat Hanna nie einen Roßschwanz getragen!),
oder wie sie ihre Achsel zuckt, wenn's ihr durchaus nicht
gleichgültig ist, bloß aus Stolz. Vor allem aber: das kleine
und kurze Rümpfen ihrer Stirne zwischen den Brauen,
wenn sie einen Witz von mir, obschon sie lachen muß, ei-   5
gentlich blöd findet. Es frappierte mich, es beschäftigte
mich nicht. Es gefiel mir. Schließlich gibt es Gesten, die einem gefallen, weil man sie irgendwo schon einmal gesehen
hat. Ich habe stets ein Fragezeichen gemacht, wenn von
Ähnlichkeit die Rede ist; aus Erfahrung. Was haben wir   10
uns krumm gelacht, mein Bruder und ich, wenn die guten
Leute, die's nicht wissen konnten, unsere frappante Ähnlichkeit bemerkten! Mein Bruder war adoptiert. Wenn jemand mit der rechten Hand (zum Beispiel) um den Hinterkopf greift, um sich an der linken Schläfe zu kratzen, so   15
frappiert es mich, ich muß sofort an meinen Vater denken,
aber nie im Leben komme ich auf die Idee, jedermann für
den Bruder meines Vaters zu halten, bloß weil er sich so
kratzt. Ich halte es mit der Vernunft. Ich bin kein Baptist
und kein Spiritist. Wieso vermuten, daß irgendein Mäd-   20
chen, das Elisabeth Piper heißt, eine Tochter von Hanna
ist. Hätte ich damals auf dem Schiff (oder später) auch nur
den mindesten Verdacht gehabt, es könnte zwischen dem
jungen Mädchen und Hanna, die mir nach der Geschichte
mit Joachim begreiflicherweise durch den Kopf ging, ein   25
wirklicher Zusammenhang bestehen, selbstverständlich hätte ich sofort gefragt: Wer ist Ihre Mutter? Wie heißt sie?
Woher kommt sie? – ich weiß nicht, wie ich mich verhalten
hätte, jedenfalls anders, das ist selbstverständlich, ich bin
ja nicht krankhaft, ich hätte meine Tochter als meine Toch-   30
ter behandelt, ich bin nicht pervers!
Alles war so natürlich –
Eine harmlose Reisebekanntschaft –
Einmal war Sabeth etwas seekrank; statt auf Deck zu gehen, wie empfohlen, wollte sie in ihre Kabine, dann Er-   35
brechen im Korridor, ihr Schnäuzchen-Freund legte sie
aufs Bett, als wäre er ihr Mann. Zum Glück war ich dabei.

3. *wie's gerade kam* casually
7. *Samariter* Good Samaritan
22. *Tschau: Ciao (Ital.)* used as a word of greeting; *here:* so long
27. *Zum Pingpong kam's nicht* We did not get an opportunity to play pingpong
31. *daß man bei mir nicht landet mit Malerei* that they don't impress me with painting
35. *was Sabeth an ihm fand* what Sabeth saw in him
36. *Minderwertigkeitsgefühlen: das Gefühl, -e* feeling; *der Wert, -e* worth; *minder* less, smaller, inferior; *das Minderwertigkeitsgefühl, - e* feeling of inferiority

Sabeth in ihren schwarzen Cowboy-Hosen, ihr Gesicht
seitwärts gedreht, weil ihr Roßschwanz es anders nicht zu-
ließ, lag, wie's gerade kam, lahm und gespreizt, bleich wie
Lehm. Er hielt ihre Hand. Ich schraubte sofort ein Bullauge
auf, um mehr Luft zu verschaffen, und reichte Wasser –   5
»Danke sehr!« sagte er, während er auf dem Rand ihres
Bettes hockte; er schnürte ihre Espadrilles auf, um Sama-
riter zu spielen. Als käme ihre Übelkeit aus den Füßen!
Ich blieb in der Kabine.
Ihr roter Gürtel war viel zu eng, man sah's, ich fand es   10
nicht unsere Sache, ihr den Gürtel zu lösen –
Ich stellte mich vor.
Kaum hatten wir uns die Hände gegeben, setzte er sich
wieder auf den Rand ihres Bettes. Vielleicht war er wirk-
lich ihr Freund. Sabeth war schon eine richtige Frau, wenn   15
sie so lag, kein Kind; ich nahm eine Decke vom oberen
Bett, da sie vielleicht fror, und deckte sie zu.
»Danke!« sagte er –
Ich wartete einfach, bis der junge Mann gleichfalls fand,
es gäbe nichts mehr zu tun, wir sollten das Mädchen jetzt   20
allein lassen –
»Tschau!« sagte er.
Ich durchschaute ihn, er wollte mich irgendwo auf Deck
verlieren, um dann allein in ihre Kabine zurückzukehren.
Ich forderte ihn zu einem Pingpong... So blöd, wie ver-   25
mutet, war er nicht, wenn auch keineswegs sympathisch.
Wieso trägt man ein Schnäuzchen? Zum Pingpong kam's
nicht, da wieder beide Tische besetzt waren; stattdessen
verwickelte ich ihn in ein Gespräch – natürlich in hochdeutsch! – über Turbinen, er war Grafiker von Beruf,   30
Künstler, aber tüchtig. Sowie er merkte, daß man bei mir
nicht landet mit Malerei und Theater und derartigem,
redete er kaufmännisch, nicht skrupellos, aber tüchtig,
Schweizer, wie sich herausstellte –
Ich weiß nicht, was Sabeth an ihm fand.   35
Meinerseits kein Grund zu Minderwertigkeitsgefühlen, ich
bin kein Genie, immerhin ein Mann in leitender Stellung,

2. *dabei handelt es sich um*   moreover it is a question of
2. *Zukunftsträume: der Traum, ⁻e* dream; *die Zukunft* future
3. *womit sie sich so großartig vorkommen* which make them feel so important
4. *es interessiert sie einen Teufel* they don't give a damn
13. *nur drum = darum* only because of that
17. *mit Händchenhalten: halten, ie, a* to hold; *das Händchen, -* little hand; with holding hands. (The use of the diminutive *Händchen* makes this ironic.)
27. *Autostop* hitchhiking
28. *was ich einen Wahnsinn fand* which I thought crazy
29. *Kunstgewerblerin: das Gewerbe, -* vocation, trade; *die Kunst, ⁻e* art; *das Kunstgewerbe* applied art; *die Kunstgewerblerin, -nen* a woman who practices an applied or commercial art
31. *unter allen Umständen* in any case, by all means

nur vertrage ich immer weniger diese jungen Leute, ihre
Tonart, ihr Genie, dabei handelt es sich um lauter Zu-
kunftsträume, womit sie sich so großartig vorkommen,
und es interessiert sie einen Teufel, was unsereiner in dieser
Welt schon tatsächlich geleistet hat; wenn man es ihnen   5
einmal aufzählt, lächeln sie höflich.
»Ich will Sie nicht aufhalten!« sagte ich.
»Sie entschuldigen mich?«
»Bitte!« sagte ich –
Als ich die Tabletten brachte, die mir geholfen hatten,   10
wollte Sabeth niemand in ihre Kabine lassen. Sie war ko-
misch, dabei angekleidet, wie ich durch die Türspalte sah.
Ich hatte ihr vorher die Tabletten versprochen, nur drum.
Sie nahm die Tabletten durch die Türspalte. Ob er in ihrer
Kabine war, weiß ich nicht. Ich ersuchte das Mädchen, die   15
Tabletten auch wirklich zu nehmen. Ich wollte ihr ja nur
helfen; denn mit Händchenhalten und Espadrilles-Auszie-
hen war ihr nicht geholfen. Es interessierte mich wirklich
nicht, ob ein Mädchen wie Sabeth (ihre Unbefangenheit
blieb mir immer ein Rätsel) schon einmal mit einem Mann   20
zusammengewesen ist oder nicht, ich fragte mich bloß.
Was ich damals wußte:
Ein Semester in Yale, scholarship, jetzt auf der Heimreise
zur Mama, die in Athen lebt, Herr Piper hingegen in Ostdeutschland, weil immer noch vom Kommunismus über-   25
zeugt, ihre Hauptsorge in diesen Tagen: ein billiges Hotel
in Paris zu finden – dann will sie mit Autostop nach Rom
(was ich einen Wahnsinn fand) und weiß nicht, was aus ihr
werden soll, Kinderärztin oder Kunstgewerblerin oder so
etwas, vielleicht auch Stewardeß, um viel fliegen zu kön-   30
nen, unter allen Umständen möchte sie einmal nach Indien
und nach China. Sabeth schätzte mich (auf meine Frage
hin) vierzig, und als sie vernahm, daß ich demnächst fünfzig bin, verwunderte es sie auch nicht. Sie selbst war zwanzig. Was ihr am meisten Eindruck machte an mir: daß ich   35
mich an den ersten Antlantikflug von Lindbergh (1927) noch
persönlich erinnere, indem ich damals zwanzig war. Sie

115

4. *weil es nicht ging*   because it would not do
7. *onkelhaft*   like an uncle, avuncular
7. *umgekehrt*   the other way around
13. *matt*   checkmated
21. *foppte: foppen (coll.)*   to tease
30. *Pernod*   French liqueur

rechnete nach, bevor sie's glaubte! An meinem Alter, von
Sabeth aus gesehen, würde es nichts mehr verändert haben,
glaube ich, wenn ich im gleichen Ton auch noch von Napo-
leon erzählt hätte. Ich stand meistens am Geländer, weil es
nicht ging, daß Sabeth (meistens im Badkleid) auf dem   5
Boden sitzt, während ich im Sessel liege; das war mir zu
onkelhaft, und umgekehrt: Sabeth im Sessel, während ich
mit verschränkten Beinen daneben hocke, das war ebenfalls komisch –
Keinesfalls wollte ich mich aufdrängen.   10
Ich spielte Schach mit Mister Lewin, der seinen Kopf bei
der Landwirtschaft hatte, oder mit anderen Passagieren,
die nach spätestens zwanzig Zügen matt sind; es war langweilig, aber ich langweilte lieber mich als das Mädchen,
das heißt, ich ging wirklich nur zu Sabeth, wenn ich etwas   15
zu sagen wußte.
Ich verbot ihr, Stewardeß zu werden.
Sabeth war meistens in ihr dickes Buch vertieft, und wenn
sie von Tolstoi redete, fragte ich mich wirklich, was so ein
Mädchen eigentlich von Männern weiß. Ich kenne Tolstoi   20
nicht. Natürlich foppte sie mich, wenn sie sagte:
»Jetzt reden Sie wieder wie Tolstoi!«
Dabei verehrte sie Tolstoi.
Einmal, in der Bar, erzählte ich – ich weiß nicht warum –
plötzlich von meinem Freund, der es nicht ausgehalten hat,   25
und wie wir ihn gefunden haben: – zum Glück hinter geschlossenen Türen, sonst hätten die Zopilote ihn wie einen
toten Esel auseinandergezerrt.
Sabeth meinte, ich übertreibe.
Ich trank meinen dritten oder vierten Pernod, lachte und   30
berichtete, wie das aussieht, wenn einer am Draht hängt:
zwei Füße über dem Boden, als könne er schweben –
Der Sessel war umgefallen.
Er hatte einen Bart.
Wozu ich's erzählte, keine Ahnung, Sabeth fand mich zy-   35
nisch, weil ich lachen mußte; er war wirklich steif wie
eine Puppe –

117

3. *Vogelscheuche: der Vogel,* ⸚ bird; *scheuchen* to scare away; *die Vogelscheuche, -n* scarecrow

Dazu rauchte ich viel.

Sein Gesicht: schwarz vom Blut.

Er drehte sich wie eine Vogelscheuche im Wind –

Ferner stank er.

Seine Fingernägel violett, seine Arme grau, seine Hände weißlich, Farbe von Schwämmen – 5

Ich erkannte ihn nicht mehr.

Seine Zunge auch bläulich –

Eigentlich gab es gar nichts zu erzählen, einfach ein Unglücksfall, er drehte sich im warmen Wind, wie gesagt, 10 oberhalb des Drahtes gedunsen –

Ich wollte gar nicht erzählen.

Seine Arme: steif wie zwei Stecken –

Leider waren meine Guatemala-Filme noch nicht entwikkelt, man kann das nicht beschreiben, man muß es sehen, 15 wie es ist, wenn einer so hängt.

Sabeth in ihrem blauen Abendkleidchen –

Manchmal hing er plötzlich vor meinen Augen, mein Freund, als hätten wir ihn gar nicht begraben, plötzlich – vielleicht weil in dieser Bar auch ein Radio tönte, er hat- 20 te nicht einmal sein Radio abgestellt.

So war das.

Als wir ihn fanden, wie gesagt, spielte sein Radio. Nicht laut. Zuerst meinten wir noch, es spreche jemand im anderen Zimmer drüben, aber da war kein anderes Zimmer 25 drüben, mein Freund lebte ganz allein, und erst als Musik folgte, merkten wir, daß es Radio sein mußte, natürlich stellten wir sofort ab, weil unpassend, weil Tanzmusik –

Sabeth stellte Fragen. 30

Warum er's getan hat?

Er sagte es nicht, sondern hing wie eine Puppe und stank, wie schon gesagt, und drehte sich im warmen Wind –

So war das.

Als ich aufstand, stürzte mein Stuhl, Lärm, Aufsehen in 35 der Bar, aber das Mädchen stellte ihn auf, meinen Stuhl,

119

13. *bis sie . . . mich regelrecht anschnauzte: die Schnauze*
    snout; *an-schnauzen* to snarl at, snap at;
    regelrecht really, thoroughly
14. *Was mir eigentlich einfalle* What's the big idea; What
    was I thinking of
37. *Ich schrieb sie ab: ab-schreiben, ie, ie* to write off;
    I wrote her off

als wäre nichts dabei, und wollte mich in die Kabine begleiten, aber ich wollte nicht.

Ich wollte auf Deck.

Ich wollte allein sein –

Ich war betrunken.

Hätte ich damals den Namen genannt, Joachim Hencke, so hätte sich alles aufgeklärt. Offenbar erwähnte ich nicht einmal seinen Vornamen, sondern redete einfach von einem Freund, der sich in Guatemala erhängt hat, von einem tragischen Unglücksfall.

Einmal filmte ich sie.

Als Sabeth es endlich entdeckte, streckte sie die Zunge heraus; ich filmte sie mit der gestreckten Zunge, bis sie, zornig ohne Spaß, mich regelrecht anschnauzte. Was mir eigentlich einfalle? Sie fragte mich rundheraus: Was wollen Sie überhaupt von mir?

Das war am Vormittag.

Ich hätte Sabeth fragen sollen, ob sie Mohammedanerin sei, daß man sie nicht filmen darf, oder sonst abergläubisch. Was bildete das Mädchen sich ein? Ich war durchaus bereit, den betreffenden Film (mitsamt den Tele-Aufnahmen von der winkenden Ivy) herauszuziehen und in die Sonne zu halten, um alles zu löschen: Bitte! Am meisten ärgerte mich, daß ihr Ton mich den ganzen Vormittag beschäftigte, die Frage, wofür das Mädchen mich hielt, wenn sie sagte:

»Sie beobachten mich die ganze Zeit, Mister Faber, ich mag das nicht!«

Ich war ihr nicht sympathisch.

Das stand fest, und ich machte mir keine falsche Hoffnung, als ich sie später, kurz nach dem Mittagessen, an mein Versprechen erinnerte, ihr zu sagen, wenn ich den Maschinenraum besichtige.

»Jetzt?« fragte sie.

Sie mußte ein Kapitel zu Ende lesen.

»Bitte!« sagte ich.

Ich schrieb sie ab. Ohne beleidigt zu sein. Ich habe es im-

3. *ich habe es nicht nötig gehabt* I haven't needed to do it
4. *offen gestanden* to tell the truth, frankly speaking
6. *zur Hauptsache bestehend aus* primarily consisting of
7. *Dieseltriebwerk: das Werk, -e* work; *treiben, ie, ie* to drive; *das Dieseltriebwerk* diesel power unit
27. *Ça va, Mademoiselle (Fr.)* Okay, Miss
29. *Pas trop vite, ma petite (Fr.)* Not so fast, dear

mer so gehalten; ich mag mich selbst nicht, wenn ich andern Menschen lästig bin, und es ist nie meine Art gewesen,
Frauen nachzulaufen, die mich nicht mögen; ich habe
es nicht nötig gehabt, offen gestanden... Der Maschinenraum eines solchen Schiffes hat den Umfang einer ordent-   5
lichen Fabrik, zur Hauptsache bestehend aus dem großen
Dieseltriebwerk, hinzu kommen die Anlagen für Stromerzeugung, Warmwasser, Lüftung. Wenn auch für den
Fachmann nichts Ungewohntes zu sehen ist, so finde ich
die Anlage als solche, bedingt durch den Schiffkörper, doch   10
sehenswert, ganz abgesehen davon, daß es immer Freude
macht, Maschinen im Betrieb zu sehen. Ich erläuterte die
Hauptschaltbrettanlage, ohne auf Einzelheiten einzuge-
hen; immerhin erläuterte ich in Kürze, was ein Kilowatt
ist, was Hydraulik ist, was ein Ampère ist, Dinge, die Sa-   15
beth natürlich aus der Schule kannte, beziehungsweise vergessen hatte, aber ohne Mühe wieder verstand. Am meisten imponierten ihr die vielen Röhren, gleichgültig wozu
sie dienten, und der große Treppenschacht, Blick durch
fünf oder sechs Stockwerke hinauf in den vergitterten   20
Himmel. Es beschäftigte sie, daß die Maschinisten, die sie
alle so freundlich fand, die ganze Zeit schwitzen und ihr
Leben lang auf dem Ozean fahren, ohne den Ozean zu
sehen. Ich bemerkte, wie sie gafften, wenn das Mädchen
(das sie offensichtlich für meine Tochter hielten) von Eisen-   25
leiter zu Eisenleiter kletterte.
»Ça va, Mademoiselle, ça va?«
Sabeth kletterte wie eine Katze.
»Pas trop vite, ma petite – !«
Ihre Männer-Grimassen waren unverschämt, fand ich,   30
aber Sabeth bemerkte überhaupt nichts von alledem, Sabeth in ihren schwarzen Cowboy-Hosen mit den ehemals
weißen Nähten, der grüne Kamm in ihrer Hintertasche,
ihr rötlicher Roßschwanz, der über den Rücken baumelt,
unter ihrem schwarzen Pullover die zwei Schulterblätter,   35
die Kerbe in ihrem straffen und schlanken Rücken, dann
ihre Hüften, die jugendlichen Schenkel in der schwarzen

123

3. *Guckloch: das Loch,* ̈*er* hole; *gucken* to look,
   peep; *das Guckloch,* ̈*er* peep hole

Hose, die bei den Waden gekrempelt sind, ihre Knöchel –
ich fand sie schön, aber nicht aufreizend. Nur sehr schön!
Wir standen vor dem gläsernen Guckloch eines Dieselbren-
ners, den ich in Kürze erläuterte, meine Hände in den
Hosentaschen, um nicht ihren nahen Arm oder ihre Schul-   5
ter zu fassen wie der Baptist neulich beim Frühstück.
Ich wollte das Mädchen nicht anfassen.
Plötzlich kam ich mir senil vor –
Ich faßte ihre beiden Hüften, als ihr Fuß vergeblich nach
der untersten Sprosse einer Eisenleiter suchte, und hob sie   10
kurzerhand auf den Boden. Ihre Hüften waren merkwürdig leicht, zugleich stark, anzufassen wie das Steuerrad meines Studebakers, graziös, im Durchmesser genau so
– eine Sekunde lang, dann stand sie auf dem Podest aus ge-
lochtem Blech, ohne im mindesten zu erröten, sie dankte   15
für die unnötige Hilfe und wischte sich ihre Hände an einem Bündel bunter Putzfäden. Auch für mich war nichts
Aufreizendes dabei gewesen, und wir gingen weiter zu den
großen Schraubenwellen, die ich ihr noch zeigen wollte.
Probleme der Torsion, Reibungskoëffizient, Ermüdung des   20
Stahls durch Vibration und so fort, daran dachte ich nur
im stillen, beziehungsweise in einem Lärm, wo man kaum
sprechen konnte – erläuterte dem Mädchen lediglich, wo
wir uns jetzt befinden, nämlich wo die Schraubenwellen
aus dem Schiffskörper stoßen, um draußen die Schrauben   25
zu treiben. Man mußte brüllen. Schätzungsweise acht Meter unterm Wasserspiegel! Ich wollte mich erkundigen.
Schätzungsweise! schrie ich: Vielleicht nur sechs Meter!
Hinweis auf den beträchtlichen Wasserdruck, den diese
Konstruktion auszuhalten hat, war schon wieder zuviel –   30
ihre kindliche Fantasie schon draußen bei den Fischen,
während ich auf die Konstruktion zeigte. Hier! rief ich
und nahm ihre Hand, legte sie auf die Siebzigmillimeter-
Niete, damit sie verstand, was ich erklärte. Haifische? Ich
verstand kein anderes Wort. Wieso Haifische? Ich schrie   35
zurück: Weiß ich nicht! und zeigte auf die Konstruktion,
ihre Augen starrten.

125

2. *ich fand es schade*   I thought it a pity
3. *das letzte Fähnlein auf der Atlantik-Karte*   the last pin on the chart of the Atlantic. (This refers to the chart of the Atlantic which is usually posted on the promenade deck of ocean liners. The track of the ship is indicated by little flags or pins.)
14. *es machte mir Mühe*   it bothered (upset) me
22. *Heiratsantrag: der Antrag, -̈e*   proposal, proposition; *die Heirat, -en*   marriage
28. *diese existentialistische Hopserei*   this existentialist (beatnik) hopping around
29. *seine eigenen Faxen schwingt*   cuts his own capers

Ich hatte ihr etwas bieten wollen.

Unsere Reise ging zu Ende, ich fand es schade, plötzlich
das letzte Fähnlein auf der Atlantik-Karte, ein Rest von
sieben Zentimetern: ein Nachmittag und eine Nacht und
ein Vormittag –

Mister Lewin packte schon.

Gespräch über Trinkgelder –

Wenn ich mir vorstellte, wie man sich in vierundzwanzig
Stunden verabschieden wird, Lebwohl nach allen Seiten,
Lebwohl mit lauter guten Wünschen und Humor, Mister
Lewin: Viel Glück in der Landwirtschaft! und unser Baptist: Viel Glück im Louvre! und das Mädchen mit dem
rötlichen Roßschwanz und mit seiner unbeschriebenen Zukunft: Viel Glück! – es machte mir Mühe, wenn ich daran
dachte, daß man nie wieder voneinander hören wird.

Ich saß in der Bar –

Reisebekanntschaften!

Ich wurde sentimental, was sonst nicht meine Art ist, und
es gab einen großen Ball, wie offenbar üblich, es war der
letzte Abend an Bord, zufällig mein fünfzigster Geburtstag; davon sagte ich natürlich nichts.

Es war mein erster Heiratsantrag.

Später ging ich auf Deck.

Ich war vollkommen nüchtern, und als Sabeth mich auf-
suchte, sagte ich sofort, sie werde sich nur erkälten, Sabeth
in ihrem dünnen Abendkleidchen. Ob ich traurig sei, wollte sie wissen. Weil ich nicht tanzte. Ich finde sie lustig, ihre
heutigen Tänze, lustig zum Schauen, diese existentialistische Hopserei, wo jeder für sich allein tanzt, seine eignen
Faxen schwingt, verwickelt in die eignen Beine, geschüt-
telt wie von einem Schüttelfrost, alles etwas epileptisch,
aber lustig, sehr temperamentvoll, muß ich sagen, aber ich
kann das nicht.

Wieso sollte ich traurig sein?

England noch nicht in Sicht –

Dann gab ich ihr meine Jacke, damit sie sich nicht erkälte-

4. *toll* very exciting, fantastic
13. *Aber es stimmte ja nicht einmal zum Spaß* But even as a joke it wasn't true
26. *der ich in Rom nichts verloren hatte* I, who had no business being in Rome

te; ihr Roßschwanz wollte einfach nicht hinten bleiben,
so windete es.

Die roten Kamine im Scheinwerfer –
Sabeth fand es toll, so eine Nacht auf Deck, wenn es pfeift
in allen Seilen und knattert, die Segeltücher an den Ret-   5
tungsbooten, der Rauch aus dem Kamin –
Die Musik war kaum noch zu hören.

Wir sprachen über Sternbilder – das Übliche, bis man weiß,
wer sich im Himmel noch weniger auskennt als der andere,
der Rest ist Stimmung, was ich nicht leiden kann. Ich zeig-   10
te ihr den Komet, der in jenen Tagen zu sehen war, im
Norden. Es fehlte wenig, und ich hätte gesagt, daß ich Geburtstag habe. Daher der Komet! Aber es stimmte ja nicht
einmal zum Spaß: der Komet war schon seit einer halben
Woche sichtbar, wenn auch nie so deutlich wie in dieser   15
Nacht, mindestens seit dem 26. IV. Also von meinem Geburtstag (29. IV.) sagte ich nichts.

»Ich wünsche mir zweierlei«, sagte ich, »zum Abschied.
Erstens, daß Sie nicht Stewardeß werden –«

»Zweitens?«   20

»Zweitens«, sagte ich, »daß Sie nicht mit Autostop nach
Rom fahren. Im Ernst! Lieber zahle ich Ihnen die Bahn
oder das Flugzeug –«

Ich habe damals nicht einen Augenblick daran gedacht, daß
wir zusammen nach Rom fahren würden, Sabeth und ich,   25
der ich in Rom nichts verloren hatte.

Sie lachte mir ins Gesicht.

Sie mißverstand mich.

Nach Mitternacht gab es ein kaltes Buffet, wie üblich –
ich behauptete, hungrig zu sein, und führte Sabeth hin-   30
unter, weil sie schlotterte, ich sah es, trotz meiner Jacke.

Ihr Kinn schlotterte.

Drunten war noch immer Ball –

Ihre Vermutung, ich sei traurig, weil allein, verstimmte
mich. Ich bin gewohnt, allein zu reisen. Ich lebte, wie jeder   35
wirkliche Mann, in meiner Arbeit. Im Gegenteil, ich will
es nicht anders und schätze mich glücklich, allein zu woh-

1. *Erachtens: erachten* to consider, be of the opinion;
   meines Erachtens in my opinion
28. *Fremdenlegion* French Foreign Legion

nen, meines Erachtens der einzigmögliche Zustand für
Männer, ich genieße es, allein zu erwachen, kein Wort
sprechen zu müssen. Wo ist die Frau, die das begreift?
Schon die Frage, wie ich geschlafen habe, verdrießt mich,
weil ich in Gedanken schon weiter bin, gewohnt, voraus zu
denken, nicht rückwärts zu denken, sondern zu planen.
Zärtlichkeiten am Abend, ja, aber Zärtlichkeiten am
Morgen sind mir unerträglich, und mehr als drei oder vier
Tage zusammen mit einer Frau war für mich, offen ge-
standen, stets der Anfang der Heuchelei, Gefühle am
Morgen, das erträgt kein Mann. Dann lieber Geschirr
waschen!
Sabeth lachte –
Frühstück mit Frauen, ja, ausnahmsweise in den Ferien,
Frühstück auf einem Balkon, aber länger als drei Wochen
habe ich es nie ertragen, offen gestanden, es geht in den
Ferien, wenn man sowieso nicht weiß, was anfangen mit
dem ganzen Tag, aber nach drei Wochen (spätestens) sehne
ich mich nach Turbinen; die Muße der Frauen am Morgen,
zum Beispiel eine Frau, die am Morgen, bevor sie angekleidet ist, imstande ist, Blumen anders in die Vase zu
stellen, dazu Gespräch über Liebe und Ehe, das erträgt
kein Mann, glaube ich, oder er heuchelt. Ich mußte an Ivy
denken; Ivy heißt Efeu, und so heißen für mich eigentlich
alle Frauen. Ich will allein sein! Schon der Anblick eines
Doppelzimmers, wenn nicht in einem Hotel, das man bald
wieder verlassen kann, sondern Doppelzimmer als Dauer-
Einrichtung, das ist für mich so, daß ich an Fremdenlegion denke –
Sabeth fand mich zynisch.
Es ist aber so, wie ich sagte.
Ich redete nicht weiter, obschon Mister Lewin, glaube ich,
kein Wort verstand; er legte sofort die Hand über sein
Glas, als ich nachfüllen wollte, und Sabeth, die mich zy-
nisch fand, wurde zum Tanz geholt ... Ich bin nicht zynisch.
Ich bin nur, was Frauen nicht vertragen, durchaus sachlich.
Ich bin kein Unmensch, wie Ivy behauptet, und sage kein

131

5. *neigen* to incline, have a tendency towards; *Frauen neigen ja dazu* women have a tendency towards it
12. *für Television aufgelegt* in a mood for television
14. *nebenbei bemerkt* by the way
19. *das Schlüsselchen stecke* insert the ignition key
20. *Glüher: der Glüher* electric cigarette lighter
22. *mache ich mir nichts daraus* I am indifferent
24. *Ermüdungserscheinungen: die Erscheinung, -en* appearance, phenomenon; *müde* tired; *ermüden* to get tired; *die Ermüdungserscheinung, -en* fatigue phenomenon
26. *Man macht schlapp* One gets run down, one looses all energy
31. *oder was weiß ich* or what have you
33. *einfach so* just like that; without anything more

Wort gegen die Ehe; meistens fanden die Frauen selbst, daß ich mich nicht dafür eigne. Ich kann nicht die ganze Zeit Gefühle haben. Alleinsein ist der einzigmögliche Zustand für mich, denn ich bin nicht gewillt, eine Frau unglücklich zu machen, und Frauen neigen ja dazu, unglücklich zu werden. Ich gebe zu: Alleinsein ist nicht immer lustig, man ist nicht immer in Form. Übrigens habe ich die Erfahrung gemacht, daß Frauen, sobald unsereiner nicht in Form ist, auch nicht in Form bleiben; sobald sie sich langweilen, kommen die Vorwürfe, man habe keine Gefühle. Dann, offen gestanden, langweile ich mich noch lieber allein. Ich gebe zu: auch ich bin nicht immer für Television aufgelegt (obschon überzeugt, daß die Television in den nächsten Jahren auch noch besser wird, nebenbei bemerkt) und Stimmungen ausgeliefert, aber gerade dann begrüße ich es, allein zu sein. Zu den glücklichsten Minuten, die ich kenne, gehört die Minute, wenn ich eine Gesellschaft verlassen habe, wenn ich in meinem Wagen sitze, die Türe zuschlage und das Schlüsselchen stecke, Radio andrehe, meine Zigarette anzünde mit dem Glüher, dann schalte, Fuß auf Gas; Menschen sind eine Anstrengung für mich, auch Männer. Was die Stimmung betrifft, so mache ich mir nichts draus, wie gesagt. Manchmal wird man weich, aber man fängt sich wieder. Ermüdungserscheinungen! Wie beim Stahl. Gefühle, so habe ich festgestellt, sind Ermüdungserscheinungen, nichts weiter, jedenfalls bei mir. Man macht schlapp! Dann hilft es auch nichts, Briefe zu schreiben, um nicht allein zu sein. Es ändert nichts; nachher hört man doch nur seine eignen Schritte in der leeren Wohnung. Schlimmer noch: diese Radio-Sprecher, die Hundefutter anpreisen, Backpulver oder was weiß ich, dann plötzlich verstummen: Auf Wiederhören morgen früh! Dabei ist es erst zwei Uhr. Dann Gin, obschon ich Gin, einfach so, nicht mag, dazu Stimmen von der Straße, Hupen beziehungsweise das Dröhnen der Subway, ab und zu das Dröhnen von Flugzeugen, es ist ja egal. Es kommt vor, daß ich dann einfach einschlafe, die Zeitung auf dem Knie, die Zigarette auf dem Teppich. Ich reiße mich

8. *Citronpressé (Fr.)* freshly squeezed lemonade
18. *Dann neuerdings ihr Freund* Then once again her friend: Then her friend turned up again
21. *Aber bitte sehr* But please: Please go ahead
27. *Warum gerade so* Why just like that
28. *Einmal von außen gedacht* Looking at it from the outside
29. *Man hält es . . . nicht für Menschenmöglich: halten, ie, a für* to consider; *menschenmöglich* humanly possible
32. *man kommt sich verrückt vor: sich vor-kommen, a, o* to consider oneself, feel; *verrückt* crazy, mad
33. *auch nur eine solche Idee zu haben* even to have such an idea
33. *geradezu pervers* positively peverted
36. *Vielleicht liegt's nur an mir: liegen, a, e an* (with dat.) to be the fault of

zusammen. Wozu? Irgendwo noch ein Spätsender mit Sinfonien, die ich abstelle. Was weiter? Dann stehe ich einfach da, Gin im Glas, den ich nicht mag, und trinke; ich stehe, um keine Schritte zu hören in meiner Wohnung, Schritte, die doch nur meine eignen sind. Alles ist nicht tragisch, nur mühsam: Man kann sich nicht selbst Gutnacht sagen – Ist das ein Grund zum Heiraten?

Sabeth, von ihrem Tanz zurück, um ihr Citronpressé zu trinken, stupste mich: – Mister Lewin schlief, der Riesenkerl, lächelnd, als sehe er den ganzen Rummel auch so, die Papierschlangen, die Kinderballons, die sich die Paare gegenseitig verknallen mußten.

Was ich die ganze Zeit denke? fragte sie.

Ich wußte es nicht.

Was sie denn denke? fragte ich.

Sie wußte es sofort:

»Sie sollten heiraten, Mister Faber!«

Dann neuerdings ihr Freund, der sie draußen auf allen Decks gesucht hatte, um sie zum Tanz zu bitten, sein Blick zu mir –

»Aber bitte sehr!« sagte ich.

Ich behielt nur ihre Handtasche.

Ich wußte genau, was ich denke. Es gibt keine Wörter dafür. Ich schwenkte mein Glas, um zu riechen, und wollte nicht daran denken, wie Mann und Weib sich paaren, trotzdem die plötzliche Vorstellung davon, unwillkürlich, Verwunderung, Schreck wie im Halbschlaf. Warum gerade so? Einmal von außen gedacht: Wieso eigentlich mit dem Unterleib? Man hält es, wenn man so sitzt und die Tanzenden sieht und es sich in aller Sachlichkeit vorstellt, nicht für menschenmöglich. Warum gerade so? Es ist absurd, wenn man nicht selber durch Trieb dazu genötigt ist, man kommt sich verrückt vor, auch nur eine solche Idee zu haben, geradezu pervers.

Ich bestellte Bier –

Vielleicht liegt's nur an mir.

11. *Papierschlangensaal: der Saal, Säle* ballroom, hall;
die Schlange, -n snake; *das Papier, -e* paper; *die
Papierschlange, -n* streamer; *der Papierschlangensaal*
ballroom festooned with streamers
14. *Ihr Hanna-Mädchen-Gesicht* Her Hanna-as-a-girl face
17. *ich gab ihr das Feuer* I gave her a light
22. *die Ausschiffung: das Schiff, -e* ship; *ein-schiffen*
to get on board; to load a ship; *aus-schiffen* to get
off board; to unload a ship
23. *Ehrenpflicht: die Pflicht, -en* duty; *die Ehre*
honor; *die Ehrenpflicht* point of honor
25. *der Smoking, -e* dinner jacket
29. *ohne Berührung* without touching
32. *dabei keine Ahnung: die Ahnung, -en* intimation,
idea; all the same I had no idea

Plötzlich stand unser Schiff.

Mister Lewin, plötzlich erwacht, obschon ich kein Wort gesprochen hatte, wollte wissen, ob wir in Southampton sind.

Lichter draußen –

Wahrscheinlich Southampton. 5

Mister Lewin erhob sich und ging auf Deck.

Ich trank mein Bier und versuchte, mich zu erinnern, ob es mit Hanna (damals) auch absurd gewesen ist, ob es immer absurd gewesen ist.

Jedermann ging auf Deck. 10

Als Sabeth in den Papierschlangensaal zurückkam, um ihre Handtasche zu holen, wunderte ich mich: sie verabschiedete ihren Freund, der eine saure Miene machte, und setzte sich neben mich. Ihr Hanna-Mädchen-Gesicht! Sie bat um Zigaretten, wollte nach wie vor wissen, was ich denn die 15 ganze Zeit grübelte, und irgendetwas mußte ich ja sagen: ich gab ihr das Feuer, das ihr junges Gesicht erhellte, und fragte, ob sie mich denn heiraten würde.

Sabeth errötete.

Ob ich das ernst meine? 20

Warum nicht!

Draußen die Ausschiffung, die man gesehen haben mußte; es war kalt, aber Ehrenpflicht, Damen schlotterten in ihren Abendkleidern, Nebel, die Nacht voller Lichter, Herren in Smokings, die ihre Damen mit Umarmungen zu wärmen 25 suchten, Scheinwerfer, die den Verlad beleuchteten, Herren in bunten Papiermützen, Lärm der Krane aber alles im Nebel; die Blinkfeuer an der Küste –

Wir standen ohne Berührung.

Ich hatte gesagt, was ich nie habe sagen wollen, aber ge 30 sagt war gesagt, ich genoß es, unser Schweigen, ich war wieder vollkommen nüchtern, dabei keine Ahnung, was ich denke, wahrscheinlich nichts.

Mein Leben lag in ihrer Hand –

Für eine Weile kam Mister Lewin dazwischen, ohne zu 35 stören, im Gegenteil, wir waren ganz froh, Sabeth auch, glaube ich, wir standen Arm in Arm und plauderten mit

137

1. *der seinen Burgunder ausgeschlafen hatte: der Burgunder* burgundy wine; *sich aus-schlafen, ie, a* to sleep long; who had slept off his burgundy
3. *vor Anker: vor Anker liegen, a, e* to ride at anchor
3. *es tagte bereits* dawn was already breaking
6. *im Ernst meine: meinen* to think, mean; *im Ernst meinen* to mean seriously
7. *am ganzen Leib: der Leib, -er* body; on her whole body
10. *die Tränennässe: naß* wet; *die Nässe* wetness; *die Träne, -n* tear; *die Tränennässe* wetness of tears, wet tears
10. *Augenhöhle: die Höhle, -n* hollow; *das Auge, -n* eye; *die Augenhöhle, -n* hollow of the eye; *here:* eye
12. *Le Havre* French seaport
18. *beim Zoll: der Zoll, ⁼e* customs, duty; during the customs' inspection
24. *würgte es mich regelrecht in der Kehle: die Kehle, -n* throat; *regelrecht* really; *würgen* to choke; I got all choked up
32. *ob irgendwas los ist* whether something was the matter

Mister Lewin, der seinen Burgunder ausgeschlafen hatte, Beratung über die Trinkgeldfrage und Derartiges. Unser Schiff lag mindestens eine Stunde vor Anker, es tagte bereits. Als wir wieder allein standen, die letzten auf dem nassen Deck, und als Sabeth mich fragte, ob ich's wirklich im Ernst meine, küßte ich sie auf die Stirn, dann auf ihre kalten und zitternden Augenlider, sie schlotterte am ganzen Leib, dann auf ihren Mund, wobei ich erschrak. Sie war mir fremder als je ein Mädchen. Ihr halboffener Mund, es war unmöglich; ich küßte die Tränennässe aus ihren Augenhöhlen, zu sagen gab es nichts, es war unmöglich.
Anderntags Ankunft in Le Havre.
Es regnete, und ich stand auf dem Oberdeck, als das fremde Mädchen mit dem rötlichen Roßschwanz über die Brücke ging, Gepäck in beiden Händen, weswegen sie nicht winken konnte. Sie sah mein Winken, glaube ich. Ich hatte filmen wollen, ich winkte noch immer, ohne sie im Gedränge zu sehen. Später beim Zoll, als ich gerade meinen Koffer aufmachen mußte, sah ich ihren rötlichen Roßschwanz noch einmal; sie nickte auch und lächelte, Gepäck in beiden Händen, sie sparte sich einen Träger und schleppte viel zu schwer, ich konnte aber nicht helfen, sie verschwand im Gedränge – Unser Kind! Aber das konnte ich damals nicht wissen, trotzdem würgte es mich regelrecht in der Kehle, als ich sah, wie sie einfach im Gedränge unterging. Ich hatte sie gern. Nur so viel wußte ich. Im Sonderzug nach Paris hätte ich nochmals durch alle Wagen gehen können. Wozu? Wir hatten Abschied genommen.
In Paris versuchte ich sofort, Williams anzurufen, um wenigstens mündlich meinen Rapport zu geben; er sagte Gutentag (Hello) und hatte keine Zeit, meine Erklärung anzuhören. Ich fragte mich, ob irgendetwas los ist ... Paris war wie üblich, eine Woche voll Konferenzen, ich wohnte wie üblich am Quai Voltaire, hatte wieder mein Zimmer mit Blick auf die Seine und auf diesen Louvre, den ich noch nie besucht hatte, gerade gegenüber.
Williams war merkwürdig –

2. *ich Rechenschaft ablegte: Rechenschaft ab-legen* to give an accounting, to account for
21. *Esserei: die Esserei* excessive eating
30. *als Ahnenbild: das Bild, –er* picture, portrait; *der Ahne, –n* ancestor; *das Ahnenbild, – er* portrait of an ancestor
36. *Ich halte nichts von schönen Männern: halten, ie, a von* to have regard for, think much of

»It's okay«, sagte er, »it's okay«, immer wieder, während
ich Rechenschaft ablegte wegen meiner kurzen Guatemala-
Reise, die ja, wie sich in Caracas herausgestellt hatte, keinerlei Verzögerung bedeutete, da unsere Turbinen noch gar
nicht zur Montage bereit waren, ganz abgesehen davon,   5
daß ich ja zu den Konferenzen hier in Paris, die das wichtigste Ereignis dieses Monats darstellten, rechtzeitig ein-
getroffen war. »It's okay«, sagte er, noch als ich von dem
scheußlichen Selbstmord meines Jugendfreundes berichtete.
»It's okay«, und zum Schluß sagte er: »What about some   10
holidays, Walter?«
Ich begriff ihn nicht.
»What about some holidays?« sagte er, »You're looking
like –«
Wir wurden unterbrochen.   15
»This is Mr. Faber, this is –«
Ob Williams es übelnahm, daß ich nicht geflogen, sondern
ausnahmsweise einmal mit dem Schiff gekommen war,
weiß ich nicht; seine Anspielung, ich hätte Ferien sehr nötig, konnte ja nur ironisch gemeint sein, denn ich war   20
sonnengebräunt wie noch selten, nach der Esserei an Bord
auch weniger hager als sonst, dazu sonnengebräunt –
Williams war merkwürdig.
Später, nach der Konferenz, ging ich in ein Restaurant, das
ich nicht kannte, allein und verstimmt, wenn ich an Williams 25
dachte.
Ich war der einzige Gast, weil noch früh am Abend, und
was mich irritierte, war lediglich der Spiegel gegenüber,
Spiegel in Goldrahmen. Ich sah mich, so oft ich aufblickte,
sozusagen als Ahnenbild: Walter Faber, wie er Salat ißt,   30
in Goldrahmen. Ich hatte Ringe unter den Augen, nichts
weiter, im übrigen war ich sonnengebräunt, wie gesagt,
lange nicht so hager wie üblich, im Gegenteil, ich sah ausgezeichnet aus. Ich bin nun einmal (das wußte ich auch
ohne Spiegel) ein Mann in den besten Jahren, grau, aber   35
sportlich. Ich halte nichts von schönen Männern. Daß

6. *Ich reklamierte entschieden*   I complained strongly
11. *verkrümelt: der Krümel, -*   crumb; *krümeln*   to make into crumbs; to crumble; *verkrümeln*   to break thoroughly into crumbs
16. *dabei mag er mich*   and yet he likes me
18. *die mich insgesamt in achtfacher Ausfertigung zeigten*   which, all in all, showed me in eight copies (or versions)
21. *eine Glatze: die Glatze, -n*   bald spot
23. *abgesehen vom Blinddarm: der Blinddarm, ¨e*   appendix; not counting my appendix
26. *wie noch selten*   as rarely (before)
27. *ein gesetzter Herr: gesetzt*   settled, sedate, staid; *der gesetzte Herr*   a gentleman of comportment
28. *lebensmüde*   weary of life

meine Nase etwas lang ist, hat mich in der Pubertät beschäftigt, seither nicht mehr; seither hat es genug Frauen
gegeben, die mich von falschen Minderwertigkeitsgefühlen
befreit haben, und was mich irritierte, war einzig und
allein dieses Lokal: wo man hinblickte, gab es Spiegel,   5
ekelhaft, dazu die endlose Warterei auf meinen Fisch. Ich
reklamierte entschieden, zwar hatte ich Zeit, aber das Gefühl, daß die Kellner mich nicht ernstnehmen, ich weiß
nicht warum, ein leeres Etablissement mit fünf Kellnern,
die miteinander flüstern, und ein einziger Gast: Walter   10
Faber, der Brot verkrümelt, in Goldrahmen, wohin ich
auch blicke; mein Fisch, als er endlich kam, war ausgezeichnet, aber schmeckte mir überhaupt nicht, ich weiß
nicht, was mit mir los war.
»You are looking like –«   15
Nur wegen dieser blöden Bemerkung von Williams (dabei
mag er mich, das weiß ich!) blickte ich immer wieder, statt
meinen Fisch zu essen, in diese lächerlichen Spiegel, die
mich insgesamt in achtfacher Ausfertigung zeigten:
Natürlich wird man älter –   20
Natürlich bekommt man bald eine Glatze –
Ich bin nicht gewohnt, zu Ärzten zu gehen, nie in meinem
Leben krank gewesen, abgesehen vom Blinddarm – ich
blickte in die Spiegel, bloß weil Williams gesagt hatte:
What about some holidays, Walter? Dabei war ich son-   25
nengebräunt wie noch selten. In den Augen eines jungen
Mädchens, das Stewardeß werden möchte, war ich ein ge-
setzter Herr, mag sein, jedoch nicht lebensmüde, im Ge-
genteil, ich vergaß sogar, in Paris zu einem Arzt zu gehen,
wie ich es mir eigentlich vorgenommen hatte –   30
Ich fühlte mich vollkommen normal.
Anderntags (Sonntag) ging ich in den Louvre, aber von
einem Mädchen mit rötlichem Roßschwanz war nichts zu
sehen, dabei verweilte ich eine volle Stunden in diesem
Louvre.   35

4. *vor meiner Maturität* before my final examinations
6. *bei den Korrekturen einer Neuauflage* with the proofs of a new edition
8. *Occasion (Fr.)* bargain
8. *das Vehikel konnte noch so alt sein, wenn es nur lief* it didn't matter how old the machine was as long as it ran
9. *Figuren* geometrical figures
12. *eine gesetzte Dame* a matron
14. *lungenkrank* consumptive
14. *Bubenkörper: der Körper, -* body; *der Bube, -n* boy; *der Bubenkörper* boyish body
15. *kam sie mir wie eine Irre vor: irren* to err; *der Irrtum, ⁻er* error; *die Irre, -n* madwoman; *vorkommen, a, o* to occur; to appear, seem
15. *Hündin: die Hündin, -nen* female dog; *here:* dog in heat
17. *von Mal zu Mal* from time to time
19. *wenn es ans Verteilen der Hefte ging: das Heft, -e* composition or exam book; *verteilen* to distribute; *es geht ans Verteilen* it comes to the distributing: the composition books were distributed
33. *Tuilerien* royal palace in Paris; *here:* the garden of the Tuileries

Meine erste Erfahrung mit einer Frau, die allererste, habe ich eigentlich vergessen, das heißt, ich erinnere mich überhaupt nicht daran, wenn ich nicht will. Sie war die Gattin meines Lehrers, der mich damals, kurz vor meiner Maturität, über einige Wochenende zu sich ins Haus nahm; ich half ihm bei den Korrekturen einer Neuauflage seines Lehrbuches, um etwas zu verdienen. Mein sehnlichster Wunsch war ein Motorrad, eine Occasion, das Vehikel konnte noch so alt sein, wenn es nur lief. Ich mußte Figuren zeichnen, Lehrsatz des Pythagoras und so, in Tusche, weil ich in Methematik und Geometrie der beste Schüler war. Seine Gattin war natürlich, von meinem damaligen Alter aus gesehen, eine gesetzte Dame, vierzig, glaube ich, lungenkrank, und wenn sie meinen Bubenkörper küßte, kam sie mir wie eine Irre vor oder wie eine Hündin; dabei nannte ich sie nach wie vor Frau Professor. Das war absurd. Ich vergaß es von Mal zu Mal; nur wenn mein Lehrer ins Klassenzimmer trat und die Hefte aufs Pult legte, ohne etwas zu sagen, hatte ich Angst, er habe es erfahren, und die ganze Welt werde es erfahren. Meistens war ich der erste, den er aufrief, wenn es ans Verteilen der Hefte ging, und man mußte vor die Klasse treten – als der einzige, der keinen einzigen Fehler gemacht hat. Sie starb noch im gleichen Sommer, und ich vergaß es, wie man Wasser vergißt, das man irgendwo im Durst getrunken hat. Natürlich kam ich mir schlecht vor, weil ich es vergaß, und ich zwang mich, einmal im Monat an ihr Grab zu gehen; ich nahm ein paar Blumen aus meiner Mappe, wenn niemand es sah, und legte sie geschwind auf das Grab, das noch keinen Grabstein hatte, nur eine Nummer; dabei schämte ich mich, weil ich jedesmal froh war, daß es vorbei ist. Nur mit Hanna ist es nie absurd gewesen.

Es war Frühling, aber es schneite, als wir in den Tuilerien saßen, Schneegestöber aus blauem Himmel; wir hatten uns fast eine Woche lang nicht gesehen, und sie war froh um

7. *bei den Antiken*   among the antiquities
8. *Kettenraucherin: rauchen*   to smoke; *die Raucherin, -nen*   woman who smokes; *die Kette, -n*   chain
11. *Kapuzenmantel: der Mantel, ̈*   overcoat; *die Kapuze, -n*   hood; *der Kapuzenmantel, ̈*   duffel coat
20. *Place de la Concorde*   square in Paris
26. *er lag draußen im braunen Matsch, bereits von einem Pneu zerquetscht*   it (my hat) lay out there (on the street) in the brown mud, already squashed by a tire
27. *Eh bien (Fr.)*   So be it
31. *einzubilden: sich etwas ein-bilden*   to imagine something; to flatter oneself
33. *futterte Patisserie: futtern (coll.)*   to stuff oneself; *die Patisserie*   little French pastries
35. *war ihr nicht auszureden: jemandem etwas aus-reden*   to talk somebody out of something; she could not be talked out of

unser Wiedersehen, schien mir, wegen der Zigaretten, sie
war bankrott.

»Das habe ich Ihnen auch nie geglaubt«, sagte sie, »daß
Sie nie in den Louvre gehen –«

»Jedenfalls selten.«

»Selten!« lachte sie. »Vorgestern schon habe ich Sie gesehen – unten bei den Antiken – und gestern auch.«

Sie war wirklich ein Kind, wenn auch Kettenraucherin,
sie hielt es wirklich für Zufall, daß man sich in diesem
Paris nochmals getroffen hatte. Sie trug wieder ihre
schwarzen Hosen und ihre Espadrilles, dazu Kapuzenmantel, natürlich keinerlei Hut, sondern nur ihren rötlichen Roßschwanz, und es schneite, wie gesagt, sozusagen
aus blauem Himmel.

»Haben Sie denn nicht kalt?«

»Nein«, sagte sie, »aber Sie!«

Um 16.oo Uhr hatte ich nochmals Konferenz –

»Trinken wir einen Kaffee?« sagte ich.

»Oh«, sagte sie, »sehr gerne.«

Als wir über die Place de la Concorde gingen, gehetzt vom
Pfiff eines Gendarmen, gab sie mir ihren Arm. Das hatte
ich nicht erwartet. Wir mußten rennen, da der Gendarm
bereits seinen weißen Stab hob, eine Meute von Autos
startete auf uns los; auf dem Trottoir, Arm in Arm gerettet, stellte ich fest, daß ich meinen Hut verloren hatte –
er lag draußen im braunen Matsch, bereits von einem
Pneu zerquetscht. Eh bien! sagte ich und ging Arm in
Arm mit dem Mädchen weiter, hutlos wie ein Jüngling im
Schneegestöber.

Sabeth hatte Hunger.

Um mir nichts einzubilden, sagte ich mir, daß unser Wiedersehen sie freut, weil sie fast kein Geld mehr hat; sie
futterte Patisserie, so daß sie kaum aufblicken konnte,
kaum reden ... Ihre Idee, mit Autostop nach Rom zu reisen, war ihr nicht auszureden; sie hatte sogar ein genaues
Programm: Avignon, Nîmes, Marseille nicht unbedingt,
aber unbedingt Pisa, Firenze, Siena, Orvieto, Assisi und

147

2. *Ausfallstraße: die Ausfallstraße, -n* main route out of a city
11. *zusammenlöffelte: der Löffel, -* spoon; *löffeln* to spoon up; *zusammen-löffeln* to scrape together with a spoon
17. *ich bin ja nicht blöd* I'm not stupid
22. *immer weniger* less and less

was weiß ich, sie hatte es an jenem Vormittag schon versucht, aber offenbar an der falschen Ausfallstraße.

»Und Ihre Mama weiß das?«

Sie behauptete: ja.

»Ihre Mama macht sich keine Sorgen?«

Ich saß nur noch, weil ich zahlen mußte, zum Gehen bereit, meine Mappe auf das Knie gestützt; gerade jetzt, wo Williams so merkwürdig tat, wollte ich nicht zu spät zur Konferenz kommen.

»Natürlich macht sie sich Sorgen«, sagte das Mädchen, während sie das letzte Restchen ihrer Patisserie zusammenlöffelte, nur durch Erziehung daran verhindert, ihren Teller auch noch mit der Zunge zu lecken, und lachte, »Mama macht sich immer Sorgen –«

Später sagte sie:

»Ich habe ihr versprechen müssen, daß ich nicht mit jedermann fahre – aber das ist ja klar, ich bin ja nicht blöd.«

Ich hatte unterdessen bezahlt.

»Ich danke Ihnen«, sagte sie.

Ich wagte nicht zu fragen: Was machen Sie denn heute abend? Ich wußte immer weniger, was für ein Mädchen sie eigentlich war. Unbekümmert in welchem Sinn? Vielleicht ließ sie sich wirklich von jedem Mann einladen, eine Vorstellung, die mich nicht entrüstete, aber eifersüchtig machte, geradezu sentimental.

»Ob wir uns nochmals sehen?« fragte ich und fügte sofort hinzu: »Wenn nicht, dann wünsche ich Ihnen alles Gute –«

Ich mußte wirklich gehen.

»Sie bleiben noch hier?«

»Ja«, sagte sie, »ich habe ja Zeit – «

Ich stand bereits.

»Wenn Sie Zeit haben«, sagte ich, »mir einen Gefallen zu erweisen – «

Ich suchte meinen verlorenen Hut.

3. *Geistesgegenwart: die Gegenwart* presence; *der Geist* mind, spirit; *die Geistesgegenwart* presence of mind
4. *versteht sich: sich verstehen, a, a* to understand one another; *es versteht sich* that is self understood, naturally
5. *Menschenkenntnis: der Mensch, -en* human being; *kennen, a, a* to be acquainted with, know; *die Menschenkenntnis* knowledge of human nature
9. *Lust haben* to like; *Wenn Sie auch Lust haben* If you feel like it also
22. *frühlingshalber* on account of spring
25. *wie je* as ever
29. *klappen (coll.)* to come off, be a success; *Für den Fall, daß es mit der Opéra klappen sollte* In case it should be all right for the *Opéra*
30. *Champs Elysées* boulevard in Paris
32. *Infra-Heizung* infrared heating

»Ich wollte in die Opéra«, sagte ich, »aber ich habe noch keine Karten – «

Ich staunte selbst über meine Geistesgegenwart, ich war noch nie in der Opéra gewesen, versteht sich, aber Sabeth mit ihrer Menschenkenntnis zweifelte nicht eine Sekunde, obschon ich nicht wußte, was in der Opéra gegeben wurde, und nahm das Geld für die Karten, bereit, mir einen Gefallen zu erweisen.

»Wenn Sie auch Lust haben«, sagte ich, »nehmen Sie zwei, und wir treffen uns um sieben Uhr – hier.«

»Zwei?«

»Es soll großartig sein!«

Das hatte ich von Mrs. Williams gehört.

»Mister Faber«, sagte sie, »das kann ich aber nicht annehmen – «

Zur Konferenz kam ich verspätet.

»Williams«, sagte ich, »I changed my mind.«

»What's the matter?«

»Well, I changed my mind – «

Williams fuhr mich zu meinem Hotel, während ich darlegte, daß ich doch daran denke, ein bißchen auszusetzen, ein bißchen Ferien zu machen, frühlingshalber, zwei Wochen oder so, eine kleine Reise (trip) nach Avignon und Pisa, Florenz, Rom, er war keineswegs merkwürdig, im Gegenteil, Williams war großartig wie je: sofort bot er seinen Citroën an, da er anderntags nach New York flog.

»Walter«, sagte er, »have a nice time!«

Ich rasierte mich und kleidete mich um. Für den Fall, daß es mit der Opéra klappen sollte. Ich war viel zu früh, obschon ich zu Fuß in die Champs Elysées ging. Ich setzte mich übrigens in ein Café nebenan, Glasveranda mit Infra-Heizung, und hatte noch kaum meinen Pernod bekommen, als das fremde Mädchen mit dem Roßschwanz vorbeiging, ohne mich zu sehen, ebenfalls viel zu früh, ich hätte sie rufen können –

Sie setzte sich ins Café.

Ich war glücklich und trank meinen Pernod, ohne zu eilen,

6. *ihr Rouge (Fr.)* her make-up
14. *Altersunterschied: der Unterschied, -e* difference; *unterscheiden, ie, ie* to differentiate; *das Alter* age; *der Altersunterschied* difference in age
15. *die jungen Herren* young men
20. *Was mir Mühe machte* What I found strenuous
20. *Kunstbedürfnis: das Bedürfnis, -(ss)e* need; *die Kunst, ̈e* art; *das Kunstbedürfnis, -(ss)e* hunger for art
21. *Manie: die Manie* mania, madness
25. *Fra Angelico* Italian painter (1400–1455)
28. *Campari* Italian apératif
31. *Fiat* Italian car
32. *Olivetti* Italian typewriter
35. *Baedeker* travel guide book

ich beobachtete sie durchs Glas der Veranda, wie sie bestellte, wie sie wartete, wie sie rauchte und einmal auf die
Uhr blickte. Sie trug den schwarzen Kapuzenmantel mit
den Hölzchen und Schnüren, darunter ihr blaues Abendkleidchen, bereit für die Opéra, eine junge Dame, die ihr   5
Rouge prüft. Sie trank Citron-pressé. Ich war glücklich,
wie noch nie in diesem Paris und wartete auf den Kellner,
um zu zahlen, um gehen zu können – hinüber zu dem
Mädchen, das auf mich wartet! – dabei war ich fast froh,
daß der Kellner mich immer wieder warten ließ, obschon   10
ich protestierte; ich konnte nie glücklicher sein als jetzt.

Unsere Reise durch Italien – ich kann nur sagen, daß ich
glücklich gewesen bin, weil auch das Mädchen, glaube ich,
glücklich gewesen ist trotz Altersunterschied.
Ihr Spott über die jungen Herren: 15
»Buben!« sagte sie. »Das kannst du dir ja nicht vorstellen – man kommt sich wie ihre Mutter vor, und das ist
furchtbar!«
Wir hatten fantastisches Wetter.
Was mir Mühe machte, war lediglich ihr Kunstbedürfnis,   20
ihre Manie, alles anzuschauen. Kaum in Italien, gab es keine
Ortschaft mehr, wo ich nicht stoppen mußte: Pisa, Florenz,
Siena, Perugia, Arezzo, Orvieto, Assisi. – Ich bin nicht ge-
wohnt, so zu reisen. In Florenz rebellierte ich, indem ich
ihren Fra Angelico, offen gesagt, etwas kitschig fand. Ich   25
verbesserte mich dann: Naiv. Sie bestritt es nicht, im Gegen-
teil, sie war begeistert; es kann ihr nicht naiv genug sein.
Was ich genoß: Campari!
Meinetwegen auch Mandolinen-Bettler –
Was mich interessierte: Straßenbau, Brückenbau, der neue   30
Fiat, der neue Bahnhof in Rom, der neue Rapido-Trieb-
wagen, die neue Olivetti –
Ich kann mit Museen nichts anfangen.
In einem großen Kreuzgang *(Museo Nazionale)* weigerte
ich mich, ihren Baedeker anzuhören, ich hockte auf der   35

153

7. *Erinnye* a Greek Fury
12. *auskenne: aus-kennen, a, a mit* to know one's way around, be familiar with
18. *zusammenträumt: träumen* to dream; *zusammenträumen* to gather up in dreams; *Was sie wohl zusammenträumt* I wonder what she is dreaming about
21. *v. Chr.* = *vor Christi* B.C.
21. *die Geburt der Venus* Birth of Venus, painting by Botticelli (1446-1510)
25. *was das ausmacht* what a difference that makes
28. *eine Belichtungssache: die Sache, -n* matter; *das Licht, -er* light; *die Belichtung* lighting, exposure (photography); a matter of lighting
30. *infolge einseitigen Lichteinfalls* because light fell upon one side only
35. *ihre Freude am Salat* her delight with the salad
37. *Brötchen: das Brot, -e* bread; *das Brötchen, -* roll; *Brötchen um Brötchen* roll after roll (*cf. Blatt um Blatt* leaf after leaf)

Brüstung und versuchte eine italienische Zeitung zu lesen, ich hatte sie satt, diese Sammlungen von steinernen Trümmern.

Ich kann es nicht ausstehen, wenn man mir sagt, was ich zu empfinden habe; dann komme ich mir, obschon ich sehe, wovon die Rede ist, wie ein Blinder vor.

Kopf einer schlafenden Erinnye.

Das war meine Entdeckung (im selben Seitensaal links) ohne Hilfe eines bayerischen Priesters; ich wußte allerdings den Titel nicht, was mich keineswegs störte, im Gegenteil, meistens stören mich die Titel, weil ich mich mit antiken Namen sowieso nicht auskenne, dann fühlt man sich wie im Examen ... Hier fand ich: Großartig, ganz großartig, beeindruckend, famos, tiefbeeindruckend. Es war ein steinerner Mädchenkopf, so gelegt, daß man drauf blickt wie auf das Gesicht einer schlafenden Frau, wenn man sich auf die Ellbogen stützt.

»Was sie wohl zusammenträumt –?«

Keine Art der Kunstbetrachtung, mag sein, aber es interessierte mich mehr als die Frage, ob viertes Jahrhundert oder drittes Jahrhundert v. Chr.... Als ich nochmals die Geburt der Venus besichtigte, sagt sie plötzlich: Bleib! Ich darf mich nicht rühren. Was ist los? frage ich. Bleib! sagt sie: Wenn du dort stehst, ist sie viel schöner, die Erinnye hier, unglaublich, was das ausmacht! Ich muß mich davon überzeugen, Sabeth besteht darauf, daß wir die Plätze wechseln. Es macht etwas aus, in der Tat, was mich aber nicht verwundert; eine Belichtungssache. Wenn Sabeth (oder sonst jemand) bei der Geburt der Venus steht, gibt es Schatten, das Gesicht der schlafenden Erinnye wirkt, infolge einseitigen Lichteinfalls, sofort viel wacher, lebendiger, geradezu wild.

»Toll«, sagt sie, »was das ausmacht!«

Das Mädchen gefiel mir, wenn wir in einem Ristorante saßen, jedesmal aufs neue, ihre Freude am Salat, ihre kinderhafte Art, Brötchen zu verschlingen, ihre Neugierde ringsherum, sie kaute Brötchen um Brötchen und blickte

5. *zogen's = zogen es*
12. *anzustoßen: an-stoßen, ie, o* to clink glasses
13. *schon gar nicht* not in the least
17. *mit Herrn Piper geht es trotzdem nicht* nevertheless it does not go with Mr. Piper = she could not get along with Mr. Piper
29. *Pech: das Pech* tar; *Pech haben (coll.)* to be unlucky
34. *Cassata* Italian ice cream

ringsherum, ihre festliche Begeisterung vor einem Hors d'œuvre, ihr Übermut –

Betreffend ihre Mama:

Wir rupften unsere Artischocken, tauchten Blatt um Blatt in die Mayonnaise und zogen's durch unsere Zähne, Blatt um Blatt, während ich einiges von der gescheiten Dame erfuhr, die ihre Mama ist. Ich war nicht sehr neugierig, offen gestanden, da ich intellektuelle Damen nicht mag. Ich erfuhr: sie hat eigentlich nicht Archäologie studiert, sondern Philologie; sie arbeitet aber in einem Archäologischen Institut, sie muß ja Geld verdienen, weil von Herrn Piper getrennt – ich wartete, mein Glas in der Hand, um anzustoßen; Herr Piper interessierte mich schon gar nicht, ein Mann, der aus Überzeugung in Ostdeutschland lebt. Ich hob mein Glas und unterbrach: Prosit! und wir tranken ...

Ferner erfuhr ich:

Mama ist auch mal Kommunistin gewesen, aber mit Herrn Piper geht es trotzdem nicht, daher die Trennung, das kann ich verstehen, und nun arbeitet Mama eben in Athen, weil sie das derzeitige Westdeutschland auch nicht mag, das kann ich verstehen, und Sabeth ihrerseits leidet an dieser Trennung keineswegs, im Gegenteil, sie hatte einen herrlichen Appetit, während sie davon erzählte, und trank von dem weißen Orvieto – der mir immer zu süß war, aber ihr Lieblingswein: *Orvieto Abboccato* ... Sie hat ihren Vater nicht allzu sehr geliebt, beziehungsweise ist Herr Piper gar nicht ihr Vater, denn Mama ist früher schon einmal verheiratet gewesen, Sabeth also ein Kind aus erster Ehe, ihre Mama hat Pech gehabt mit den Männern, so schien mir, vielleicht weil zu intellektuell, so dachte ich, sagte natürlich nichts, sondern bestellte nochmals ein halbes Fläschchen *Orvieto Abboccato*, und dann sprach man wieder über alles mögliche, über Artischocken, über Katholizismus, über Cassata, über die Schlafende Erinnye, über Verkehr, die Not unsrer Zeit, und wie man zur Via Appia kommt –

Sabeth mit ihrem Baedeker:

1. *Die* Via Appia, *die . . . Königin der Straßen.* The Appian way, the queen of roads (the magnificent road) built in 313 B.C. by the Censor Appius Claudius Caecus

7. *Schutthügel: der Hügel, -* hill; *der Schutt* ruins, rubble, debris; *der Schutthügel, -* rubble heap

20. *Hochzeitsreise: die Reise, -n* trip; *die Hochzeit, -en* wedding

22. *Tivoli hin oder her* never mind Tivoli; Tivoli, a town about 15 miles from Rome, beautifully situated and famous for its waterfalls and for the Villa d'Este. Tourist attraction.

24. *Wildfang: fangen, i, a* to catch; *der Fang* catch; *wild* wild; *das Wild* game; *der Wildfang* a caught, wild animal; *modern usage:* an untamed, hard-to-control person; *here:* hoyden, tomboy

30. *duldete: dulden* to tolerate; *sie duldete es nicht* she didn't put up with it

36. *allen Ernstes* seriously

»Die *Via Appia*, die 312 vor Christus vom Censor Appius
Claudius Caecus angelegte Königin der Straßen, führte
über Terracina nach Capua, von wo sie später bis Brindisi
verlängert wurde –«
Wir waren die Via Appia hinaus gepilgert, drei Kilometer
zu Fuß, wir lagen auf einem solchen Grabmal, Steinhügel,
Schutthügel mit Unkraut, worüber zum Glück nichts im
Baedeker steht. Wir lagen im Schatten einer Pinie und
rauchten eine Zigarette.
»Walter, schläfst du?«
Ich genoß es, nichts besichtigen zu müssen.
»Du«, sagt sie, »dort drüben ist Tivoli.«
Sabeth wie üblich in ihren schwarzen Cowboy-Hosen mit
den ehemals weißen Nähten, dazu ihre ehemals weißen
Espadrilles, obschon ich ihr ein Paar italienische Schuhe
gekauft hatte schon in Pisa.
»Interessiert es dich wirklich nicht?«
»Es interessiert mich wirklich nicht«, sagte ich, »aber ich
werde mir alles ansehen, mein Liebes. Was tut man nicht
alles auf einer Hochzeitsreise!«
Sabeth fand mich wieder zynisch.
Es genügte mir, im Gras zu liegen, Tivoli hin oder her,
Hauptsache: ihr Kopf an meiner Schulter.
»Du bist ein Wildfang«, sagte ich, »keine Viertelstunde
hast du Ruhe –«
Sie kniete und hielt Ausschau.
Man hörte Stimmen –
»Soll ich?« fragte sie, ihr Mund dabei, wie wenn man
spucken will. »Soll ich?«
Ich zog sie an ihrem Roßschwanz herunter, aber sie dulde-
te es nicht. Ich fand es auch schade, daß wir nicht allein
sind, aber nicht zu ändern. Auch nicht, wenn man ein
Mann ist! Ihre komische Idee immer: Du bist ein Mann!
Offenbar hatte sie erwartet, daß ich aufspringe und Steine
schleudere, um die Leute zu vertreiben wie eine Gruppe
von Ziegen. Sie war allen Ernstes enttäuscht, ein Kind, das

6. *schließen: schließen, o, o nach* to judge by; *nach den Stimmen zu schließen* to judge by the voices
9. *Campagna* low lying region surrounding the city of Rome, containing remains of Roman aqueducts and tombs
14. *Ausbruch aus einem Altersheim* breakout from a home for the elderly
21. *ein ganzer Autocar* a whole bus full
24. *in der Verkürzung* when foreshortened; *verkürzen* to foreshorten
28. *ihre Augenbogen* the arch of her eye sockets
37. *je vertrauter* the more intimate

ich als Frau behandelte, oder eine Frau, die ich als Kind
behandelte, das wußte ich selber nicht.

»Ich finde«, sagte sie, »das ist unser Platz!«

Offenbar waren es Amerikaner, ich hörte bloß die Stimmen, eine Gesellschaft, die um unser Grabmal schlenderte;
nach den Stimmen zu schließen, hätten es die Stenotypistinnen von Cleveland sein können.

Oh, isn't it lovely?

Oh, this is the Campagna?

Oh, how lovely here!

Oh, usw.

Ich richtete mich auf, um über das Gestrüpp zu spähen.
Die violetten Frisuren von Damen, dazwischen Glatzen
von Herren, die ihre Panama-Hüte abnehmen – Ausbruch
aus einem Altersheim! dachte ich, sagte es aber nicht.

»Unser Grabhügel«, sagte ich, »scheint doch ein berühmter
Grabhügel zu sein –«

Sabeth ganz ungehalten:

»Du, da kommen immer mehr!«

Sie stand, ich lag wieder im Gras.

»Du«, sagt sie, – »ein ganzer Autocar!«

Wie Sabeth über mir steht beziehungsweise neben mir: Ihre
Espadrilles, dann ihre bloßen Waden, ihre Schenkel, die noch
in der Verkürzung sehr schlank sind, ihr Becken in den straffen Cowboy-Hosen; sie hatte beide Hände in den Hosentaschen, als sie so stand. Ihre Taille nicht zu sehen; wegen
der Verkürzung. Dann ihre Brust und ihre Schultern, Kinn,
Lippen, darüber schon die Wimpern, ihre Augenbogen blaß
wie Marmor, weil Widerschein von unten, dann ihr Haar im
knallblauen Himmel, man hätte meinen können, es werde
sich im Geäst der schwarzen Pinie verfangen, ihr rötliches
Haar. So stand sie, während ich auf der Erde lag, im Wind.
Schlank und senkrecht, dabei sprachlos wie eine Statue.

»Du rauchst zuviel!« sagte ich. »Als ich in deinem Alter
war –«

Ihre Ähnlichkeit mit Hanna ist mir immer seltener in den
Sinn gekommen, je vertrauter wir uns geworden sind, das

3. *Ich musterte sie daraufhin* I looked at her closely
   with that in mind
12. *der Ludovisische Altar* Ludovisi Altar
14. *Ich ließ mich belehren* I let myself be instructed
16. *und überhaupt* and everything else
26. *zutage: zutage liegen, a, e* to lie exposed; *das alte
    Pflaster liegt mehrfach zutage* the old pavement lies
    exposed in several places
35. *Travertin* travertine: a beautifully colored stone,
    also known as onyx marble; *mit Travertin verkleidet*
    faced with travertine

Mädchen und ich. Seit Avignon überhaupt nicht mehr! Ich
wunderte mich höchstens, daß mir eine Ähnlichkeit mit
Hanna je in den Sinn gekommen ist. Ich musterte sie daraufhin. Von Ähnlichkeit keine Spur! Ich gab ihr Feuer,
obschon überzeugt, daß sie viel zu früh raucht, ein Kind   5
von zwanzig Jahren –
Dann immer ihr Spott:
»Du tust wie ein Papa!«
Vielleicht hatte ich (wieder einmal) daran gedacht, daß ich
für Sabeth, wenn sie sich auf meine Brust stützt und   10
mein Gesicht mustert, eigentlich ein alter Mann bin.
»Du«, sagte sie, »das ist also der Ludovisische Altar, was
uns heute vormittag so gefallen hat. Wahnsinnig berühmt!«
Ich ließ mich belehren.
Wir hatten unsere Schuhe ausgezogen, unsere bloßen Füße   15
auf der warmen Erde, ich genoß es, barfuß zu sein, und
überhaupt.
Ich dachte an unser Avignon. (Hotel Henri IV.)
Sabeth mit ihrem offenen Baedeker wußte von Anfang
an, daß ich ein Techniker bin, daß ich nach Italien fahre,   20
um mich zu erholen. Trotzdem las sie vor:
»Die *Via Appia*, die 312 vor Christus vom Censor Appius
Claudius Caecus angelegte Königin der Straßen –«
Heute noch höre ich ihre Baedeker-Stimme!
»Der interessantere Teil der Straße beginnt, das alte Pfla-   25
ster liegt mehrfach zutage, links die großartigen Bogen-
reihen der Aqua Marcia (vergleiche Seite 261).«
Dann blätterte sie jedesmal nach.
Einmal meine Frage:
»Wie heißt eigentlich deine Mama mit Vornamen?«   30
Sie ließ sich nicht unterbrechen.
»Wenige Minuten weiter das Grabmal der *Caecilia Metella*,
die bekannteste Ruine der Campagna, ein Rundbau von
zwanzig Meter Durchmesser, auf viereckiger Basis, mit
Travertin verkleidet. Die Inschrift auf einer Marmortafel   35
lautet: Caecilia Q. Cretici f(iliae) Metellae Crassi, der
Tochter des Metellus Cretius, Schwiegertochter des Trium-

163

1. *Triumvirn* member of the Triumvirate, in ancient Rome one of three members of a board or commission
1. *Trkg: Trinkgeld* tip
3. *hielt inne: inne-halten, ie, a* to stop
29. *Sie merkte mir nichts an* She didn't notice the effect (her answer) had on me
31. *zusammenfressen: zusammen-fressen, a, e* to eat large amounts indiscrimately
35. *verschwinden, a, u* to disappear: *here:* to go to the toilet, disappear behind the bushes

virn Crassus. Das Innere (Trkg.) enthielt die Grab-
kammern.«
Sie hielt inne und sann.
»Trkg. – was heißt denn das?«
»Trinkgeld«, sagte ich. »Aber ich habe dich etwas anderes   5
gefragt –«
»Entschuldigung.«
Sie klappte ihren Baedeker zusammen.
»Was hast du gefragt?«
Ich ergriff ihren Baedeker und öffnete ihn.   10
»Das dort drüben«, fragte ich, »das ist Tivoli?«
In der Ebene vor Tivoli mußte ein Flugplatz liegen, wenn
auch auf den Karten in diesem Baedeker nicht zu finden;
die ganze Zeit hörte man Motoren, genau dieses vibrie-
rende Summen wie über meinem Dachgarten am Central   15
Park West, ab und zu eine DC-7 oder Super-Constella-
tion, die über unsere Pinie flog, das Fahrgestell ausge-
schwenkt, um zur Landung anzusetzen und irgendwo in
dieser Campagna zu verschwinden.
»Dort muß der Flugplatz sein«, sagte ich.   20
Es interessierte mich tatsächlich.
»Was du gefragt hast?« fragte sie.
»Wie deine Mama eigentlich heißt.«
»Piper!« sagte sie. »Wie sonst?«
Ich meinte natürlich den Vornamen.   25
»Hanna.«
Sie hatte sich schon wieder erhoben, um über das Gestrüpp
zu spähen, ihre beiden Hände in den Hosentaschen, ihr
rötlicher Roßschwanz auf der Schulter. Sie merkte mir
nichts an.   30
»My goodness!« sagte sie. »Was die zusammenfressen da
unten, das nimmt ja kein Ende – jetzt fangen sie noch
mit Früchten an!«
Sie stampfte wie ein Kind.
»Herrgott«, sagte sie, »ich sollte verschwinden.«   35
Dann meine Fragen:
Hat Mama einmal in Zürich studiert?

16. *Mädchenname* maiden name
35. *Bilanz* stocktaking

Was?

Wann?

Ich fragte weiter, obschon das Mädchen, wie gesagt, verschwinden sollte. Ihre Antworten etwas unwillig, aber ausreichend.

»Walter, das weiß ich doch nicht!«

Es ging mir, versteht sich, um genaue Daten.

»Damals war ich noch nicht dabei!« sagte sie.

Es amüsierte sie, was ich alles wissen wollte. Ihrerseits keine Ahnung, was ihre Antworten bedeuten. Es amüsierte sie, aber das änderte nichts daran, daß Sabeth eigentlich verschwinden mußte. Ich saß, ich hatte ihren Unterarm gefaßt, damit sie nicht davonläuft.

»Bitte«, sagte sie, »bitte.«

Meine letzte Frage:

»Und ihr Mädchenname: – Landsberg?«

Ich hatte ihren Unterarm losgelassen. Wie erschöpft. Ich brauchte meine ganze Kraft, nur um dazusitzen. Vermutlich mit Lächeln. Ich hatte gehofft, daß sie nun davonläuft.

Stattdessen setzte sie sich, um ihrerseits Fragen zu stellen.

»Hast du Mama denn gekannt?«

Mein Nicken –

»Aber nein«, sagte sie, »wirklich?«

Ich konnte einfach nicht sprechen.

»Ihr habt euch gekannt«, sagte sie, »als Mama noch studiert hat?«

Sie fand es toll; nur toll.

»Du«, sagte sie beim Weggehen, »das werde ich ihr aber schreiben, Mama wird sich freuen –«

Heute, wo ich alles weiß, ist es für mich unglaublich, daß ich nicht schon damals, nach dem Gespräch an der Via Appia, alles wußte. Was ich gedacht habe in diesen zehn Minuten, bis das Mädchen zurückkam, weiß ich nicht. Eine Art von Bilanz, das schon. Ich weiß nur: Am liebsten wäre ich auf den Flugplatz gegangen. Kann sein, daß ich überhaupt nichts dachte. Eine Überraschung war es ja

4. *Frage: die Frage, -n* question; *in Frage kommen, a, o* to consider; *kam wohl nicht in Frage* was probably out of the question
18. *Aquaedukte: das Aquaedukt, -e* aqueduct: a conduct for carrying a large quantity of flowing water
20. *Kommunizierenden Röhre* communicating pipes
32. *so oder so* in one way or another
35. *Blick gradaus* = *geradeaus* she looked straight ahead
36. *machte ihr nichts aus* did not matter to her
36. *überhaupt nichts* not at all

nicht, bloß die Gewißheit. Ich schätze es, Gewißheit zu haben. Wenn sie einmal da ist, dann amüsiert sie mich fast. Sabeth: die Tochter von Hanna! Was mir dazu einfiel: eine Heirat kam wohl nicht in Frage. Dabei dachte ich nicht einen Augenblick daran, daß Sabeth sogar mein eignes Kind sein könnte. Es lag im Bereich der Möglichkeit, theoretisch, aber ich dachte nicht daran. Genauer gesagt, ich glaubte es nicht. Natürlich dachte ich daran: unser Kind damals, die ganze Geschichte, bevor ich Hanna verlassen habe, unser Beschluß, daß Hanna zu einem Arzt geht, zu Joachim – Natürlich dachte ich daran, aber ich konnte es einfach nicht glauben, weil zu unglaublich, daß dieses Mädchen, das kurz darauf wieder auf unseren Grabhügel zurückkletterte, mein eignes Kind sein soll.

»Walter«, fragte sie, »was ist los?«

Sabeth ganz ahnungslos.

»Weißt du«, sagte sie, »du rauchst auch zuviel!«

Dann unser Gespräch über Aquaedukte –

Um zu reden!

Meine Erklärung der Kommunizierenden Röhre.

»Jaja«, sagte sie, »das haben wir gehabt.«

Ihr Spaß, als ich beweise, daß die alten Römer, wären sie bloß im Besitz dieser Skizze auf meiner Zigarettenschachtel gewesen, mindestens 90% ihrer Maurerarbeit hätten sparen können.

Wir lagen wieder im Gras.

Die Flugzeuge über uns –

»Weißt du«, sagte sie, »eigentlich solltest du nicht zurückfliegen.«

Es war unser vorletzter Tag.

»Einmal müssen wir uns doch trennen, mein liebes Kind, so oder so –«

Ich beobachtete sie.

»Natürlich«, sagte sie – sie hatte sich aufgesetzt, um einen Halm zu nehmen, dann Blick gradaus; der Gedanke, daß wir uns trennen, machte ihr nichts aus, so schien mir, überhaupt nichts. Sie steckte den Halm nicht zwischen die

8. *mıt einer Dachbude: die Bude, -n* small room, pad;
   die Dachbude, -n garret
19. *du tust mir weh: weh tun, a, a* to hurt
24. *Es war an mir* It was up to me
34. *es geht nur um die Haare* her only worry was her
    hair

Zähne, sondern wickelte ihn um den Finger und sagte:
»Natürlich –«
Ihrerseits kein Gedanke an Heirat!
»Ob Mama sich noch an dich erinnert?«
Es amüsierte sie.
»Mama als Studentin«, sagte sie, »das kann ich mir nicht
vorstellen, weißt du, Mama als Studentin mit einer Bude,
sagst du, mit einer Dachbude – davon hat Mama nie
erzählt.«
Es amüsierte sie.
»Wie war sie denn?«
Ich hielt ihren Kopf so, daß sie sich nicht rühren konnte,
mit beiden Händen, wie man beispielsweise den Kopf ei-
nes Hundes hält. Ich spürte ihre Kraft, die ihr aber nichts
nützte, die Kraft ihres Nackens; meine Hände wie ein
Schraubstock. Sie schloß die Augen. Ich küßte nicht. Ich
hielt bloß ihren Kopf. Wie eine Vase, leicht und zerbrech-
lich, dann immer schwerer.
»Du«, sagte sie, »du tust mir weh –«
Meine Hände hielten ihren Kopf, bis sie langsam die Au-
gen aufmachte, um zu sehen, was ich eigentlich will: ich
wußte es selber nicht.
»Im Ernst«, sagte sie, »du tust mir weh!«
Es war an mir, irgendetwas zu sagen; sie schloß wieder
ihre Augen, wie ein Hund, wenn man ihn so festhält.
Dann meine Frage –
»Laß mich!« sagte sie.
Ich wartete auf Antwort.
»Nein«, sagte sie, »du bist nicht der erste Mann in meinem
Leben, das hast du doch gewußt –«
Nichts hatte ich gewußt.
»Nein«, sagte sie, »mach dir keine Sorge –«
Wie sie sich das gepreßte Haar aus den Schläfen strich,
man hätte meinen können, es geht nur um die Haare. Sie
nahm den Kamm aus ihrer schwarzen Cowboy-Hose, um
sich zu kämmen, während sie erzählte, beziehungsweise

1. *sondern nur so bekannt gab:* *bekannt geben, a, e* to announce; but casually stated
11. *blies sie den Kamm aus:* *der Kamm, ⸚e* comb; *aus-blasen, ie, a* to blow out, blow clean
21. *Ich nahm mich zusammen:* *sich zusammen-nehmen, a, o* to pull oneself together

nicht erzählte, sondern nur so bekannt gab: He's teaching in Yale. Sie hatte eine Spange zwischen den Zähnen.

»Und der andere«, sagte sie mit der Spange zwischen den Zähnen, während sie den Roßschwanz auskämmte, »den hast du ja gesehen.« 5

Gemeint war wohl der Pingpong-Jüngling.

»Er will mich heiraten«, sagte sie, »aber das war ein Irrtum von mir, weißt du, ich mag ihn gar nicht.«

Dann brauchte sie die Spange, nahm sie aus dem Mund, der nun offenblieb, dabei stumm, während sie sich zu Ende 10 kämmte. Dann blies sie den Kamm aus, Blick gegen Tivoli, und war fertig.

»Gehen wir?« fragte sie.

Eigentlich wollte ich nicht sitzenbleiben, sondern mich aufrichten, meine Schuhe holen, meine Schuhe anziehen, zu- 15 erst natürlich die Socken, dann die Schuhe, damit wir gehen können –

»Du findest mich schlimm?«

Ich fand gar nichts.

»Walter!« sagte sie – 20

Ich nahm mich zusammen.

»It's okay«, sagte ich, »it's okay.«

Dann zu Fuß auf der Via Appia zurück.

Wir saßen bereits im Wagen, als Sabeth nochmals damit anfing (»Du findest mich schlimm?«) und wissen wollte, 25 was ich die ganze Zeit denke – ich steckte das Schlüsselchen, um den Motor anzulassen.

»Komm«, sagte ich, »reden wir nicht.«

Ich wollte jetzt fahren.

Sabeth redete, während wir im Wagen saßen, ohne zu 30 fahren, von ihrem Papa, von Scheidung, von Krieg, von Mama, von Emigration, von Hitler, von Rußland –

»Wir wissen nicht einmal«, sagte sie, »ob Papa noch lebt.«

Ich stellte den Motor ab. 35

»Hast du den Baedeker?« fragte sie.

173

5. *im stillen* silently; to myself
7. *bis die Rechnung aufging* until my calculation worked out, balanced
9. *ich legte mir die Daten zurecht, bis die Rechnung wirklich stimmte* I juggled the dates until my reckoning made sense
11. *Pizzeria* pizza parlor
17. *ging nach Adam Riese: gehen, i, a nach* to go according to; *Adam Riese* author of the first German books on mathematics (1492–1559); *der Rest ging nach Adam Riese* the rest was easy
17. *bis mir ein Stein vom Herzen fiel* until a stone fell from my heart = till a weight was lifted from my heart
19. *geradezu witzig* positively sparkling
23. *Chianti* Italian wine
24. *die Stimmung war ganz groß* the spirit was great
25. *haben wir es toll: toll* mad; what a great time we're having, fantastic
29. *Alabaster-Halle* alabaster hall; ornate entrance hall
30. *gemäß unsrer eignen Anmeldung* as we had registered
33. *Grandhotel-Zimmer* room in a Grand-Hotel: luxurious

»Ich habe ihn gekannt«, sagte ich –

»Papa?«

»Joachim«, sagte ich, »ja –«

Vielleicht bin ich ein Feigling. Ich wagte nichts mehr zu
sagen, Joachim betreffend, oder zu fragen. Ich rechnete im
stillen (während ich redete, mehr als sonst, glaube ich)
pausenlos, bis die Rechnung aufging, wie ich sie wollte:
Sie konnte nur das Kind von Joachim sein! Wie ich's rechnete, weiß ich nicht; ich legte mir die Daten zurecht, bis
die Rechnung wirklich stimmte, die Rechnung als solche.
In der Pizzeria, als Sabeth eine Weile weggegangen war,
genoß ich es, die Rechnung auch noch schriftlich zu über-
prüfen. Sie stimmte; ich hatte ja die Daten (die Mitteilung von Hanna, daß sie ein Kind erwartet, und meine
Abreise nach Bagdad) so gewählt, daß die Rechnung
stimmte; fix blieb nur der Geburtstag von Sabeth, der Rest
ging nach Adam Riese, bis mir ein Stein vom Herzen fiel.
Ich weiß, daß das Mädchen mich an jenem Abend lustiger
fand als je, geradezu witzig. Wir saßen bis Mitternacht in
dieser volkstümlichen Pizzeria zwischen Pantheon und
Piazza Colonna, wo die Gitarrensänger, nachdem sie vor
den Touristen-Restaurants gebettelt hatten, ihre Pizza
essen und Chianti per Glas trinken; ich zahlte ihnen Runde um Runde, und die Stimmung war ganz groß.

»Walter«, sagte sie, »haben wir es toll!«

Auf dem Weg zu unserem Hotel (Via Veneto) waren wir
vergnügt, nicht betrunken, aber geradezu geistreich – bis
zum Hotel, wo man uns die große Glastüre hält und in
der Alabaster-Halle sofort die Zimmerschlüssel überreicht,
gemäß unsrer eignen Anmeldung:

»Mister Faber, Miß Faber – Goodnight!«

Ich weiß nicht, wie lange ich in meinem Zimmer stand,
ohne die Vorhänge zu ziehen, so ein Grandhotel-Zimmer:
viel zu groß, viel zu hoch. Ich stand, ohne mich auszu-
ziehen. Wie ein Apparat, der die Information bekommt:
Wasch dich! – aber nicht funktioniert.

»Sabeth«, fragte ich, »was ist los?«

2. *Sag's doch* = *Sag es doch* Come on, say it
7. *lieb haben* to love, be fond of. (The intensity of affection might be put in this progression: *gern haben* to like; *lieb haben* to be fond of, feel affection for; *lieben* to love; *leidenschaftlich lieben* to love with a passion.)
14. *eine Stop-Straße* a street with traffic lights
15. *im Leerlauf aufheulen: der Leerlauf* idling of a motor; *auf-heulen* to start howling; *die im Leerlauf aufheulen* that revved up while they were stationary
16. *Alfa Romeo* Italian car
16. *der . . . wie zu einem Rennstart ansetzt* which gets ready as at the start of a race
21. *Lausbüberei: der Bube, -n* boy; *die Laus, ⁼e* louse; *der Lausbube, -n* rascal, urchin; *die Lausbüberei* mischievousness
22. *das blecherne Dröhnen: das Blech* sheet metal, tin; *blechern* tinny; *dröhnen* to roar
34. *meinerseits nicht imstande* on my part not capable

Sie stand vor meiner Türe; ohne zu klopfen.

»Sag's doch!« sagte ich.

Sie stand barfuß und trug ihr gelbes Pyjama, darüber ihren schwarzen Kapuzenmantel; sie wollte nicht eintreten, sondern nur nochmals Gutnacht sagen. Ich sah ihre verheulten Augen –

»Warum soll ich dich nicht mehr lieb haben?« fragte ich.

»Wegen Hardy oder wie er heißt?«

Plötzlich ihr Schluchzen –

Später schlief sie, ich hatte sie zugedeckt, denn die Nacht durchs offene Fenster war kühl; die Wärme, scheint es, beruhigte sie, so daß sie wirklich schlief trotz Lärm draußen in der Straße, trotz ihrer Angst, daß ich fortgehe. Es mußte eine Stop-Straße sein, daher der Lärm: Motorräder, die im Leerlauf aufheulen, dann schalten, am schlimmsten ein Alfa Romeo, der immer wieder kommt und jedesmal wie zu einem Rennstart ansetzt, sein Hall zwischen den Häusern, kaum drei Minuten lang blieb es ruhig, dann und wann der Glockenschlag einer römischen Kirche, dann neuerdings Hupen, Stop mit quietschenden Pneus, Vollgas auf Leerlauf, sinnlos, Lausbüberei, dann wieder das blecherne Dröhnen, es schien wirklich der gleiche Alfa Romeo zu sein, der uns die ganze Nacht lang umkreiste. Ich wurde immer wacher. Ich lag neben ihr, nicht einmal die staubigen Schuhe und meine Krawatte hatte ich ausgezogen, ich konnte mich nicht rühren, da ihr Kopf an meiner Schulter lag. In den Vorhängen blieb der Schein einer Bogenlampe, die ab und zu wankte, und ich lag wie gefoltert, da ich mich nicht rühren konnte; das schlafende Mädchen hatte ihre Hand auf meine Brust gelegt, beziehungsweise auf meine Krawatte, so daß sie zog, die Krawatte. Ich hörte Stundenschlag um Stundenschlag, während Sabeth schlief, ein schwarzes Bündel mit heißem Haar und Atem, meinerseits nicht imstande, vorwärts zu denken. Dann wieder der Alfa Romeo, sein Hupen in den Gassen, Bremsen, Vollgas im Leerlauf, Schalten, sein blechernes Dröhnen in der Nacht –

177

6. *vorgemacht: vor-machen (with dat.)* to delude somebody
8. *Junggesellentum: der Junggeselle, –n* bachelor; *das Junggesellentum* state of being a bachelor, bachelor-hood
15. *Saint-Germain-des-Prés* church on the left bank of Paris
19. *auf eine Absicht schließen lassen: auf eine Absicht schließen, o, o* to suggest an intention
25. *gefaßt: gefaßt sein auf* to be prepared, ready for
30. *in einer Geraden* in a straight line
32. *aus der Ruhe: die Ruhe* tranquility; *aus der Ruhe bringen* to upset a person's tranquility
32. *was es mit einer Mondfinsternis auf sich hat* wnat a lunar eclipse is all about
36. *Rhone* French river

Was ist denn meine Schuld? Ich habe sie auf dem Schiff
getroffen, als man auf die Tischkarten wartete, ein Mädchen mit baumelndem Roßschwanz vor mir. Sie war mir
aufgefallen. Ich habe sie angesprochen, wie sich Leute auf
einem solchen Schiff eben ansprechen; ich habe dem Mäd-   5
chen nicht nachgestellt. Ich habe dem Mädchen nichts vorgemacht, im Gegenteil, ich habe offener mit ihr gesprochen,
als es sonst meine Art ist, beispielsweise über mein Junggesellentum. Ich habe einen Heiratsantrag gemacht, ohne
verliebt zu sein, und wir haben sofort gewußt, daß es   10
Unsinn ist, und wir haben Abschied genommen. Warum
habe ich sie in Paris gesucht! Wir sind zusammen in die
Opéra gegangen, und nachher nahmen wir noch ein Eis,
dann fuhr ich sie, ohne sie länger aufzuhalten, zu ihrem
billigen Hotel bei Saint Germain, ich habe ihr angeboten,   15
ihre Autostop-Fahrt mit mir zu machen, da ich den
Citröen von Williams hatte, und in Avignon, wo wir zum
ersten Mal übernachteten, wohnten wir selbstverständlich
(alles andere hätte auf eine Absicht schließen lassen, die
ich gar nicht hatte) im gleichen Hotel, aber nicht einmal   20
auf der gleichen Etage; ich dachte nicht einen Augenblick
daran, daß es dazu kommen würde. Ich erinnere mich genau. Es war die Nacht (13. V.) mit der Mondfinsternis,
die uns überraschte; ich hatte keine Zeitung gelesen, und
wir waren nicht darauf gefaßt. Ich sagte: Was ist denn mit   25
dem Mond los? Wir hatten im Freien gesessen, und es war
ungefähr zehn Uhr, Zeit zum Aufbrechen, da wir in der
Morgenfrühe weiterfahren wollten. Die bloße Tatsache,
daß drei Himmelskörper, Sonne und Erde und Mond, gelegentlich in einer Geraden liegen, was notwendigerweise   30
eine Verdunkelung des Mondes verursacht, brachte mich
aus der Ruhe, als wisse ich nicht ziemlich genau, was es mit
einer Mondfinsternis auf sich hat – ich zahlte, als ich den
runden Erdschatten auf dem Vollmond bemerkte, sofort
unseren Kaffee, und wir gingen Arm in Arm hinauf zur   35
Terrasse über der Rhone, um eine volle Stunde lang, nachwievor Arm in Arm, in der Nacht zu stehen und die ver-

179

13. *was die sachlich gerechtfertigte Vorstellung nahelegte:*
    nahe-legen   to bring to mind; which brought to
    mind the idea, justified by facts
22. *schlottern*   to shiver; *bis zum Schlottern*   to the
    point of shivering, until we shivered
27. *Diakonissin* deaconess; *here:* assistant in a hospital

ständliche Erscheinung zu verfolgen. Ich erklärte dem
Mädchen noch, wieso der Mond, vom Erdschatten gänzlich
überdeckt, trotzdem so viel Licht hat, daß wir ihn deutlich
sehen konnten, im Gegensatz zum Neumond, deutlicher
sogar als sonst: nicht als leuchtende Scheibe wie sonst,   5
sondern deutlich als Kugel, als Ball, als Körper, als Gestirn, als eine ungeheure Masse im leeren All, orange. Ich
erinnere mich nicht, was ich alles redete in jener Stunde.
Das Mädchen fand damals (daran erinnere ich mich) zum
ersten Mal, daß ich uns beide ernstnehme, und küßte mich   10
wie nie vorher. Dabei war es, als bloßer Anblick, eher
beklemmend, eine immerhin ungeheure Masse, die da im
Raum schwebt, beziehungsweise saust, was die sachlich
gerechtfertigte Vorstellung nahelegte, daß wir, die Erde,
ebenso im Finstern schweben, beziehungsweise sausen. Ich   15
redete von Tod und Leben, glaube ich, ganz allgemein,
und wir waren beide aufgeregt, da wir noch nie eine der-
maßen klare Mondfinsternis gesehen hatten, auch ich nicht,
und zum ersten Mal hatte ich den verwirrenden Eindruck,
daß das Mädchen, das ich bisher für ein Kind hielt, in   20
mich verliebt war. Jedenfalls war es das Mädchen, das in
jener Nacht, nachdem wir bis zum Schlottern draußen gestanden hatten, in mein Zimmer kam –

Dann das Wiedersehen mit Hanna.
(3. VI. in Athen.)   25
Ich erkannte sie schon, bevor ich erwacht war. Sie redete
mit der Diakonissin. Ich wußte, wo ich bin, und wollte
fragen, ob die Operation gemacht ist – aber ich schlief,
vollkommen erschöpft, ich verdurstete, aber ich konnte
es nicht sagen. Dabei hörte ich ihre Stimme, griechisch.   30
Man hatte mir Tee gebracht, aber ich konnte ihn nicht
nehmen; ich schlief, ich hörte alles und wußte, daß ich
schlief, und ich wußte: Wenn ich erwache, dann vor
Hanna.
Plötzlich die Stille –   35

181

13. *handeln: sich handeln um* to be a question of; *Es könnte sich um eine Ärztin handeln* She might be a doctor

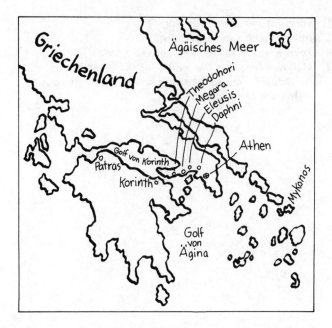

Mein Schrecken, das Kind sei tot.

Plötzlich liege ich mit offenen Augen: – das weiße Zimmer, ein Laboratorium, die Dame, die vor dem Fenster steht und meint, ich schlafe und sehe sie nicht. Ihr graues Haar, ihre kleine Gestalt. Sie wartet, beide Hände in den Taschen ihres Jacketts, Blick zum Fenster hinaus. Sonst niemand im Zimmer. Eine Fremde. Ihr Gesicht ist nicht zu sehen, nur ihr Nacken, ihr Hinterkopf, ihr kurzgeschnittenes Haar. Ab und zu nimmt sie ihr Taschentuch, um sich zu schneuzen, und steckt es sofort wieder zurück, beziehungsweise knüllt es in ihrer nervösen Hand zusammen. Sonst reglos. Sie trägt eine Brille, schwarz, Hornbrille. Es könnte sich um eine Ärztin handeln, eine Anwältin oder so etwas. Sie weint. Einmal greift sie mit der Hand unter ihre Hornbrille, als halte sie ihr Gesicht; eine ganze Weile. Dann braucht sie ihre beiden Hände, um das nasse Taschentuch nochmals aufzufalten, dann steckt sie's wieder ein und wartet, Blick zum Fenster hinaus, wo

183

1. *Sonnenstores* canvas awnings
6. *Indio* South American Indian
24. *keine Kreuzotter: die Kreuzotter, -n* viper, adder
37. *Mundschleimhaut: die Haut, ⁻ e* skin, membrane;
    der Schleim mucus; *die Mundschleimhaut* mucous
    membrane of the mouth

nichts zu sehen ist als Sonnenstores. Ihre Gestalt: sportlich, geradezu mädchenhaft, wären nicht ihre grauen oder
weißen Haare. Dann nimmt sie's nochmals, ihr Taschentuch, um die Brille zu putzen, dabei sehe ich endlich ihr
nacktes Gesicht, das braun ist – es könnte, abgesehen von   5
ihren blauen Augen, das Gesicht von einem alten Indio
sein.
Ich tat, als schliefe ich.
Hanna mit weißen Haaren!
Offenbar hatte ich tatsächlich nochmals geschlafen – eine   10
halbe Minute oder eine halbe Stunde, bis mein Kopf von
der Wand rutschte, so daß ich erschrak – sie sah, daß ich
wach bin. Sie sagte kein Wort, sondern blickte mich nur
an. Sie saß, ihre Beine verschränkt, und stützte ihren
Kopf, sie rauchte.   15
»Wie geht es?« fragte ich.
Hanna rauchte weiter.
»Hoffen wir das beste«, sagt sie, »es ist gemacht – hoffen
wir das beste.«
»Sie lebt?«   20
»Ja«, sagt sie –
Von Begrüßung kein Wort.
»Dr. Eleutheropulos war gerade hier«, sagt sie, »es ist
keine Kreuzotter gewesen, meint er –«
Sie füllte eine Tasse für mich.   25
»Komm«, sagt sie, »trink deinen Tee.«
Es kam mir (ohne Verstellung) nicht in den Sinn, daß man
sich zwanzig Jahre nicht mehr gesprochen hatte; wir rede-
ten über die Operation, die vor einer Stunde gemacht
worden war, oder nichts. Wir warteten gemeinsam auf   30
weitere Meldungen des Arztes.
Ich leerte Tasse um Tasse.
»Das weißt du«, sagt sie, »daß sie dir auch eine Injektion
gemacht haben?«
Davon hatte ich nichts gemerkt.   35
»Nur zehn Kubikzentimeter, nur prophylaktisch«, sagt
sie, »wegen der Mundschleimhaut.«

10. *daß ich nichts dafür kann*   that I can't help it, that I am not to blame
14. *Was hast Du gehabt mit dem Kind*   What have you had with the child = How far did you go with the child
25. *sog: aus-saugen, o, o*   to suck out
25. *wie vorgeschrieben*   as prescribed
26. *gegen das Herz hin*   towards the heart; *ab-binden, a, u* to apply a tourniquet; *daß man abbinden sollte gegen das Herz hin*   that a tourniquet should be applied between the wound and the heart

Hanna überhaupt sehr sachlich.

»Wie ist das gekommen?« fragt sie. »Ihr seid heute in Korinth gewesen?«

Ich fror.

»Wo hast du denn deine Jacke?«

Meine Jacke lag am Meer.

»Seit wann seid ihr in Griechenland?«

Ich staunte über Hanna; ein Mann, ein Freund, hätte nicht sachlicher fragen können. Ich versuchte auch sachlich zu antworten. Wozu hundertmal versichern, daß ich nichts dafür kann! Hanna machte ja keinerlei Vorwürfe, sondern fragte bloß, Blick zum Fenster hinaus. Sie fragte, ohne mich anzublicken:

»Was hast du gehabt mit dem Kind?«

Dabei war sie sehr nervös, ich sah es.

»Wieso keine Kreuzotter?« frage ich.

»Komm«, sagt sie, »trink deinen Tee!«

»Seit wann trägst du eine Brille?« frage ich –

Ich hatte die Schlange nicht gesehen, nur gehört, wie Sabeth schrie. Als ich kam, lag sie bewußtlos. Ich hatte gesehen, wie Sabeth gestürzt war, und lief zu ihr. Sie lag im Sand, bewußtlos infolge ihres Sturzes, vermutete ich. Dann erst sah ich die Bißwunde oberhalb der Brust, klein, drei Stiche nahe zusammen, ich begriff sofort. Sie blutete nur wenig. Natürlich sog ich die Wunde sofort aus, wie vorgeschrieben, wußte, daß man abbinden sollte gegen das Herz hin. Aber wie? Der Biß war oberhalb der linken Brust. Ich wußte: sofortiges Ausschneiden der Wunde beziehungsweise Ausbrennen. Ich schrie um Hilfe, aber ich war schon außer Atem, bevor ich die Straße erreicht hatte, die Verunglückte auf den Armen, das Stapfen im weichen Sand, dazu die Verzweiflung, als ich den Ford vorbeifahren sah, ich schrie, so laut ich konnte. Aber der Ford fuhr vorbei. Ich stand außer Atem, die Bewußtlose auf den Armen, die immer schwerer wurde, ich konnte sie kaum

2. *weit und breit* far and wide, anywhere
2. *verschnaufte: verschnaufen* to recover one's breath
3. *gekiestem Teer: der Teer* tar; *der Kies* gravel; *gekiest*
gravelled
16. *Ewigkeit: die Ewigkeit* eternity; *wurde zur Ewigkeit*
became an eternity
19. *Ziehbrunnen: der Brunnen, -* spring, well, fountain;
ziehen, o, o to pull; *der Ziehbrunnen, -* bucket-
well (a well in which a bucket is pulled up)
29. *dann los, ohne zu überlegen, weiter* then on, without thinking the matter over, onward

noch halten, weil sie in keiner Weise half. Es war die richtige Straße, aber kein Fahrzeug weit und breit. Ich verschnaufte, dann weiter auf dieser Straße mit gekiestem
Teer, zuerst Laufschritt, dann langsam und immer langsamer, ich war barfuß. Es war Mittag. Ich weinte und 5
ging, bis endlich dieser Zweiräder kam. Vom Meer herauf.
Ein Arbeiter, der nur griechisch redete, aber sofort verstand angesichts der Wunde. Ich saß auf dem holpernden
Karren, der mit nassem Kies beladen war, mein Mädchen
auf den Armen, so wie es gerade war, nämlich im Bad- 10
kleid (Bikini) und sandig. Es schüttelte den Kies, so daß
ich die Bewußtlose in den Armen tragen mußte weiterhin,
und es schüttelte auch mich. Ich bat den Arbeiter, geschwin-
der zu fahren. Der Esel gab nicht mehr Tempo als ein
Fußgänger. Es war ein ächzender Karren mit schiefen 15
wackligen Rädern, ein Kilometer wurde zur Ewigkeit; ich
saß so, daß ich rückwärts schaute. Aber von einem Auto
keine Spur. Ich verstand nicht, was der Grieche redete,
warum er stoppte bei einem Ziehbrunnen, er band den
Esel an; dazu Zeichen, ich sollte warten. Ich beschwor ihn, 20
weiterzufahren und keine Zeit zu verlieren; ich wußte
nicht, was er im Sinn hatte, als er mich allein auf dem Kieskarren ließ, allein mit der Verunglückten, die Serum
brauchte. Ich sog neuerdings ihre Wunde aus. Offenbar
ging er zu den Hütten, um Hilfe zu holen. Ich wußte nicht, 25
wie er sich das vorstellte, Hilfe mit Kräutern oder Aberglauben oder was weiß ich. Er pfiff, dann ging er weiter,
da keinerlei Antwort aus den Hütten. Ich wartete ein paar
Minuten, dann los, ohne zu überlegen, weiter, die Verunglückte auf den Armen, zuerst wieder im Laufschritt, bis 30
ich neuerdings außer Atem war. Ich konnte einfach nicht
mehr. Ich legte sie an die Straßenböschung, weil Laufen
sowieso sinnlos; ich konnte sie ja nicht nach Athen tragen.
Entweder kam ein Motorfahrzeug, das uns aufnimmt, oder
es kam nicht. Als ich wieder ihre kleine Wunde oberhalb 35
der Brust aussog, sah ich, daß Sabeth langsam zum Bewußtsein kommt: ihre Augen weit offen, aber ohne Blick,

19. *Omega-Uhr* expensive Swiss watch
29. *Er ließ es sich einfach nicht nehmen, unser Retter zu sein* he insisted on being our savior
30. *In der Steigerung nach Daphni kamen wir kaum voran* On the incline (ascending road) towards Daphni we hardly progressed

sie klagt nur über Durst, ihre Stimme vollkommen heiser, ihr Puls sehr langsam, dann Erbrechen, dazu Schweiß. Ich sah jetzt die bläulich-rote Schwellung um ihre Wunde. Ich lief, um Wasser zu suchen. Ringsum nichts als Ginster, Disteln, Oliven auf einem trockenen Acker, kein Mensch, ein paar Ziegen im Schatten, ich konnte rufen und schreien, soviel ich wollte – es war Mittag, Totenstille, ich kniete neben Sabeth; sie war nicht bewußtlos, nur sehr schläfrig, wie gelähmt. Zum Glück sah ich den Lastwagen noch zeitig genug, so daß ich auf die Straße laufen konnte; er stoppte, ein Lastwagen mit einem Bündel langer Eisenröhren. Sein Fahrziel war nicht Athen, sondern Megara, immerhin unsere Richtung. Ich saß nun neben dem Fahrer, die Verunglückte auf meinen Armen. Das Scheppern der langen Röhren, dazu das mörderische Tempo; kaum dreißig Stundenkilometer auf gerader Strecke! Ich hatte meine Jacke am Meer, mein Geld in der Jacke – in Megara, wo er stoppte, gab ich dem Fahrer, der ebenfalls nur Griechisch versteht, meine Omega-Uhr, damit er unverzüglich weiterfährt, ohne seine Röhren abzuladen. In Eleusis, wo er tanken mußte, ging wieder eine Viertelstunde verloren. Ich werde diese Strecke nie vergessen. Ob er fürchtete, daß ich meine Omega-Uhr zurückfordere, wenn ich mit einem schnelleren Vehikel weiterfahren könnte, oder was er sich dabei dachte, weiß ich nicht; jedenfalls verhinderte er es zweimal, daß ich umstieg. Einmal war es ein Bus, ein Pullman, einmal eine Limousine, die ich mit Winken hatte stoppen können; mein Fahrer redete griechisch, und die andern fuhren weiter. Er ließ es sich einfach nicht nehmen, unser Retter zu sein, dabei war er ein miserabler Fahrer. In der Steigung nach Daphni kamen wir kaum voran. Sabeth schlief, und ich wußte nicht, ob sie ihre Augen je wieder aufmachen würde.

– – –

Der Arzt, der das Mädchen behandelt hatte, beruhigte uns. Er verstand englisch und antwortete griechisch; Hanna

191

3. *Einzigrichtige: richtig* correct, right; *einzig* only, sole; *das Einzigrichtige* the only right thing

6. *Fachmann: das Fach, ⁼er* area of expertise; cubbyhole; *der Fachmann, ⁼er* expert

11. *verschwitzt und verstaubt: der Staub* dust; *verstaubt* dusty; *der Schweiß* sweat; *verschwitzt* sweaty

13. *zu schweigen von meinem Hemd: das Hemd, –en* shirt; *schweigen, ie, ie* to be silent; not to mention my shirt

13. *Landstreicher: das Land, ⁼er* land, countryside; *streichen, i, i* to wander, rove; *der Landstreicher, -* tramp

26. *bestand: bestehen, a, a auf* to insist on

35. *Zeitlupentempo* slow-motion speed (as of a movie camera)

übersetzte mir das Wichtige, seine Erklärung, warum keine Kreuzotter, sondern eine Viper (Aspisviper), seines Erachtens hatte ich das Einzigrichtige unternommen: Transport ins Hospital. Von den volkstümlichen Maßnahmen (Aussaugen der Bißwunde, Ausschneiden oder Ausbrennen, Abschnüren der betroffenen Gliedmaßen) hielt er als Fachmann nicht viel; zuverlässig nur die Serum-Injektion innerhalb drei bis vier Stunden, das Ausschneiden der Bißwunde nur als zusätzliche Maßnahme.

Er wußte nicht, wer ich bin.

Ich war auch in einem Zustand; verschwitzt und verstaubt, wie der Arbeiter auf dem Kieskarren, dazu Teer an den Füßen, zu schweigen von meinem Hemd, ein Landstreicher, barfuß und ohne Jacke, der Arzt kümmerte sich um meine Füße, die er der Diakonissin überließ und redete nur mit Hanna, bis Hanna mich vorstellte.

»Mister Faber is a friend of mine.«

Was mich beruhigte: Die Mortalität bei Schlangenbiß (Kreuzotter, Vipern aller Art) beträgt drei bis zehn Prozent, sogar bei Biß von Kobra nicht über fünfundzwanzig Prozent, was in keinem Verhältnis steht zu der abergläubischen Angst vor Schlangen, die man allgemein noch hat.

Hanna war auch ziemlich beruhigt –

Wohnen konnte ich bei Hanna.

Ich wollte aber das Hospital nicht verlassen, ohne das Mädchen gesehen zu haben, ich bestand darauf, das Mädchen zu sehen, wenn auch nur für eine Minute, und fand Hanna (der Arzt willigte sofort ein!) sehr sonderbar – sie ließ mich, als wollte ich ihr die Tochter stehlen, nicht eine Minute lang im Krankenzimmer.

»Komm«, sagt sie, – »sie schläft jetzt.«

Vielleicht ein Glück, daß das Kind uns nicht mehr erkannt hat; sie schlief mit offenem Mund (sonst nicht ihre Art) und war sehr blaß, ihr Ohr wie aus Marmor, sie atmete in Zeitlupentempo, jedoch regelmäßig, sozusagen zufrieden, und einmal, während ich vor ihrem Bett stand, dreht sie den Kopf nach meiner Seite. Aber sie schlief.

6. *Grüß dich* South German and Swiss greeting: Hi
9. *schon* adds a special flavor to the sentence; the
   English equivalent might be "really" or "I must
   say": *Sie glich ihrer Tochter schon sehr* She re-
   sembled her daughter, I must say
19. *Dazwischen ihre Hinweise: der Hinweis, -e auf*
   reference to; *hin-weisen, ie, ie* to point out; In between her pointing out
22. *Wieso gerade Elisabeth* Why Elisabeth of all names
24. *Nun heißt sie eben Elisabeth, nichts zu machen* So
   now she is called Elizabeth, nothing one can do about
   that
31. *Balkan* Balkans: Bulgarian mountain range;
   Balkan used here as a derogatory remark: like
   something in the Balkans
33. *levantinisch* Levantine; Levant; collective name for
   the countries of the eastern shore of the Mediterranean
   from Egypt to Turkey

»Komm«, sagt Hanna, »laß sie!«
Ich wäre lieber in irgendein Hotel gefahren. Warum sagte
ich's nicht? Vielleicht wäre es Hanna auch lieber gewesen.
Wir hatten einander noch nicht einmal die Hand gegeben.
Im Taxi, als es mir bewußt wurde, sagte ich: 5
»Grüß dich!«
Ihr Lächeln, wie stets über meine verfehlten Witze: mit
einem Rümpfen ihrer Stirne zwischen den Brauen.
Sie glich ihrer Tochter schon sehr.
Ich sagte natürlich nichts.   10
»Wo hast du Elsbeth kennengelernt?« fragt sie. »Auf dem
Schiff?«
Sabeth hatte geschrieben: von einem älteren Herrn, der ihr
auf dem Schiff, kurz vor Le Havre, einen Heiratsantrag
gemacht habe.   15
»Stimmt das?« fragt sie.
Unser Taxi-Gespräch: lauter Fragen, keine Antworten.
Wieso ich sie Sabeth nenne? Als Frage auf meine Frage:
Wieso Elsbeth? Dazwischen ihre Hinweise: Das Dionysos-
Theater. Wieso ich sie Sabeth nenne: weil Elisabeth, fand   20
ich, ein unmöglicher Name ist. Dazwischen wieder ein
Hinweis auf kaputte Säulen. Wieso gerade Elisabeth? Ich
würde nie ein Kind so nennen. Dazwischen Stoplichter, die
üblichen Stockungen. Nun heißt sie eben Elisabeth, nichts
zu machen, auf Wunsch ihres Vaters. Dazwischen redete sie   25
mit dem Fahrer, der einen Fußgänger beschimpfte, griechisch, ich hatte den Eindruck, wir fahren im Kreis herum
und es machte mich nervös, obschon wir jetzt, plötzlich,
Zeit hatten; dann ihre Frage:
»Hast du Joachim je wiedergesehen?«   30
Ich fand Athen eine gräßliche Stadt, Balkan, ich konnte
mir nicht vorstellen, wo man hier wohnt, Kleinstadt, teilweise sogar Dorf, levantinisch, Gewimmel von Leuten
mitten auf der Straße, dann wieder Einöde, Ruinen, dazwischen Imitation von Großstadt, gräßlich, wir hielten   35
kurz nach ihrer Frage.
»Hier?« frage ich –

15. *ab und zu*   now and then
16. *duzt: duzen*   to use the intimate form of address
    du   (*cf. siezen*)

»Nein«, sagt sie, »ich komme gleich.«

Es war das Institut, wo Hanna arbeitet, und ich mußte im Taxi warten, ohne eine Zigarette zu haben; ich versuchte Anschriften zu lesen und kam mir wie ein Analphabet vor, völlig verloren.

Dann zurück zur Stadt –

Als sie aus dem Institut gekommen war, hatte ich Hanna, offen gestanden, nicht wieder erkannt; sonst hätte ich die Taxi-Türe selbstverständlich geöffnet

Dann ihre Wohnung.

»Ich geh voran«, sagt sie.

Hanna geht voran, die Dame mit grauem und kurzge-schnittenem Haar, mit Hornbrille, die Fremde, aber Mut-ter von Sabeth beziehungsweise Elsbeth (sozusagen meine Schwiegermutter!), ab und zu wundert es mich, daß man sich so ohne weiteres duzt.

»Komm«, sagt sie, »mach es dir bequem.«

Wiedersehen nach zwanzig Jahren, damit hatte ich nicht gerechnet, Hanna auch nicht, übrigens hat sie recht: es sind einundzwanzig Jahre, genau gerechnet.

»Komm«, sagt sie, »setz dich.«

Meine Füße schmerzten.

Ich wußte natürlich, daß sie ihre Frage (»Was hast du gehabt mit dem Mädchen?«) früher oder später wiederholen wird, und ich hätte schwören können: nichts! – ohne zu lügen, denn ich glaubte es selbst nicht, sowie ich Hanna vor mir sah.

»Walter«, sagt sie, »warum setzt du dich nicht?«

Mein Trotz, zu stehen –

Hanna zog die Sonnenstores herauf.

Hauptsache, daß das Kind gerettet ist! – ich sagte es mir ununterbrochen, während ich irgendetwas redete oder schwieg, Zigaretten von Hanna rauchte; sie räumte Bücher aus den Sesseln, damit ich mich setzen könnte.

»Walter«, fragt sie, »hast du Hunger?«

Hanna als Mutter –

Ich wußte nicht, was denken.

2. *Akropolis* the citadel of Athens upon which the
   Parthenon is built
3. *Lykabettos* Mount Lycabettos in Athens
14. *überhaupt den Geist* all intellectual activity in fact
18. *was mich bei Hanna wunderte* which surprised me
    in the case of Hanna
27. *Gewissensbisse: der Biß, (-ss)e* bite; *das Gewissen*
    conscience; *die Gewissensbisse* pangs of conscience
33. *Der Piper* Piper (The definite article is quite often
    used with proper names, such as *der Heinrich, der
    Willi Brandt.* This practice gives a substantive quality,
    a solid identity, to the person named.)
37. *nicht großartig, aber immerhin* nothing on a grand
    scale, but nevertheless (admirable)

»Eine hübsche Aussicht«, sage ich, »was du hier hast! Das
also ist diese berühmte Akropolis?«
»Nein«, sagte sie, »das ist der Lykabettos.«
Sie hatte immer schon diese Art, geradezu eine Manie,
noch in Nebensachen ganz genau zu sein: Nein, das ist
der Lykabettos!
Ich sage es ihr:
»Du hast dich nicht verändert!«
»Meinst du?« fragt sie. »Hast du dich verändert?«
Ihre Wohnung: wie bei einem Gelehrten, (auch das habe
ich offenbar gesagt; später hat Hanna, in irgendeinem Ge-
spräch über Männer, meinen damaligen Ausspruch von der
Gelehrten-Wohnung zitiert als Beweis dafür, daß auch ich
die Wissenschaft für ein männliches Monopol halte, über-
haupt den Geist), – alle Wände voller Bücher, ein Schreib-
tisch voller Scherben mit Etiketten versehen, im übrigen
fand ich auf den ersten Blick nichts Antiquarisches, im Ge-
genteil, die Möbel waren durchaus modern, was mich bei
Hanna wunderte.
»Hanna«, sage ich, »du bist ja fortschrittlich geworden!«
Sie lächelte bloß.
»Ich meine es im Ernst!« sage ich –
»Noch immer?« fragt sie.
Manchmal verstand ich sie nicht.
»Bist du noch immer fortschrittlich?« fragt sie, und ich war
froh, daß Hanna wenigstens lächelte.... Ich sah schon: die
üblichen Gewissensbisse, die man sich macht, wenn man ein
Mädchen nicht geheiratet hat, erwiesen sich als überflüssig.
Hanna brauchte mich nicht. Sie lebte ohne eigenen Wagen,
aber dennoch zufrieden; auch ohne Television.
»Eine hübsche Wohnung«, sage ich, »was du da hast –«
Ich erwähnte ihren Mann.
»Der Piper«, sagt sie.
Auch ihn brauchte sie nicht, schien es, nicht einmal ökonomisch. Sie lebte seit Jahren von ihrer eignen Arbeit (wor-
unter ich mir heute noch nichts Genaues vorstellen kann,
offen gestanden) nicht großartig, aber immerhin. Ich sah

1. *bestehen können: bestehen, a, a* to pass (a test);
    Ihre Kleidung hätte sogar vor Ivy bestehen können
    Her clothes could even have passed Ivy's scrutiny
11. *mein Hemd ging auch nicht* my shirt wasn't pre-
    sentable either
14. *Sie deckte den Tisch: den Tisch decken* to set the
    table
20. *hantierte: hantieren* to bustle about
31. *wegen damals* because of the past (days long since
    past)
35. *Sie lachte: lachen* to laugh; *jemanden aus-lachen*
    to laugh at somebody; *Sie lachte mich geradezu aus*
    She plainly laughed at me

es. Ihre Kleidung hätte sogar vor Ivy bestehen können, und abgesehen von einer archaischen Wanduhr mit zersprungenem Zifferblatt ist ihre Wohnung, wie gesagt, durchaus modern.

»Und wie geht's denn dir?« fragt sie.

Ich trug eine fremde Jacke, die man mir im Hospital geliehen hatte, und es störte mich, eine Jacke, die mir zu groß war, ich spürte es schon die ganze Zeit: zu weit, da ich mager bin, und dabei zu kurz, Ärmel wie von einer Bubenjacke. Ich zog sie sofort aus, als Hanna in die Küche ging; jedoch mein Hemd ging auch nicht, weil blutig.

»Wenn du ein Bad nehmen willst«, sagt Hanna, »bevor ich koche – «

Sie deckte den Tisch.

»Ja«, sagte ich, »ich habe geschwitzt –«

Sie war rührend, dabei immer sachlich; sie stellte den Gasbrenner an und erklärte, wie man abstellt, und brachte ein frisches Frottiertuch, Seife.

»Wie geht's deinen Füßen?« fragt sie.

Dabei hantierte sie immer.

»Wieso ins Hotel?« fragt sie. »Das ist doch selbstverständlich, daß du hier wohnen kannst –«

Ich fühlte mich sehr unrasiert.

Das Bad füllte sich nur sehr langsam und dampfte, Hanna ließ kaltes Wasser hinzu, als könnte ich es nicht selber tun; ich saß auf einem Hocker, untätig wie ein Gast, meine Füße schmerzten sehr, Hanna öffnete das Fensterchen, im Dampf sah ich nur noch ihre Bewegungen, die sich nicht verändert haben, überhaupt nicht.

»Ich habe immer gemeint, du bist wütend auf mich«, sage ich, »wegen damals.«

Hanna nur verwundert.

»Wieso wütend? Weil wir nicht geheiratet haben?« sagt sie. »Das wäre ein Unglück gewesen –«

Sie lachte mich geradezu aus.

»Im Ernst«, sagt sie, »das hast du wirklich gemeint, daß ich wütend bin, Walter, einundzwanzig Jahre lang?«

30. *Sarkophag* sarcophagus: tomb
30. *etruskisch* etruscan

Mein Bad war voll.

»Wieso ein Unglück?« frage ich –

Sonst haben wir nie wieder über die Heiratsgeschichte von damals gesprochen. Hanna hatte recht, wir hatten andere Sorgen.

»Hast du das gewußt?« frage ich, »daß die Mortalität bei Schlangenbiß nur drei bis zehn Prozent beträgt?«

Ich war erstaunt.

Hanna hält nichts von Statistik, das merkte ich bald. Sie ließ mich einen ganzen Vortrag halten – damals im Badezimmer – über Statistik, um dann zu sagen:

»Dein Bad wird kalt.«

Ich weiß nicht, wie lange ich in jenem Bad gelegen habe, meine verbundenen Füße auf dem Rand der Wanne – Gedanken über Statistik, Gedanken an Joachim, der sich erhängt hat, Gedanken in die Zukunft, Gedanken, bis mich fröstelte, ich wußte selbst nicht, was ich dachte, ich konnte mich sozusagen nicht entschließen, zu wissen, was ich denke. Ich sah die Fläschchen und Dosen, Tuben, lauter damenhafte Utensilien, ich konnte mir Hanna schon nicht mehr vorstellen, Hanna damals, Hanna heute, eigentlich keine von beiden. Ich fröstelte, aber ich hatte keine Lust, mein blutiges Hemd nochmals anzuziehen – ich antwortete nicht, als Hanna mich rief.

Was mit mir los sei?

Ich wußte es selbst nicht.

Ob Tee oder Kaffee?

Ich war erschöpft von diesem Tag, daher meine Entschlußlosigkeit, was sonst nicht meine Art ist, und daher die Spintisiererei (die Badewanne als Sarkophag; etruskisch!), geradezu ein Delirium von fröstelnder Entschlußlosigkeit –

»Ja«, sage ich, »ich komme.«

Eigentlich hatte ich nicht im Sinn gehabt, Hanna wiederzusehen; nach unserer Ankunft in Athen wollte ich sofort auf den Flugplatz hinaus –

Meine Zeit war abgelaufen.

Wie ich den Citröen, den Williams mir geliehen hatte und

1. *Bari* city in Southern Italy
20. *als wäre nichts dabei* as though nothing had happened
22. *Dank* Thanks to
24. *Derartiges* things like that
35. *herausgerutscht: heraus-rutschen* to slip out

der in Bari stand, nach Paris zurückbringe, war mir rätselhaft. Ich wußte nicht einmal den Namen der betreffenden Garage!

»Ja!« rufe ich. »Ich komme!«

Dabei blieb ich liegen.

Die Via Appia –

Die Mumie im Vatikan –

Mein Körper unter Wasser –

Ich halte nichts von Selbstmord, das ändert ja nichts daran, daß man auf der Welt gewesen ist, und was ich in dieser Stunde wünschte: Nie gewesen sein!

»Walter«, fragt sie, »kommst du?«

Ich hatte die Badezimmertüre nicht abgeschlossen, und Hanna (so dachte ich) könnte ohne weiteres eintreten, um mich von rückwärts mit einer Axt zu erschlagen; ich lag mit geschlossenen Augen, um meinen alten Körper nicht zu sehen –

Hanna telefonierte.

Warum ging's nicht ohne mich!

Später, im Laufe des Abends, redete ich wieder, als wäre nichts dabei. Ohne Verstellung; es war eigentlich nichts dabei, Hauptsache, daß Sabeth gerettet war. Dank Serum. Ich fragte Hanna, wieso sie nicht an Statistik glaubt, statt dessen aber an Schicksal und Derartiges.

»Du mit deiner Statistik!« sagt sie. »Wenn ich hundert Töchter hätte, alle von einer Viper gebissen, dann ja! Dann würde ich nur drei bis zehn Töchter verlieren. Erstaunlich wenig! Du hast vollkommen recht.«

Ihr Lachen dabei.

»Ich habe nur ein einziges Kind!« sagt sie.

Ich widersprach nicht, trotzdem bekamen wir beinahe Streit, plötzlich hatten wir die Nerven verloren. Es begann mit einer Bemerkung meinerseits.

»Hanna«, sage ich, »du tust wie eine Henne!«

Es war mir so herausgerutscht.

»Entschuldige«, sage ich, »aber es ist so!«

Ich merkte erst später, was mich ärgerte: – Ich war aus

17. *tat sehr merkwürdig: merwürdig tun, a, a* to act strangely
29. *auch wenn sie noch so intellektuell sind* no matter how intellectual they are
31. *ein Wort gab das andere* one word led to another
32. *außer sich* beside herself

dem Bad gekommen, Hanna am Telefon, sie hatte das
Hospital angerufen, während ich im Badezimmer war – sie
redete mit Elsbeth.
Ich hörte alles, ohne zu wollen.
Kein Wort über mich –   5
Sie redete, als gebe es nur Hanna, die Mutter, die um Sa-
beth gebangt hatte und sich freute, daß das Mädchen sich
langsam wohler fühlte, sogar reden konnte, sie redeten
deutsch, bis ich ins Zimmer trat, dann wechselte Hanna
auf griechisch. Ich verstand kein Wort. Dann hängte sie   10
den Hörer auf.
»Wie geht es?« frage ich.
Hanna sehr erleichtert –
»Hast du gesagt«, frage ich, »daß ich hier bin?«
Hanna nahm sich eine Zigarette.   15
»Nein«, sagt sie.
Hanna tat sehr merkwürdig, und ich glaubte es einfach
nicht, daß das Mädchen nicht nach mir gefragt hätte;
mindestens hatte ich ein Recht darauf, scheint mir, alles
zu wissen, was gesprochen worden war.   20
»Komm«, sagt Hanna, »essen wir etwas.«
Was mich wütend machte: ihr Lächeln, als hätte ich kein
Recht darauf, alles zu wissen.
»Komm«, sagt Hanna, »setz dich.«
Ich setzte mich aber nicht.   25
»Wieso bist du gekränkt, wenn ich mit meinem Kind
spreche?« sagt sie. »Wieso?«
Sie tat wirklich (wie es die Art aller Frauen ist, vermute
ich, auch wenn sie noch so intellektuell sind) wie eine
Henne, die ihr Junges unter die Flügel nehmen muß; da-   30
her meine Bemerkung mit der Henne, ein Wort gab das
andere, Hanna war außer sich wegen meiner Bemerkung,
weibischer als ich sie je gesehen habe. Ihr ewiges Ar-
gument:
»Sie ist mein Kind, nicht dein Kind.«   35
Daher meine Frage:
»Stimmt es, daß Joachim ihr Vater ist?«

207

12. *Tränensäcke: der Sack, ⁼e* bag; *die Träne, -n* tear;
    ihre Tränensäcke the bags under her eyes
13. *Krähenfüßen: der Fuß, ⁼e* foot; *die Krähe, -n*
    crow; *die Krähenfüße* crow's-feet
14. *Ihr Alter stand ihr eigentlich sehr gut* Her age was
    really very becoming to her

Darauf keine Antwort.

»Laß mich!« sagt sie. »Was willst du überhaupt von mir?
Ich habe Elsbeth ein halbes Jahr lang nicht gesehen, plötzlich dieser Anruf vom Hospital, ich komme und finde sie
bewußtlos – weiß nicht, was geschehen ist.«

Ich nahm alles zurück.

»Du«, sagt sie, »du – was hast du zu sprechen mit meiner
Tochter? Was willst du überhaupt von ihr? Was hast du
mit ihr?«

Ich sah, wie sie zitterte.

Hanna ist alles andere als eine alte Frau, aber ich sah natürlich ihre mürbe Haut, ihre Tränensäcke, ihre Schläfen
mit Krähenfüßen, die mich nicht störten, aber ich sah sie.
Hanna war magerer geworden, zarter. Ihr Alter stand
ihr eigentlich sehr gut, fand ich, vor allem im Gesicht,
abgesehen von der Haut unter ihrem Kinn, die mich an
die Haut von Eidechsen erinnert – Ich nahm alles zurück.

Ich verstand ohne weiteres, daß Hanna an ihrem Kind
hängt, daß sie die Tage gezählt hat, bis das Kind wieder
nach Hause kommt, und daß es für eine Mutter nicht
leicht ist, wenn das Kind, das einzige, zum ersten Mal in
die Welt hinaus reist.

»Sie ist ja kein Kind mehr«, sagt sie, »ich selber habe sie
ja auf diese Reise geschickt, eines Tages muß sie ja ihr
eigenes Leben führen, das ist mir klar, daß sie eines Tages
nicht wiederkommt –«

Ich ließ Hanna sprechen.

»Das ist nun einmal so«, sagt sie, »wir können das Leben nicht in unseren Armen behalten, Walter, auch du
nicht.«

»Ich weiß!« sage ich.

»Warum versuchst du es denn?« fragt sie.

Ich verstand Hanna nicht immer.

»Das Leben geht mit den Kindern«, sagt sie –

Ich hatte mich nach ihrer Arbeit erkundigt.

»Das ist nun einmal so«, sagt sie, »wir können uns nicht
mit unseren Kindern nochmals verheiraten.«

18. *Scherbenarbeit: die Arbeit, -en* work; *die Scherbe, -n* fragment (of pots, glass); *die Scherbenarbeit* patching up fragments
28. *Warum es mit Joachim nicht gegangen war* Why it did not work out with Joachim
32. *versprochen: sich versprechen, a, o* to expect; *Hanna hat sich vielleicht zuviel versprochen* Hanna possibly expected too much
37. *borniert* intellectually limited, narrow-minded

Keine Antwort auf meine Frage.

»Walter«, fragt sie, »wie alt bist du jetzt?«

Dann eben ihr Ausspruch: sie habe nicht hundert Töchter, sondern eine einzige (was ich wußte), und ihre Tochter hätte nur ein einziges Leben (was ich ebenfalls wußte) wie jeder Mensch; auch sie, Hanna, hätte nur ein einziges Leben, ein Leben, das verpfuscht sei, und auch ich (ob ich es wisse?) hätte nur ein einziges Leben.

»Hanna«, sage ich, »das wissen wir.«

Unser Essen wurde kalt.

»Wieso verpfuscht?« frage ich.

Hanna rauchte. Statt zu essen.

»Du bist ein Mann«, sagt sie, »ich bin eine Frau – das ist ein Unterschied, Walter.«

»Hoffentlich!« lache ich.

»Ich werde keine Kinder mehr haben – «

Das sagte sie im Laufe des Abends zweimal.

»Was ich arbeite?« sagt sie. »Du siehst es ja, Scherbenarbeit. Das soll eine Vase gewesen sein. Kreta. Ich kleistere die Vergangenheit zusammen – «

Ich finde das Leben von Hanna gar nicht verpfuscht. Im Gegenteil. Ich kenne ihren zweiten Mann nicht, diesen Piper, eine Bekanntschaft aus der Emigration; Hanna erwähnt ihn fast nie, obschon sie (was mich noch heute jedesmal verwundert) seinen Namen trägt: Dr. Hanna Piper. Dabei hat Hanna immer getan, was ihr das Richtige schien, und das ist für eine Frau, finde ich, schon allerhand. Sie führte das Leben, wie sie's wollte. Warum es mit Joachim nicht gegangen war, sagte sie eigentlich nicht. Sie nennt ihn einen lieben Menschen. Von Vorwurf keine Spur; höchstens findet sie uns komisch, die Männer ganz allgemein. Hanna hat sich vielleicht zuviel versprochen, die Männer betreffend, wobei ich glaube, daß sie die Männer liebt. Wenn Vorwurf, dann sind es Selbstvorwürfe; Hanna würde die Männer, wenn sie nochmals leben könnte oder müßte, ganz anders lieben. Sie findet es natürlich, daß die Männer (sagt sie) borniert sind, und bereut nur ihre eigne

211

13. *nützt: nützen* to be of use; *doch nützt es ihr nichts*
    however, it does not do her any good
15. *die ihr immer unrecht gibt* that always puts her in
    the wrong
16. *Dr. phil.* Ph.D.
21. *Backfisch: der Backfisch, -e* fried fish; *(coll.)*
    adolescent girl, teen-ager (Fish which are too large
    to be thrown back into the water but not yet suit-
    able for boiling are baked. Teen-agers, supposedly,
    are in a similar state of development and transition.
    The term with that connotation goes back to the six-
    teenth century.)
23. *Persönlichkeit: die Persönlichkeit, -en* personage,
    personality, authentic human being
27. *Nobelpreisträgerin: der Nobelpreis* Nobel Prize;
    tragen, u, a to wear, carry; *die Nobelpreisträgerin*
    Nobel Prize winner (female)

Dummheit, daß sie jeden von uns (ich weiß nicht, wieviele es gewesen sind) für eine Ausnahme hielt. Dabei ist Hanna, wie ich finde, alles andere als dumm. Sie findet es aber. Sie findet es dumm von einer Frau, daß sie vom Mann verstanden werden will; der Mann (sagt Hanna) will die Frau als Geheimnis, um von seinem eignen Unverständnis begeistert und erregt zu sein. Der Mann hört nur sich selbst, laut Hanna, drum kann das Leben einer Frau, die vom Mann verstanden werden will, nicht anders als verpfuscht sein. Laut Hanna. Der Mann sieht sich als Herr der Welt, die Frau nur als seinen Spiegel. Der Herr ist nicht gezwungen, die Sprache der Unterdrückten zu lernen; die Frau ist gezwungen, doch nützt es ihr nichts, die Sprache ihres Herrn zu lernen, im Gegenteil, sie lernt nur eine Sprache, die ihr immer unrecht gibt. Hanna bereut, daß sie Dr. phil. geworden ist. Solange Gott ein Mann ist, nicht ein Paar, kann das Leben einer Frau, laut Hanna, nur so bleiben, wie es heute ist, nämlich erbärmlich, die Frau als Proletarier der Schöpfung, wenn auch noch so elegant verkleidet – Ich fand sie komisch, eine Frau von fünfzig Jahren, die wie ein Backfisch philosophiert, eine Frau, die noch so tadellos aussieht wie Hanna, geradezu attraktiv, dazu eine Persönlichkeit, das war mir klar, eine Dame von ihrem Ansehen, ich mußte daran denken, wie man Hanna beispielsweise im Hospital behandelt hatte, eine Ausländerin, die erst seit drei Jahren in Athen wohnt, geradezu wie eine Professorin, eine Nobelpreisträgerin! – sie tat mir leid.

»Walter, du ißt ja gar nichts.«

Ich faßte ihren Arm:

»Du, Proletarierin der Schöpfung! –«

Hanna war nicht gewillt zu lächeln, sie wartete darauf, daß ich ihren Arm losließ.

»Wo«, fragt sie, »seid ihr in Rom gewesen?«

Ich rapportierte.

Ihr Blick –

Man hätte meinen können, ich sei ein Gespenst, so blickte

12. *umarmt: umarmen* to embrace
14. *Geliebte: die Geliebte, -n* beloved
18. *übrige: übrig* left over, remaining; *die übrige Hanna* the rest of Hanna
19. *etwas Verstümmeltes* something mutilated
27. *Seidenpapier: das Papier, -e* paper; *die Seide, -n* silk; *das Seidenpapier, -e* tissue paper
33. *tischte . . . ab: der Tisch, -e* table; *ab-tischen* to clear the table (*cf. auf-tischen* to put on the table, serve)

Hanna mich an, während ich von Rom rapportierte; ein Ungetüm mit dem Rüssel und mit Krallen, ein Monstrum, was Tee trinkt.
Ich werde diesen Blick nie vergessen.
Ihrerseits kein Wort –
Ich redete neuerdings, weil Schweigen unmöglich, über Mortalität bei Schlangenbiß, beziehungsweise über Statistik im allgemeinen.
Hanna wie taub.
Ich wagte nicht, in ihre Augen zu blicken – so oft ich auch nur eine Sekunde lang (länger konnte ich nicht) daran dachte, daß ich Sabeth umarmt habe, beziehungsweise, daß Hanna, die vor mir sitzt, ihre Mutter ist, die Mutter meiner Geliebten, die selbst meine Geliebte ist.
Ich weiß nicht, was ich redete.
Ihre Hand (ich redete sozusagen nur noch zu ihrer Hand) war merkwürdig: klein wie eine Kinderhand, älter als die übrige Hanna, nervös und schlaff, häßlich, eigentlich gar keine Hand, sondern etwas Verstümmeltes, weich und knochig und welk, Wachs mit Sommersprossen, eigentlich nicht häßlich, im Gegenteil, etwas Liebes, aber etwas Fremdes, etwas Entsetzliches, etwas Trauriges, etwas Blindes, ich redete und redete, ich schwieg, ich versuchte mir die Hand von Sabeth vorzustellen, aber erfolglos, ich sah nur, was neben dem Aschenbecher auf dem Tisch lag, Menschenfleisch mit Adern unter der Haut, die wie zerknittertes Seidenpapier aussieht, so mürbe und zugleich glänzend.
Ich war selber todmüde.
»Eigentlich ist sie noch ein Kind«, sagt Hanna, – »oder glaubst du, sie ist mit einem Mann zusammengewesen?«
Ich blickte Hanna in die Augen –
»Ich wünsche es ihr ja«, sagt sie, »ich wünsche es ihr ja!«
Plötzlich tischte sie ab.
Ich half.
Betreffend Statistik: Hanna wollte nichts davon wissen, weil sie an Schicksal glaubt, ich merkte es sofort, obschon Hanna es nie ausdrücklich sagte. Alle Frauen haben einen

1. *hochgebildet: die Bildung* intellectual education; *gebildet* educated, cultured; *hochgebildet* highly educated
3. *Wärmesatz: der Satz, ⸚e* sentence, theorem, doctrine; *die Wärme* warmth, heat; *der Wärmesatz* theory of heat
6. *Oedipus* a son of Paius and Jocasta who kills his father and marries his mother as foretold by an oracle at his birth
6. *die Sphinx* Sphinx in ancient Greek mythology, typically having the body and wings of a lion and the head and bust of a woman
7. *Athene* the goddess of wisdom in Greek mythology
8. *Eumeniden* the Eumenides: also Furies
12. *Belletristik* literature, fiction
12. *beschlagen: beschlagen sein in* to be an expert in
20. *déformation professionelle (Fr.)* a set of habits and outlooks to match the requirements of the job or profession
23. *ließ: lassen, ie, a* to let; to stop; *Dann ließ sie es sofort* Then she stopped immediately
27. *Verständnis: das Verständnis* understanding; *Hanna hatte volles Verständnis* Hanna understood completely
29. *trocknete ab: ab-trocknen* to dry the dishes
34. *Aber ich hielt mich daran* But I accepted it

Hang zum Aberglauben, aber Hanna ist hochgebildet; darum verwunderte es mich. Sie redet von Mythen, wie unsereiner vom Wärmesatz, nämlich wie von einem physikalischen Gesetz, das durch jede Erfahrung nur bestätigt wird, daher in einem geradezu gleichgültigen Ton. Ohne Verwunderung. Oedipus und die Sphinx, auf einer kaputten Vase dargestellt in kindlicher Weise, Athene, die Erinnyen beziehungsweise Eumeniden und wie sie alle heißen, das sind Tatsachen für sie; es hindert sie nichts, mitten im ernsthaftesten Gespräch gerade damit zu kommen. Ganz abgesehen davon, daß ich in Mythologie und überhaupt in Belletristik nicht beschlagen bin, ich wollte nicht streiten; wir hatten praktische Sorgen genug.

Am 5. VI. sollte ich in Paris sein –

Am 7. VI. in New York –

Am 10. VI. (spätestens) in Venezuela –

Hanna arbeitet in einem Archäologischen Institut, Götter gehören zu ihrem job, das mußte ich mir immer wieder sagen: sicher hat auch unsereiner, ohne es zu merken, eine déformation professionelle. Ich mußte lächeln, wenn Hanna so redete.

»Du mit deinen Göttern!«

Dann ließ sie es sofort.

»Ich würde ja nicht abreisen«, sage ich, »wenn es nicht feststehen würde, daß das Kind gerettet ist, das wirst du mir glauben.«

Hanna hatte volles Verständnis, schien es, sie wusch das Geschirr, während ich kurz von meinen beruflichen Verpflichtungen sprach, und ich trocknete ab – wie vor zwanzig Jahren, fand ich, beziehungsweise vor einundzwanzig Jahren.

»Findest du?«

»Findest du nicht?« sage ich.

Wie Hanna rechnete, daß sie auf einundzwanzig Jahre kam, wußte ich nicht. Aber ich hielt mich daran, damit sie mich nicht jedesmal verbesserte.

»Eine hübsche Küche«, sage ich –

Plötzlich wieder ihre Frage:

3. *geschieden: scheiden, ie, ie* to depart; *aus dem Leben scheiden* to depart from this life; to commit suicide
10. *zweiundzwanzig Uhr: zehn Uhr abends*
22. *allerhand* all sort, all kinds of; in the phrase *das ist ja allerhand* it connotes admiration: "that's really something!" *Ich finde es allerhand* I find it most admirable
25. *bezahlt: bezahlen* to pay; *sich bezahlt machen* to pay for itself; *daß Philologie und Kunstgeschichte sich bezahlt machen* that one could earn enough money with philology and art history
34. *BBC* British Broadcasting Corporation
35. *verdankt: jemandem etwas verdanken* to be indebted to someone for something; *Herr Piper verdankt ihr sein Leben* Mr. Piper owes her his life
36. *Lager: das Lager, -* camp; *here:* concentration camp

»Hast du Joachim je wiedergesehen?«

Einmal, das war klar, mußte ich es sagen, daß Joachim aus dem Leben geschieden ist, aber nicht gerade heute, fand ich, nicht gerade am ersten Abend.

Ich redete von irgendetwas – 5

Unsere Abendessen damals in ihrer Bude!

»Erinnerst du dich an Frau Oppikofer?«

»Warum?« fragt sie.

»Einfach so!« sage ich. »Wie sie immer mit ihrem Besenstiel klopfte, wenn ich nach zweiundzwanzig Uhr noch in 10 deiner Bude war – «

Unser Geschirr war gewaschen und getrocknet.

»Walter«, fragt sie, »nimmst du einen Kaffee?«

Erinnerungen sind komisch.

»Ja«, sage ich, »nach zwanzig Jahren kann man darüber 15 lachen – «

Hanna setzte Wasser auf.

»Walter«, fragt sie, »ob du Kaffee nimmst –«

Sie wollte keine Erinnerungen hören.

»Ja«, sage ich, »gerne.« 20

Ich sehe nicht ein, wieso ihr Leben verpfuscht sein sollte. Im Gegenteil. Ich finde es allerhand, wenn jemand ungefähr so lebt, wie er's sich einmal in den Kopf gesetzt hat. Ich bewundere sie. Ich habe, offen gesprochen, nie daran geglaubt, daß Philologie und Kunstgeschichte sich bezahlt 25 machen. Dabei kann man nicht einmal sagen, Hanna sei unfraulich. Es steht ihr, eine Arbeit zu haben. Schon in der Ehe mit Joachim, scheint es, hat sie stets gearbeitet, Übersetzungen und Derartiges, und in der Emigration sowieso. In Paris, nach ihrer Scheidung von Joachim, arbeitete sie 30 in einem Verlag. Als dann die Deutschen kamen, floh sie nach England und sorgte allein für ihr Kind. Joachim war Arzt in Rußland, somit zahlungsunfähig. Hanna arbeitete als deutsche Sprecherin bei BBC. Heute noch ist sie britische Staatsbürgerin. Herr Piper verdankt ihr sein Le- 35 ben, scheint mir; Hanna heiratete ihn aus einem Lager heraus (soviel ich verstanden habe) ohne viel Besinnen,

219

3. *linientreu* loyal to the party line
3. *Verrat: der Verrat* betrayal, treachery; *bis zum Verrat* to the point of treachery
4. *gutzufinden: gut-finden, a, u* to approve
5. *Devise: die Devise, -n* motto; foreign bill (of exchange); *Er unterwirft sich jeder Devise* He subjects himself to any motto: He is willing to serve under any flag
12. *schade* too bad
15. *Westen: der Westen* West, Western democracies
18. *Das redest du dir ein* You talk yourself into that
25. *Ihre Lust an Worten* Her fun with words
26. *Als käme es auf Worte an* As if it were a question of words
31. *daß ich mit Gott nichts anfangen kann* that I have no use for God
34. *kommst du darauf: auf etwas kommen, a, o* to get an idea; *Wieso kommst du darauf* How do you get the idea, what makes you think
35. *Klimakterium* change of life, menopause
36. *übrig* remaining, left; *bleibt nichts anderes übrig* there is nothing else left

dank ihrer alten Vorliebe für Kommunisten. Herr Piper war eine Enttäuschung, weil kein Kommunist, sondern Opportunist. Wie Hanna sagt: linientreu bis zum Verrat, neuerdings bereit, Konzentrationslager gutzufinden. Hanna lacht nur: Männer! Er unterwirft sich jeder Devise, um 5 seine Filme machen zu können. Juni 1953 hat Hanna ihn verlassen. Er merke es gar nicht, wenn er heute verkündet, was er gestern widerrufen hat, oder umgekehrt; was er verloren habe: ein spontanes Verhältnis zur Realität. Hanna berichtet ungern von ihm, dabei um so ausführ- 10 licher, je weniger es mich interessiert. Hanna findet es schade, beziehungsweise typisch für gewisse Männer, wie dieser Piper im Leben steht: stockblind, laut Hanna, ohne Kontakt. Früher habe er Humor besessen; jetzt lache er nur noch über den Westen. Hanna macht keine Vorwürfe, 15 eigentlich lacht sie bloß über sich selbst, beziehungsweise über ihre Liebe zu Männern.

»Wieso soll dein Leben verpfuscht sein?« sage ich. »Das redest du dir ein, Hanna –«

Auch mich fand sie stockblind. 20

»Ich sehe nur«, sage ich, »was da ist: deine Wohnung, deine wissenschaftliche Arbeit, deine Tochter – du solltest Gott danken!«

»Wieso Gott?«

Hanna wie früher: sie weiß genau, was man meint. Ihre 25 Lust an Worten! Als käme es auf die Worte an. Wenn man es noch so ernst meint, plötzlich verfängt sie sich in irgendeinem Wort.

»Walter, seit wann glaubst du an Gott?«

»Komm«, sage ich, »mach einen Kaffee!« 30

Hanna wußte genau, daß ich mit Gott nichts anfangen kann, und wenn man schließlich drauf eingeht, zeigt sich, daß Hanna es gar nicht ernst meint.

»Wieso kommst du darauf«, fragt sie, »daß ich religiös bin? Du meinst, einer Frau im Klimakterium bleibt nichts 35 anderes übrig.«

Ich machte Kaffee.

14. *das schließlich nicht irgendein Mädchen ist*   who isn't
    just any ordinary girl, any run-of-the-mill girl

Ich konnte mir nicht vorstellen, wie es sein wird, wenn
Sabeth aus dem Hospital kommt. Sabeth und Hanna und
ich in einem Raum, beispielsweise in dieser Küche: – Hanna, die merkt, wie ich mich zusammennehmen muß, um
nicht ihr Kind zu küssen oder wenigstens den Arm auf   5
ihre Schulter zu legen, und Sabeth, die entdeckt, daß ich
eigentlich (wie ein Schwindler, der seinen Ehering ausgezogen hat) zu Mama gehöre, obschon ich sie, Sabeth, um
die Schulter halte.
»Sie soll bloß nicht Stewardeß werden«, sage ich, »ich   10
habe es ihr auszureden versucht.«
»Wieso?«
»Weil Stewardeß nicht in Frage kommt«, sage ich, »nicht
für ein Mädchen wie Sabeth, das schließlich nicht irgendein Mädchen ist – «   15
Unser Kaffee war gemacht.
»Warum soll sie nicht Stewardeß werden?«
Dabei wußte ich, daß auch Hanna, die Mutter, keineswegs
entzückt war von dieser Backfisch-Idee; sie trotzte nur,
um mir zu zeigen, daß es mich nichts angeht: 20
»Walter, das ist ihre Sache!«
Ein ander Mal:
»Walter, du bist nicht ihr Vater.«
»Ich weiß!« sage ich –
Vor dem Augenblick, da man sich setzt, weil es nichts zu   25
hantieren gibt, hatte ich mich von Anfang an gefürchtet –
nun war es soweit.
»Komm«, sagt sie, »rede –!«
Es war leichter als erwartet, fast alltäglich.
»Erzähl mir«, sagt sie, »was gewesen ist.«   30
Ich staunte über ihre Ruhe.
»Du kannst dir meinen Schreck vorstellen«, sagt sie, »als
ich ins Hospital komme und dich sehe, wie du da sitzest
und schläfst – «
Ihre Stimme ist unverändert.   35
In einem gewissen Sinn ging es weiter, als wären keine
zwanzig Jahre vergangen, genauer: als hätte man diese

223

3. *nicht der Rede wert*   not worth talking about
21. *Ich hatte mich hin-reißen lassen*   I had let myself
    be carried away
28. *angina pectoris*   heart disease
35. *Was kannst denn du dafür*   It's not your fault really

ganze Zeit, trotz Trennung, durchaus gemeinsam ver-
bracht. Was wir nicht voneinander wußten, waren Äußer-
lichkeiten, nicht der Rede wert. Karriere und Derartiges.
Was hätte ich reden sollen? Hanna wartete aber.

»Nimmst du Zucker?« fragt sie.   5

Ich redete von meinem Beruf –

»Wieso reist du mit Elsbeth?« fragt sie.

Hanna ist eine Frau, aber anders als Ivy und die andern,
die ich gekannt habe, nicht zu vergleichen; auch anders
als Sabeth, die ihr in vielem gleicht. Hanna ist vertrauter;   10
ohne Hader, als sie mich anblickt. Ich wunderte mich.

»Du liebst sie?« fragt sie.

Ich trank meinen Kaffee.

»Seit wann hast du gewußt«, fragt sie, »daß ich ihre Mutter bin?«   15

Ich trank meinen Kaffee.

»Du weißt noch gar nicht«, sage ich, »daß Joachim gestorben ist – «

Ich hatte es nicht sagen wollen.

»Gestorben?« fragt sie. »Wann?«   20

Ich hatte mich hinreißen lassen, nun war's zu spät, ich
mußte berichten – ausgerechnet an diesem ersten Abend! –
die ganze Geschichte in Guatemala, Hanna wollte alles
erfahren, was ich meinerseits wußte, seine Heimkehr aus
Rußland, seine Tätigkeit auf der Farm, sie hatte seit ihrer   25
Scheidung nichts mehr von Joachim vernommen, zum
Schluß sagte ich doch nicht, daß Joachim sich erhängt hat,
sondern log: angina pectoris. Ich staunte, wie gefaßt
sie blieb.

»Hast du's dem Mädchen gesagt?« fragt sie.   30

Dann unser endloses Schweigen.

Sie hatte ihre Hand wieder unter die Hornbrille geschoben, als halte sie ihr Gesicht zusammen; ich kam mir wie
ein Scheusal vor.

»Was kannst denn du dafür!« sagt sie.   35

Daß Hanna nicht einmal weinte, machte alles nur schwerer; sie stand –

225

16. *Hinsinken: hin-sinken, a, u* to collapse; *zum Hinsinken müde* tired to the point of collapse, utterly exhausted
24. *Gesagt war gesagt* What was said was said
30. *das Bett war bereits mit frischen Tüchern bezogen: das Tuch, ̈er* sheet, cloth; *beziehen, o, o* to cover; the bed was already made up with fresh sheets

»Ja«, sagt sie, »gehen wir schlafen.«

Es war Mitternacht – schätzungsweise, ich hatte ja meine Uhr nicht mehr, aber abgesehen davon, es war tatsächlich, als stehe die Zeit.

»Du hast das Zimmer von Elsbeth.«

Wir standen in ihrem Zimmer.

»Hanna«, sage ich, »sag doch die Wahrheit: ist er ihr Vater?«

»Ja!« sagt sie. »Ja!«

Im Augenblick war ich erleichtert, ich hatte keinen Grund anzunehmen, daß Hanna lügt, und fand es im Augenblick (die Zukunft war sowieso nicht zu denken) wichtiger als alles andere, daß das Mädchen eine Serum-Injektion bekommen hat und gerettet ist.

Ich gab ihr die Hand.

Man stand, zum Hinsinken müde, Hanna auch, glaube ich, eigentlich hatten wir uns schon Gutnacht gesagt – als Hanna nochmals fragte:

»Walter, was hast du mit Elsbeth gehabt?«

Dabei wußte sie es bestimmt.

»Komm«, sagt sie, »sag es!«

Ich weiß nicht, was ich antwortete.

»Ja oder nein!« fragt sie.

Gesagt war gesagt –

Hanna lächelte noch, als hätte sie's nicht gehört, ich war erleichtert, daß es endlich gesagt war, geradezu munter, mindestens erleichtert.

»Bist du mir böse?« frage ich.

Ich hätte lieber auf dem Boden geschlafen, Hanna bestand darauf, daß ich mich wirklich ausruhen sollte, das Bett war bereits mit frischen Tüchern bezogen – alles für die Tochter, die ein halbes Jahr in der Fremde gewesen ist: ein neues Pyjama, das Hanna wegnahm, Blumen auf dem Nachttisch, Schokolade, das blieb.

»Bist du mir böse?« frage ich.

»Hast du alles?« fragt sie, »Seife ist da – «

»Ich konnte nicht wissen«, sage ich –

227

11. *schnüffeln* to nose about
15. *Aufgenommen: auf-nehmen, a, o* to take, photograph
23. *beim Anblick solcher Schläfer* at the sight of such sleepers

»Walter«, sagt sie, »wir müssen schlafen.«
Sie war nicht böse, schien mir, sie gab mir sogar nochmals
die Hand. Sie war nervös, nichts weiter. Sie war eilig. Ich
hörte, daß sie in die Küche ging, wo alles getan war.
»Kann ich etwas helfen?«   5
»Nein«, sagt sie, »schlaf jetzt!«
Das Zimmer von Sabeth: etwas klein, jedoch nett, viele
Bücher auch hier, Blick gegen den Lykabettos, ich stand
noch lange am offenen Fenster –
Ich hatte kein Pyjama.   10
Es ist nicht meine Art, in fremden Zimmern zu schnüffeln,
aber das Foto stand gerade auf dem Büchergestell, und
schließlich hatte ich Joachim, ihren Vater, selber gekannt –
ich nahm's herunter.
Aufgenommen 1936 in Zürich.   15
Eigentlich war ich entschlossen, ins Bett zu gehen, nichts
mehr zu denken, aber ich hatte kein Pyjama, wie gesagt,
bloß mein schmutziges Hemd –
Endlich ging Hanna in ihr Zimmer.
Das mochte gegen zwei Uhr sein, ich saß auf dem sauberen   20
Bett, wie sie auf Bänken in öffentlichen Anlagen sitzen,
wenn sie schlafen, die Obdachlosen, vornüber gekrümmt,
(so denke ich stets beim Anblick solcher Schläfer:) wie ein
Fötus – aber ich schlief nicht.
Ich wusch mich.   25
Einmal klopfte ich an ihre Wand.
Hanna tat, als schliefe sie.
Hanna wollte nicht mit mir reden, irgendwann an diesem
Abend hatte sie gesagt, ich solle schweigen: Es wird alles
so klein, wenn du darüber redest!   30
Vielleicht schlief Hanna tatsächlich.
Ihre Briefe aus Amerika – ich meine die Briefe von Sa-
beth – lagen auf dem Tisch, ein ganzes Bündel, Stempel
von Yale, einer von Le Havre, dann Ansichtskarten aus
Italien, ich las eine einzige, weil sie auf den Boden gefal-   35
len war: Gruß aus Assisi (ohne Erwähnung meiner

229

9. *gebe zu:* *zu-geben, a, e* to admit

Person) mit tausend Küssen für Mama, mit inniger Umarmung –
Ich rauchte nochmals eine Zigarette.

Dann mein Versuch, das Hemd zu waschen –
Ich weiß nicht, wieso ich auf die Idee kam, alles sei über- 5
standen, jedenfalls das Schlimmste, und wieso ich glauben
konnte, Hanna schlafe.
Ich wusch so leise als möglich.

Ich gebe zu, daß ich Viertelstunden lang einfach vergaß,
was los ist, beziehungsweise kam es mir wie ein bloßer 10
Traum vor: wenn man träumt, man sei zum Tod verur-
teilt, und weiß, es kann nicht stimmen, ich brauche bloß
zu erwachen –
Ich hängte mein nasses Hemd ins Fenster.

Das Gesicht von Joachim, das ich mir anschaute, ein männ- 15
liches Gesicht, sympathisch, aber Ähnlichkeiten mit Sabeth
fand ich eigentlich nicht.
»Hanna?« rufe ich, »schläfst du?«
Keine Antwort.

Ich fröstelte, weil ohne Hemd, ich kam nicht auf die Idee, 20
ihren Morgenrock zu nehmen, der an der Türe hing, ich
sah ihn –
Überhaupt ihre Mädchensachen!
Ihre Flöte auf dem Bücherbrett –
Ich löschte das Licht. 25

Vermutlich hatte Hanna schon eine ganze Weile geschluchzt,
ihr Gesicht in die Kissen gepreßt, bis es nicht mehr ging –
ich erschrak, als ich sie hörte; mein erster Gedanke: Sie
hat gelogen, und ich bin doch der Vater. Sie schluchzte immer lauter, bis ich an ihre Türe ging, um zu klopfen. 30
»Hanna«, sage ich, »ich bin's.«
Sie verriegelte die Türe.

Ich stand und hörte nur ihr Schluchzen, meine vergeb-
lichen Bitten, sie sollte in die Diele kommen und sagen,
was los ist, aber als Antwort nichts als Schluchzen, einmal 35
leise, dann wieder lauter, es hörte nicht auf, und wenn's
einmal aufhörte, war es noch schlimmer, ich legte mein

231

15. *Akrokorinth*   a steep hill in the old city of Corinth, the site of castle ruins
22. *Glanzidee: die Idee, -n*   idea; *der Glanz*   brilliance; *die Glanzidee, -n*   brilliant idea
28. *das Meer von Korinth*   Gulf of Corinth
29. *das attische Meer: attisch*   refers to the region of Greece in which Athens is located; *here:*   the Gulf of Aegina

Ohr an die Türe, wußte nicht, was ich denken sollte, oft
hatte sie einfach keine Stimme mehr, nur so ein Wimmern, so daß ich erleichtert war, wenn sie wieder auf-
schluchzte.

Ich hatte kein Taschenmesser und nichts –   5

»Hanna«, sage ich, »mach auf!«

Als es mir gelungen war, mit dem Feuerhaken die Türe
aufzusprengen, stemmte Hanna sich dagegen. Sie schrie
geradezu, als sie mich sah. Ich stand mit nacktem Oberkörper; vielleicht drum. Natürlich tat sie mir leid, und   10
ich ließ ab, die Türe aufzustoßen.

»Hanna«, sage ich, »ich bin's!«

Sie wollte allein sein.

– – –

Vor vierundzwanzig Stunden (es kam mir wie eine Jugenderinnerung vor!) saßen wir noch auf Akrokorinth,   15
Sabeth und ich, um den Sonnenaufgang zu erwarten. Ich
werde es nie vergessen! Wir sind von Patras gekommen
und in Korinth ausgestiegen, um die sieben Säulen eines
Tempels zu besichtigen, dann Abendessen in einem Guest-
House in der Nähe. Sonst ist Korinth ja ein Hühnerdorf. 20
Als sich herausstellte, daß es keine Zimmer gibt, dämmert
es bereits; Sabeth fand es eine Glanzidee von mir, einfach
weiterzuwandern in die Nacht hinaus und unter einem
Feigenbaum zu schlafen... Ich werde nie vergessen, wie
sie auf diesem Felsen sitzt, ihre Augen geschlossen, wie sie 25
schweigt und sich von der Sonne bescheinen läßt. Sie sei
glücklich, sagt sie, und ich werde nie vergessen: das Meer,
das zusehends dunkler wird, blauer, violett, das Meer
von Korinth und das andere, das attische Meer, die rote
Farbe der Äcker, die Oliven, grünspanig, ihre langen Mor-   30
genschatten auf der roten Erde, die erste Wärme und
Sabeth, die mich umarmt, als habe ich ihr alles geschenkt,
das Meer und die Sonne und alles, und ich werde nie
vergessen, wie Sabeth singt!

1. *gerichtet: Frühstück richten* to make breakfast
3. *durchstöberte: durchstöbern* to rummage through
4. *Klinge: die Klinge, -n* blade, razor blade; *nach einer Klinge* for a razor blade
7. *dafür verschmiert* but instead smeared

— — —

Ich sah das Frühstück, das Hanna gerichtet hatte, und
ihren Zettel: Komme bald, Hanna. Ich wartete. Ich fühlte
mich sehr unrasiert und durchstöberte das ganze Bade-
zimmer nach einer Klinge; nichts als Fläschlein, Dosen voll
Puder, Lippenstift, Tuben, Nagellack, Spangen – im Spie-   5
gel sah ich mein Hemd: scheußlicher als gestern, die Blut-
flecken etwas blasser, dafür verschmiert.
Ich wartete mindestens eine Stunde.
Hanna kam aus dem Hospital.
»Wie geht es ihr?« frage ich.   10
Hanna sehr merkwürdig.
»Ich habe gedacht«, sagt sie, »du solltest ausschlafen –«
Später ohne Ausrede:
»Ich wollte mit Elsbeth allein sein, du brauchst deswegen
nicht gekränkt zu sein, Walter, ich bin zwanzig Jahre mit   15
dem Kind allein gewesen.«
Meinerseits kein Wort.
»Das ist kein Vorwurf«, sagt sie, »aber das mußt du schon
verstehen. Ich wollte allein mit ihr sein. Nur das. Ich
wollte sprecnen mit ihr.«   20
Was sie denn gesprochen habe?
»Wirres Zeug!«
»Von mir?« frage ich.
»Nein«, sagt sie, »sie redete von Yale, nur von Yale, von
einem jungen Mann namens Hardy, aber lauter wirres   25
Zeug.«
Was Hanna berichtete, gefiel mir nicht: Umspringen des
Pulses, gestern schnell, heute langsam, viel zu langsam, da-
zu ihr gerötetes Gesicht, wie Hanna sagte, und sehr kleine
Pupillen, dazu Atmungsstörungen.   30
»Ich will sie sehen!« sage ich.
Hanna fand, zuerst ein Hemd kaufen –
Soweit war ich einverstanden.
Hanna am Telefon –
»Es ist in Ordnung!« sagt sie. »Ich bekomme den Wagen   35
vom Institut – damit wir nach Korinth fahren können,
235

5. *Hanna immer hin und her*   Hanna always darting
   about

weißt du, um ihre Sachen zu holen, auch deine Sachen, deine Schuhe und deine Jacke.«

Hanna wie ein Manager.

»Es ist in Ordnung«, sagt sie, »das Taxi ist bestellt –« Hanna immer hin und her, ein Gespräch nicht möglich, Hanna leerte die Aschenbecher, dann ließ sie die Sonnenstores herunter.

»Hanna«, frage ich, »warum siehst du mich nicht an?«

Sie wußte es nicht, mag sein, aber es war so, Hanna blickte mich an diesem Morgen überhaupt nicht an. Was konnte ich dafür, daß alles so gekommen war! Es stimmt: Hanna machte ja keine Vorwürfe, keine Anklagen, sie leerte nur die Aschenbecher vom Abend vorher.

Ich hielt es nicht mehr aus.

»Du«, frage ich, »können wir nicht sprechen?«

Ich packte sie an den Schultern.

»Du«, sage ich, »sieh mich an!«

Ihre Figur – ich erschrak, als ich sie hielt – ist zarter, kleiner als die Tochter, zierlicher, ich weiß nicht, ob Hanna kleiner geworden ist; ihre Augen sind schöner geworden, ich wollte, daß sie mich ansehen.

»Walter«, sagt sie, »du tust mir weh.«

Was ich redete, war Unsinn, ich sah es an ihrem Gesicht, daß ich Unsinn rede, nur weil Schweigen, fand ich, noch unmöglicher ist; ich hielt ihren Kopf zwischen meinen Händen. Was ich wolle? Ich dachte nicht daran, Hanna zu küssen. Warum wehrte sie sich? Ich habe keine Ahnung, was ich sagte. Ich sah nur: ihre Augen, die entsetzt sind, ihre grauen und weißen Haare, ihre Stirn, ihre Nase, alles zierlich, nobel (oder wie man's nennen soll) und fraulich, nobler als bei ihrer Tochter, ihre Eidechsenhaut unter dem Kinn, die Krähenfüße an den Schläfen, ihre Augen, die nicht müde, nur entsetzt sind, schöner als früher.

»Walter«, sagt sie, »du bist fürchterlich!«

Das sagte sie zweimal.

Ich küßte sie.

Hanna starrte mich nur an, bis ich meine Hände wegnahm,

10. *Opel* German car
22. *alles an deutsche Firmen vergeben* all leased to German firms
31. *Eukalyptus-Allee* avenue lined with eucalyptus trees
37. *Lastwagenfahrer: fahren, u, a* to drive; *der Fahrer, -* driver; *der Wagen, -* wagon, car; *die Last, -en* load, burden; *der Lastwagenfahrer, -* truck driver

sie schwieg und ordnete nicht einmal ihr Haar, sie schwieg
– sie verfluchte mich.
Dann das Taxi.
Wir fuhren in die City, um ein frisches Hemd zu kaufen,
das heißt, Hanna kaufte es, ich hatte ja kein Geld und war-   5
tete im Taxi, um mich in meinem alten Hemd nicht zeigen
zu müssen – Hanna war rührend: sie kommt nach einer
Weile sogar zurück, um die Nummer meiner Größe zu
fragen! – dann ins Institut, wo Hanna, wie vereinbart, den
Wagen des Institutes bekam, einen Opel, und dann hinaus   10
ans Meer, um die Kleider von Elsbeth zu holen und meine
Brieftasche, beziehungsweise meine Jacke (wegen Paß vor
allem) und meine Kamera.
Hanna am Steuer –
In Daphni, also kurz nach Athen, gibt es einen Hain, wo   15
ich mein Hemd hätte wechseln können, schien mir; Hanna
schüttelte den Kopf und fuhr weiter, ich öffnete das Pa-
ket.
Wovon sollte man sprechen!
Ich redete über die griechische Wirtschaftslage, ich sah   20
vor Eleusis die große Baustelle *Greek Government Oil
Refinery*, alles an deutsche Firmen vergeben, was Hanna
jetzt (und auch sonst) nicht interessiert; aber unser Schwei-
gen war auch unerträglich. Nur einmal fragte sie:
»Du weißt nicht, wie die Ortschaft heißt?«   25
»Nein.«
»Theodohori?«
Ich wußte es nicht, wir waren mit Bus von Korinth ge-
kommen und irgendwo ausgestiegen, wo das Meer uns ge-
fiel, sechsundsiebzig Kilometer vor Athen, das wußte ich;   30
ich erinnerte mich an die Tafel in einer Eukalyptus-Allee.
Hanna, am Steuer, schwieg.
Ich wartete auf eine Gelegenheit, um das frische Hemd
anziehen zu können; ich wollte es nicht im Wagen tun –
Fahrt durch Eleusis.   35
Fahrt durch Megara.
Ich redete über meine Uhr, die ich dem Lastwagenfahrer

239

1. *vermacht: vermachen* to leave to, give to
11. *im Laufschritt* on the double, running
19. *Hanna glaubte mir aufs Wort* Hanna believed me without doubt
22. *ohne weiteres* without difficulties
27. *Ginster: der Ginster* gore (plant with yellow blossoms)

vermacht hatte, und über die Zeit ganz allgemein; über
Uhren, die imstande wären, die Zeit rückwärts laufen zu
lassen –
»Stop!« sagte ich. »Hier ist es –«
Hanna stoppte.   5
»Hier?« fragte sie.
Ich wollte nur zeigen: – die Böschung, wo ich sie nieder-
legen muß, bis der Lastwagen mit den Eisenröhren kommt.
Eine Böschung wie irgendeine andere, Fels mit Disteln, da-
zwischen roter Mohn, dann die schnurgerade Straße, wo   10
ich sie im Laufschritt zu tragen versuchte, schwarz, Teer
mit Kies, dann der Ziehbrunnen mit dem Ölbaum, die stei-
nigen Äcker, die weißen Hütten mit Wellblech –
Es war wieder Mittag.
»Bitte«, bat ich, »fahre langsamer!«   15
Was eine Ewigkeit ist, wenn man barfuß geht, mit dem
Opel waren es kaum zwei Minuten. Sonst alles wie gestern. Nur der Kieskarren mit Esel stand nicht mehr bei
der Zisterne. Hanna glaubte mir aufs Wort; ich weiß
nicht, warum ich ihr alles zeigen wollte. Die Stelle, wo   20
der Karren heraufkommt mit seinem tropfenden Kies,
war ohne weiteres wieder zu finden, man sah die Räderspur, Eseltritte.
Ich dachte, Hanna würde im Wagen warten.
Aber Hanna stieg aus, dann zu Fuß auf der heißen Teer-   25
straße, Hanna folgte mir, ich suchte die Pinie, dann hinunter durch Ginster irgendwo, ich begriff nicht, warum
Hanna nicht im Wagen warten wollte.
»Walter«, sagte sie, »dort ist eine Spur!«
Wir waren aber, fand ich, nicht hierher gefahren, um all-   30
fällige Blutspuren, sondern um meine Brieftasche zu fin-
den, meine Jacke, meinen Paß, meine eignen Schuhe –
Alles lag unberührt.
Hanna bat um eine Zigarette –
Alles wie gestern!   35
Nur vierundzwanzig Stunden später: derselbe Sand, die-
selbe Brandung, schwach, nur so ein Auslaufen kleiner

241

17. *Wäsche: waschen, u, a* to wash; *die Wäsche*
    laundry; underclothes, underwear
20. *vorauszusehen: voraus-sehen, a, e* to foresee, ex-
    pect; *wie vorauszusehen* as could be expected
22. *Mittagsstille: die Stille* silence; *der Mittag, -e*
    noon, midday; *die Mittagsstille* noonday silence
30. *geradezu Klingeln* almost a tinkling

Wellen, die sich kaum überschlagen, dieselbe Sonne, derselbe Wind im Ginster – nur daß es nicht Sabeth ist, die neben mir steht, sondern Hanna, ihre Mutter.

»Hier habt ihr gebadet?«

»Ja«, sage ich –

»Schön hier!« sagte sie.

Es war furchtbar.

– – –

Was den Unfall betrifft, habe ich nichts zu verheimlichen. Es ist ein flacher Strand. Man watet hier mindestens dreißig Meter, bis Schwimmen möglich, und im Augenblick, als ich ihren Schrei höre, bin ich mindestens fünfzig Meter vom Ufer entfernt. Ich sehe, daß Sabeth aufgesprungen ist. Ich rufe: Was ist los? Sie rennt – Wir haben, nach unsrer schlaflosen Nacht auf Akrokorinth, im Sand geschlafen, dann das Bedürfnis meinerseits, ins Wasser zu gehen und eine Weile allein zu sein, während sie schläft. Vorher habe ich noch ihre Schultern gedeckt mit ihrer Wäsche, ohne sie zu wecken; wegen Sonnenbrand. Es gibt hier wenig Schatten, eine vereinzelte Pinie; hier haben wir uns in die Mulde gebettet. Dann aber, wie vorauszusehen, ist der Schatten gewandert, beziehungsweise die Sonne, und daran, scheint es, bin ich erwacht, weil plötzlich in Schweiß, dazu die Mittagsstille, ich bin erschrocken, vielleicht weil ich irgendetwas geträumt oder gemeint habe, Schritte zu hören. Wir sind aber vollkommen allein. Vielleicht habe ich den Kieskarren gehört, Schaufeln von Kies; ich sehe aber nichts, Sabeth schläft, und es ist kein Grund zum Erschrecken, ein gewöhnlicher Mittag, kaum eine Brandung, nur ein schwaches Zischeln von Wellen, die im Kies verlaufen, manchmal ein schwaches Rollen von Kies, geradezu Klingeln, sonst Stille, ab und zu eine Biene. Ich überlegte, ob Schwimmen vernünftig ist, wenn man Herzklopfen hat. Eine Weile stand ich unschlüssig; Sabeth merkte, daß niemand mehr neben ihr lag, und reckte sich, ohne zu erwachen. Ich streute Sand auf ihren Nacken, aber sie schlief. Schließlich ging ich schwimmen –

5. *meinerseits wie gelähmt* on my part as if paralyzed
13. *rücklings: der Rücken, -* back; *rücklings* backward
17. *eine Mannshöhe* the height of a man
24. *Unglücksort: der Ort, -e* place; *das Unglück, -e* misfortune, bad luck, accident; *der Unglücksort, -e* the place of misfortune
28. *in Grund und Boden: der Grund, ⸚e* ground, earth; *der Boden, ⸚* ground, soil; *in Grund und Boden verfluchen* to curse thoroughly

im Augenblick, als Sabeth schreit, bin ich mindestens fünfzig Meter draußen.
Sabeth rennt, ohne zu antworten.
Ob sie mich gehört hat, weiß ich nicht. Dann mein Versuch,
im Wasser zu rennen! Ich rufe, sie soll stehenbleiben, meinerseits wie gelähmt, als ich endlich aus dem Wasser
komme; ich stapfe ihr nach, bis sie stehenbleibt –
Sabeth oben auf der Böschung:
Sie hält ihre rechte Hand auf die linke Brust, wartet und
gibt keinerlei Antwort, bis ich die Böschung ersteige (es ist
mir nicht bewußt gewesen, daß ich nackt bin) und mich
nähere – dann der Unsinn, daß sie vor mir, wo ich ihr nur
helfen will, langsam zurückweicht, bis sie rücklings (dabei
bin ich sofort stehengeblieben!) rücklings über die Böschung fällt.
Das war das Unglück.
Es sind keine zwei Meter, eine Mannshöhe, aber als ich zu
ihr komme, liegt sie bewußtlos im Sand. Vermutlich Sturz
auf den Hinterkopf. Erst nach einer Weile sehe ich die Bißwunde, drei kleine Blutstropfen, die ich sofort abwische, ich
ziehe sofort meine Hosen an, mein Hemd, keine Schuhe,
dann mit dem Mädchen im Arm hinauf zur Straße, wo
der Ford vorbeifährt, ohne mich zu hören –

– – –

Hanna, wie sie an diesem Unglücksort stand, Hanna mit
ihrer Zigarette, während ich berichtete, so genau ich es
konnte, und die Böschung zeigte und alles, sie war unglaublich, Hanna wie ein Freund, dabei war ich ja gefaßt darauf,
daß sie, die Mutter, mich in Grund und Boden verflucht,
obschon ich anderseits, sachlich betrachtet, wirklich nichts
dafür kann.
»Komm«, sagt sie, »nimm deine Sachen.«
Wären wir nicht überzeugt gewesen, daß das Kind gerettet
ist, hätten wir natürlich nicht so geredet wie damals am
Strand.
»Du weißt«, sagt sie, »daß es dein Kind ist?«

245

9. *verheimlicht: verheimlichen* to keep secret; *Warum hast du's mir verheimlicht* Why did you hide it from me
19. *alles zugleich in meine Rechnung zu nehmen* to take everything into account at the same time
28. *gemeinsame Ökonomie* joint account, pooling of financial resources
28. *gemeinsames Alter* common old age, growing old together

Ich wußte es.

»Komm«, sagt sie, »nimm deine Sachen –«

Wir standen, die Sachen auf dem Arm; ich trug meine staubigen Schuhe in der Hand, Hanna die schwarze Cowboy-Hose unsrer Tochter. 5

Ich wußte selbst nicht, was ich sagen will.

»Komm« sagt sie, »gehen wir!«

Einmal meine Frage:

»Warum hast du's mir verheimlicht?«

Darauf keine Antwort. 10

Wieder die blaue Hitze über dem Meer – wie gestern um diese Zeit, Mittag mit flachen Wellen, die sich kaum überschlagen, nur auslaufen in Schaum, dann Klirren im Kies, Stille, bis es sich wiederholt.

Hanna verstand mich sehr genau. 15

»Du vergißt«, sagt sie, »daß ich verheiratet bin –«

Ein andermal:

»Du vergißt, daß Elsbeth dich liebt –«

Ich war nicht imstande, alles zugleich in meine Rechnung zu nehmen; aber irgendeine Lösung, fand ich, muß es immer geben. 20

Wir standen noch lange.

»Warum sollte ich in diesem Land keine Arbeit finden?« sage ich. »Techniker braucht man überall, du hast gesehen, auch Griechenland wird industrialisiert –« 25

Hanna verstand genau, wie ich's meinte, nicht romantisch, nicht moralisch, sondern praktisch: gemeinsames Wohnen, gemeinsame Ökonomie, gemeinsames Alter. Warum nicht? Hanna hat es gewußt, als ich noch nichts habe ahnen können, seit zwanzig Jahren hat sie es gewußt; trotzdem war 30 sie verwunderter als ich.

»Hanna«, frage ich, »warum lachst du?«

Irgendeine Zukunft, fand ich, gibt es immer, die Welt ist noch niemals einfach stehengeblieben, das Leben geht weiter!

35

»Ja«, sagt sie. »Aber vielleicht ohne uns.«

Ich hatte ihre Schulter gefaßt.

247

2. *rühr mich nicht an: an-rühren* to touch
6. *mich nach Athen versetzen zu lassen* to have myself
transferred to Athens
8. *wie es sich machen ließ* how it could be done
15. *fünfzehn Uhr: drei Uhr nachmittags*

»Komm!« sagt sie. »Wir sind verheiratet, Walter, wir sind
es! – rühr mich nicht an.«
Dann zum Wagen zurück.

Hanna hatte recht; irgendetwas vergaß ich stets; aber auch
dann, wenn sie mich erinnerte, war ich unter allen Um- 5
ständen entschlossen, mich nach Athen versetzen zu lassen
oder zu kündigen, um mich in Athen anzusiedeln, auch
wenn ich im Augenblick selbst nicht sah, wie es sich machen ließ, unser gemeinsames Wohnen; ich bin gewohnt,
Lösungen zu suchen, bis sie gefunden sind ... Hanna ließ 10
mich ans Steuer, ich habe noch nie einen Opel-Olympia
gefahren, und Hanna hatte auch die ganze Nacht nicht
geschlafen; sie tat jetzt, als schliefe sie.
In Athen kauften wir noch Blumen.
Kurz vor fünfzehn Uhr. 15
Noch im Wartezimmer, wo man uns warten läßt, sind wir
vollkommen ahnungslos, Hanna wickelt das Papier von
den Blumen –
Dann dieses Gesicht der Diakonissin!
Hanna am Fenster wie gestern, kein Wort zwischen uns, 20
wir sehen einander nicht einmal an –
Dann kam Dr. Eleutheropulos.
Alles griechisch; aber ich verstehe alles.
Ihr Tod kurz nach vierzehn Uhr.
– – Dann vor ihrem Bett, Hanna und ich, man kann es ein- 25
fach nicht glauben, unser Kind mit geschlossenen Augen,
genau wie wenn sie schläft, aber weißlich wie Gips, ihr
langer Körper unter dem Leintuch, ihre Hände neben den
Hüften, unsere Blumen auf ihrer Brust, ich meine es nicht
als Trost, sondern wirklich: Sie schläft! Ich kann es ja heute 30
noch nicht glauben. Sie schläft! sage ich – gar nicht zu
Hanna, die plötzlich mich anschreit, Hanna mit ihren kleinen Fäusten vor mir, ich erkenne sie nicht mehr, ich wehre
mich nicht, ich merke es nicht, wie ihre Fäuste mich auf die
Stirne schlagen. Was ändert das! Sie schreit und schlägt 35
mich ins Gesicht, bis sie nicht mehr kann, die ganze Zeit
hatte ich nur meine Hand vor den Augen.

4. *nichtdiagnostizierten* undiagnosed
5. *compressio cerebri (Lat.)* concussion of the brain
6. *arteria menigica* an artery
7. *sog. = sogenannt* so-called
8. *behoben: beheben, o, o* to set right, remove (as of difficulties)

– – –

Wie heute feststeht, ist der Tod unsrer Tochter nicht durch
Schlangengift verursacht gewesen, das durch die Serum-Injektion erfolgreich bekämpft worden ist; ihr Tod war die
Folge einer nichtdiagnostizierten Fraktur der Schädelbasis,
compressio cerebri, hervorgerufen durch ihren Sturz über   5
die kleine Böschung. Verletzung der arteria meningica
media, sog. Epidural-Haematom, was durch chirurgischen
Eingriff (wie man mir sagt) ohne weiteres hätte behoben
werden können.

Geschrieben in Caracas, 21. Juni bis 8. Juli

2. *Ruhestunde: die Stunde, -n* hour; *die Ruhe, -n* rest; *die Ruhestunde, -n* rest period
3. *von Hand* by hand
7. *13.00–17.00* 1–5 pm
8. *um meinen Kalender nachzuführen* to bring my calender up to date

Zweite Station

Athen, Krankenhaus. Beginn der Aufzeichnungen 19. Juli

Sie haben meine Hermes-Baby genommen und in den wei-
ßen Schrank geschlossen, weil Mittag, weil Ruhestunde. Ich
solle von Hand schreiben! Ich kann Handschrift nicht lei-
den, ich sitze mit nacktem Oberkörper auf dem Bett, und
mein kleiner Ventilator (Geschenk von Hanna) saust von 5
Morgen bis Abend; sonst Totenstille. Heute wieder vierzig
Grad im Schatten! Diese Ruhestunden (13.00–17.00) sind
das Schlimmste. Dabei habe ich nur noch wenig Zeit, um
meinen Kalender nachzuführen. Hanna besucht mich täg-
lich, mein Schreck jedesmal, wenn es an die weiße Doppel- 10
tür klopft; Hanna in Schwarz, ihr Eintreten in mein wei-
ßes Zimmer. Warum setzt sie sich nie? Sie geht täglich ans
Grab, das ist zurzeit alles, was ich von Hanna weiß, und
täglich ins Institut. Ihr Stehen am offenen Fenster, während
ich liegen muß, macht mich nervös, ihr Schweigen. Kann sie 15
verzeihen? Kann ich wiedergutmachen? Ich weiß nicht ein-
mal, was Hanna seither getan hat; kein Wort davon. Ich
habe gefragt, warum Hanna sich nicht setzt. Ich verstehe
Hanna überhaupt nicht, ihr Lächeln, wenn ich frage, ihr
Blick an mir vorbei, manchmal habe ich Angst, sie wird 20
noch verrückt. Heute sind es sechs Wochen.

Ich wohnte im Hotel Times Square. Mein Namensschild war
noch an der Wohnung; aber Freddy, der doorman, wußte
nichts von einem Schlüssel. Ivy hätte ihn abliefern sollen,

253

9. *Umsteigen: um-steigen, ie, ie* to change trains
12. *stieg aus: aus-steigen, ie, ie* to leave the train, get out
13. *im Vorbeigehen* in passing, on my way

ich klingelte an meiner eignen Tür. Ich war ratlos. Alles
offen: Office und Kino und Subway, bloß meine Wohnung
nicht. Später auf ein Sightseeingboat, bloß um Zeit loszuwerden; die Wolkenkratzer wie Grabsteine (das habe ich
schon immer gefunden), ich hörte mir den Lautsprecher an: 5
Rockefeller Center, Empire State, United Nations und so
weiter, als hätte ich nicht elf Jahre in diesem Manhattan
gelebt. Dann ins Kino. Später fuhr ich mit der Subway, wie
üblich: *Irt, Express Uptown*, ohne Umsteigen am Colum-
bus Circle, obschon ich mit der *Independent* näher zu mei- 10
ner Wohnung gelangen könnte, aber ich bin in elf Jahren
nie umgestiegen, ich stieg aus, wo ich immer ausgestiegen
bin, und ging wie üblich, im Vorbeigehen, zu meiner
Chinese Laundry, wo man mich noch kennt. Hello Mister
Faber, dann mit drei Hemden, die monatelang auf mich 15
gewartet hatten, zurück zum Hotel, wo ich nichts zu tun
hatte, wo ich mehrmals meine eigene Nummer anrief –
natürlich ohne Erfolg!

Meine Operation wird mich von sämtlichen Beschwerden
für immer erlösen, laut Statistik eine Operation, die in 94,6 20
von 100 Fällen gelingt, und was mich nervös macht, ist
lediglich diese Warterei von Tag zu Tag. Ich bin nicht ge-
wohnt, krank zu sein. Was mich auch nervös macht: wenn
Hanna mich tröstet, weil sie nicht an Statistik glaubt. Ich
bin wirklich voll Zuversicht, dazu froh, daß ich's nicht in 25
New York oder Düsseldorf oder Zürich habe machen las-
sen; ich muß Hanna sehen, beziehungsweise sprechen mit
ihr. Ich kann mir nicht vorstellen, was Hanna außerhalb
dieses Zimmers tut. Ißt sie? Schläft sie? Sie geht täglich ins
Institut (08.00–11.00 und 17.00–19.00) und täglich ans 30
Grab unsrer Tochter. Was außerdem? Ich habe Hanna ge-
beten, daß sie sich setzt. Warum spricht sie nicht? Wenn
Hanna sich setzt, vergeht keine Minute, bis irgendetwas
fehlt, Aschenbecher oder Feuerzeug, so daß sie sich erhebt
und wieder stehenbleibt. Wenn Hanna mich nicht aushal- 35

255

7. *Kniff: der Kniff, -e* trick, strategem; *als Kniff* as the strategem
9. *nichts mit ihr anfangen kann* can't do anything with her
11. *aus der Welt zu schaffen* to get rid of
13. *die Weltlosigkeit* worldlessness
18. *einreden: sich etwas ein-reden* to persuade oneself
20. *gehört: gehören* to belong to; *der zu mir gehört* which belongs to me, that is part of me
23. *Gestalt: die Gestalt, -en* form
26. *Stoff: der Stoff, -e* matter, substance
30. *aufheben: auf-heben, o, o here:* to suspend, abolish

ten kann, warum kommt sie? Sie richtet mir die Kissen.
Wenn es Krebs wäre, dann hätten sie mich sofort unters
Messer genommen, das ist logisch, ich habe es Hanna er-
klärt, und es überzeugt sie, hoffe ich. Heute ohne Spritze!
Ich werde Hanna heiraten.   5

Diskussion mit Hanna! – über Technik (laut Hanna) als
Kniff, die Welt so einzurichten, daß wir sie nicht erleben
müssen. Manie des Technikers, die Schöpfung nutzbar zu
machen, weil er sie als Partner nicht aushält, nichts mit ihr
anfangen kann; Technik als Kniff, die Welt als Widerstand   10
aus der Welt zu schaffen, beispielsweise durch Tempo zu
verdünnen, damit wir sie nicht erleben müssen. (Was Hanna damit meint, weiß ich nicht.) Die Weltlosigkeit des
Technikers. (Was Hanna damit meint, weiß ich nicht.) Hanna macht keine Vorwürfe, Hanna findet es nicht unbegreif-   15
lich, daß ich mich gegenüber Sabeth so verhalten habe; ich
habe (meint Hanna) eine Art von Beziehung erlebt, die ich
nicht kannte, und sie mißdeutet, indem ich mir einredete,
verliebt zu sein. Es ist kein zufälliger Irrtum gewesen, sondern ein Irrtum, der zu mir gehört (?) wie mein Beruf, wie 20
mein ganzes Leben sonst. Mein Irrtum: daß wir Techniker
versuchen, ohne den Tod zu leben. Wörtlich: Du behandelst
das Leben nicht als Gestalt, sondern als bloße Addition,
daher kein Verhältnis zur Zeit, weil kein Verhältnis zum
Tod. Leben sei Gestalt in der Zeit. Hanna gibt zu, daß sie   25
nicht erklären kann, was sie meint. Leben ist nicht Stoff,
nicht mit Technik zu bewältigen. Mein Irrtum mit Sabeth:
Repetition, ich habe mich so verhalten, als gebe es kein
Alter, daher widernatürlich. Wir können nicht das Alter
aufheben, indem wir weiter addieren, indem wir unsere   30
eigenen Kinder heiraten.

2. *an Ort und Stelle* here, on the spot
3. *riß: sich zusammen reißen, i, i* to pull oneself together
5. *meinerseits ausfiel: aus-fallen, ie, a* to drop out;
   meinerseits on my part
7. *fit (Engl.)*
8. *Es war insofern meine Schuld* It was my fault in as
   much as
15. *steckt: stecken* to be, hide out; *wo Hanna steckt*
   where Hanna is hiding out
18. *Die Montage ging in Ordnung* The assembly pro-
   ceeded without difficulties
23. *pflege: pflegen (with inf.)* to be in the habit of
33. *sympathischer: sympathisch* pleasant, congenial

20. VI. Ankunft in Caracas.

Endlich klappte es; die Turbinen waren an Ort und Stelle, ebenso die angeforderten Arbeitskräfte. Ich riß mich zusammen, solange es ging, und daß ich jetzt, wo die Montage endlich lief, meinerseits ausfiel wegen Magenbeschwerden, war Pech, aber nicht zu ändern; anläßlich meines vorigen Besuches (15. und 16. IV.) war ich fit gewesen, aber alles übrige nicht bereit. Es war insofern meine Schuld, daß ich die Montage nicht überwachen konnte; ich mußte im Hotel liegen, was kein Spaß ist, mehr als zwei Wochen. In Caracas hatte ich auf einen Brief von Hanna gehofft. Ein Telegramm nach Athen, das ich damals aufgab, blieb ebenfalls ohne Antwort. Ich wollte Hanna schreiben und fing mehrere Briefe an; aber ich hatte keine Ahnung, wo Hanna steckt, und es blieb mir nichts anderes übrig (etwas mußte ich in diesem Hotel ja tun!) als einen Bericht abzufassen, ohne denselben zu adressieren.

Die Montage ging in Ordnung – ohne mich.

Die Diakonissin hat mir endlich einen Spiegel gebracht – ich bin erschrocken. Ich bin immer hager gewesen, aber nicht so wie jetzt; nicht wie der alte Indio in Palenque, der uns die feuchte Grabkammer zeigte. Ich bin wirklich etwas erschrocken. Außer beim Rasieren pflege ich nicht in den Spiegel zu schauen; ich kämme mich ohne Spiegel, trotzdem weiß man, wie man aussieht, beziehungsweise ausgesehen hat. Meine Nase ist von jeher zu lang gewesen, doch meine Ohren sind mir nicht aufgefallen. Ich trage allerdings ein Pyjama ohne Kragen, daher mein zu langer Hals, die Sehnen am Hals, wenn ich den Kopf drehe, und Gruben zwischen den Sehnen, Höhlen, die mir nie aufgefallen sind. Meine Ohren: wie bei geschorenen Häftlingen! Ich kann mir im Ernst nicht vorstellen, daß mein Schädel kleiner geworden ist. Ich frage mich, ob meine Nase sympathischer ist, und komme zum Schluß, daß Nasen nie sympathisch sind, eher absurd, geradezu obszön. Sicher habe ich damals

12. *Granulom* granuloma; chronically inflamed tissue
21. *Jalousie-Licht* light coming through the venetian blinds; *die Jalousie, -n* venetian blind
24. *was man auch dagegen tut* whatever one does against it
24. *ihre Verwitterung: das Wetter* weather; *verwittern* to weather, decay; *die Verwitterung* weathering, decay
30. *es fehlt mir nur an* I simply need

in Paris (vor zwei Monaten!) nicht so ausgesehen, sonst
wäre Sabeth nie mit mir in die Opéra gekommen. Dabei ist
meine Haut noch ziemlich gebräunt, nur der Hals etwas
weißlich. Mit Poren wie bei einem gerupften Hühnerhals!
Mein Mund ist mir noch sympathisch, ich weiß nicht war- 5
um, mein Mund und meine Augen, die übrigens nicht braun
sind, wie ich immer gemeint habe, weil es im Paß so heißt,
sondern graugrünlich; alles andere könnte auch einem andern gehören, der sich überarbeitet hat. Meine Zähne habe
ich schon immer verflucht. Sobald ich wieder auf den Bei- 10
nen bin, muß ich zum Zahnarzt. Wegen Zahnstein, vielleicht auch wegen Granulom; ich spüre keinerlei Schmerz,
nur Puls im Kiefer. Meine Haare habe ich stets sehr kurz
getragen, weil es praktischer ist, und auf den Seiten ist
mein Haarwuchs keineswegs dünner geworden, auch hinten 15
nicht. Grau bin ich eigentlich schon lange, silberblond, was
mich nicht kümmert. Wenn ich auf dem Rücken liege und
den Spiegel über mich halte, sehe ich immer noch aus, wie
ich ausgesehen habe; nur etwas magerer, was von der Diät
kommt, begreiflicherweise. Vielleicht ist es auch das weiß- 20
liche Jalousie-Licht in diesem Zimmer, was einen bleich
macht sozusagen hinter der gebräunten Haut; nicht weiß,
aber gelb. Schlimm nur die Zähne. Ich habe sie immer gefürchtet; was man auch dagegen tut: ihre Verwitterung.
Überhaupt der ganze Mensch! – als Konstruktion möglich, 25
aber das Material ist verfehlt: Fleisch ist kein Material,
sondern ein Fluch.

PS. Ich habe mich eben rasiert, dann die Haut massiert.
Lächerlich, was man sich vor lauter Müßiggang alles ein-
bildet! Kein Grund zum Erschrecken, es fehlt mir nur an 30
Bewegung und frischer Luft, das ist alles.

9.–13. VII. in Cuba.
Was ich in Habana zu tun hatte: – das Flugzeug wechseln,
weil ich keinesfalls über New York fliegen wollte, KLM

1. *KLM, Cubana* airlines
4. *Platanen: die Platane, -n* plane tree
17. *auf Schritt und Tritt* everywhere
26. *Castillo del Morro* built at the harbor entrance in Havana in 1597 to defend the island against Sir Francis Drake

von Caracas, Cubana nach Lissabon, ich blieb vier Tage.
Vier Tage nichts als Schauen –

El Prado:

Die alte Straße mit den alten Platanen, wie die Rambla in
Barcelona, Corso am Abend, die Allee der schönen Men-   5
schen, unglaublich, ich gehe und gehe, ich habe nichts anderes zu tun –
Die gelben Vögel, ihr Krawall bei Dämmerung.
Alle wollen meine Schuhe putzen –
Die Neger-Spanierin, die mir ihre Zunge herausstreckt,   10
weil ich sie bewundere, ihre Rosa-Zunge im braunen Ge-
sicht, ich lache und grüße – sie lacht auch, ihr weißes Gebiß
in der roten Blume ihrer Lippen (wenn man so sagen kann)
und ihre Augen, ich will nichts von ihr.
»How do you like Habana?«   15
Mein Zorn, daß sie mich immer für einen Amerikaner hal-
ten, bloß weil ich ein Weißer bin; die Zuhälter auf Schritt
und Tritt:
»Something very beautiful! D'you know what I mean?
Something very young!«   20
Alles spaziert, alles lacht.
Alles wie Traum –
Die weißen Polizisten, die Zigarren rauchen; die Soldaten
der Marine, die Zigarren rauchen: – Buben, ihre Hüften in
den engen Hosen.   25
Castillo del Morro (Philipp II.).
Ich lasse meine Schuhe putzen.
Mein Entschluß, anders zu leben –
Meine Freunde –
Ich kaufe Zigarren, zwei Kistchen.   30
Sonnenuntergang –
Die nackten Buben im Meer, ihre Haut, die Sonne auf ihrer
nassen Haut, die Hitze, ich sitze und rauche eine Zigarre,
Gewitterwolken über der weißen Stadt: schwarz-violett,
dazu der letzte Sonnenschein auf den Hochhäusern.   35
El Prado:

Die grüne Dämmerung, die Eisverkäufer; auf der Mauer

unter den Laternen sitzen die Mädchen (in Gruppen) und
lachen.

Tamales:

Das ist Mais, eingewickelt in Bananenblätter, ein Imbiß,
den sie auf den Straßen verkaufen – man ißt im Gehen und
verliert keine Zeit.

Meine Unrast? Wieso eigentlich?

Ich hatte in Habana gar nichts zu tun.

Meine Rast im Hotel – immer wieder – mit Duschen, dann
kleiderlos auf dem Bett, Ventilator-Wind, ich liege und
rauche Zigarren. Ich schließe meine Zimmertür nicht ab;
draußen das Girl, das im Korridor putzt und singt, auch
eine Neger-Spanierin, ich rauche pausenlos.

Meine Begierde –

Warum kommt sie nicht einfach!

Meine Müdigkeit dabei, ich bin zu müde, um mir einen
Aschenbecher zu holen; ich liege auf dem Rücken und rauche meine Zigarre, so daß ihre weißliche Asche nicht ab-
fällt, senkrecht.

Partagas.

Wenn ich wieder auf den Prado gehe, so ist es wieder wie
eine Halluzination: – lauter schöne Mädchen, auch die
Männer sehr schön, lauter wunderbare Menschen, die Mischung von Neger und Spanier, ich komme nicht aus dem
Gaffen heraus: ihr aufrechter und fließender Gang, die
Mädchen in blauen Glockenröckchen, ihr weißes Kopftuch,
Fesseln wie bei Negerinnen, ihre nackten Rücken sind gerade so dunkel wie der Schatten unter den Platanen, infolgedessen sieht man auf den ersten Blick bloß ihre Röcke,
blau oder lila, ihr weißes Kopftuch und das weiße Gebiß,
wenn sie lachen, das Weiß ihrer Augen; ihre Ohrringe
blinken –

The Caribbean Bar.

Ich rauche schon wieder –

Romeo y Julieta.

Ein junger Mann, den ich zuerst für einen Zuhälter halte,

18. *Knall der Storen*   flapping of curtains
23. *duscht: duschen*   to shower; *Ab und zu duscht es unter den Arkaden*   Now and then the rain sprays in under the arcades
23. *Blüten-Konfetti: die Blüte, –n*   blossom; *das Konfetti*   confetti; *das Blüten-Konfetti*   confetti of blossoms or petals
30. *Zorn: der Zorn*   anger; *Mein Zorn auf Amerika*   My anger with America
36. *Schweißbrenner-Glut*   glow of an oxyacetylene torch

besteht darauf, meinen Whisky zu zahlen, weil er Vater
geworden ist:
»For the first time!«
Er umarmt mich, dazu immer wieder:
»Isn't it a wonderful thing?«   5
Er stellt sich vor und will wissen, wie man heißt, wieviel
Kinder man hat, vor allem Söhne; ich sage:
»Five.«
Er will sofort fünf Whiskys bestellen.
»Walter«, sagte er, »you're my brother!«   10
Kaum hat man angestoßen, ist er weg, um den andern einen
Whisky zu zahlen, um zu fragen, wieviel Kinder sie haben,
vor allem Söhne –
Alles wie verrückt.

Endlich das Gewitter: – wie ich allein unter den Arkaden   15
sitze in einem gelben Schaukelstuhl, ringsum rauscht es,
ein plötzlicher Platzregen mit Wind, die Allee ist plötzlich
ohne Menschen, wie Alarm, Knall der Storen, draußen die
Spritzer über dem Pflaster: wie ein plötzliches Beet von
Narzissen (vor allem unter den Laternen) weiß –   20
Wie ich schaukle und schaue.
Meine Lust, jetzt und hier zu sein –
Ab und zu duscht es unter die Arkaden, Blüten-Konfetti,
dann der Geruch von heißem Laub und die plötzliche Küh-
le auf der Haut, ab und zu Blitze, aber der Wasserfall ist   25
lauter als alles Gedonner, ich schaukle und lache, Wind, das
Schaukeln der leeren Sessel neben mir, die Flagge von
Cuba.
Ich pfeife.
Mein Zorn auf Amerika!   30
Ich schaukle und fröstle –
The American Way of Life!
Mein Entschluß, anders zu leben –
Licht der Blitze; nachher ist man wie blind, einen Augen-
blick lang hat man gesehen: die schwefelgrüne Palme im   35
Sturm, Wolken, violett mit der bläulichen Schweißbrenner-
Glut, das Meer, das flatternde Wellblech; der Hall von die-

267

4. *Bleichlinge: bleich* pale; *der Bleichling, -e* paleface
6. *Watte: die Watte* absorbent cotton
13. *greife: greifen, i, i nach* to take hold of
14. *Kruselhaar: kruselig* fuzzy
17. *fühlt es sich an* it feels
28. *daß es nur so klatscht* so that it makes a slapping sound
31. *Bratwurst-Haut: die Haut, ̈-e* skin, hide; *die Bratwurst, ̈-e* fried sausage; *die Bratwurst-Haut* sausage skin
32. *Getue: tun, a, a* to do; *das Getue* to-do, fuss
33. *weil Amerikaner* = *weil sie Amerikaner sind*
33. *weil ohne Hemmungen* = *weil sie ohne Hemmungen sind*
37. *ungezwungen: zwingen, a, u* to force, compel; *ungezwungen* unforced, easy-going

sem flatternden Wellblech, meine kindliche Freude daran,
meine Wollust – ich singe.

The American Way of Life:

Schon was sie essen und trinken, diese Bleichlinge, die nicht
wissen, was Wein ist, diese Vitamin-Fresser, die kalten Tee 5
trinken und Watte kauen und nicht wissen, was Brot ist,
dieses Coca-Cola-Volk, das ich nicht mehr ausstehen
kann –

Dabei lebe ich von ihrem Geld!

Ich lasse mir die Schuhe putzen – 10

Mit ihrem Geld!

Der Siebenjährige, der mir schon einmal die Schuhe ge-
putzt hat, jetzt wie eine ersoffene Katze; ich greife nach
seinem Kruselhaar –

Sein Grinsen – 15

Es ist nicht schwarz, sein Haar, eher grau wie Asche, braun-
grau, jung, wie Roßhaar fühlt es sich an, aber kruselig und
kurz, man spürt den kindlichen Schädel darunter, warm,
wie wenn man einen geschorenen Pudel greift.

Er grinst nur und putzt weiter – 20

Ich liebe ihn.

Seine Zähne –

Seine junge Haut –

Wir plaudern über Auto-Marken.

Seine flinken Hände – 25

Es gibt keine Menschen mehr außer uns, ein Bub und ich,
die Sintflut ringsum, er hockt und glänzt meine Schuhe mit
seinem Lappen, daß es nur so klatscht –

The American Way of Life:

Schon ihre Häßlichkeit, verglichen mit Menschen wie hier: 30
ihre rosige Bratwurst-Haut, gräßlich, sie leben, weil es
Penicillin gibt, das ist alles, ihr Getue dabei, als wären sie
glücklich, weil Amerikaner, weil ohne Hemmungen, dabei
sind sie nur schlaksig und laut – Kerle wie Dick, die ich mir
zum Vorbild genommen habe! – wie sie herumstehen, ihre 35
linke Hand in der Hosentasche, ihre Schulter an die Wand
gelehnt, ihr Glas in der andern Hand, ungezwungen, die

1. *Schutzherren: der Herr, -en* master; *der Schutz* protection; *der Schutzherr, -en* protector
1. *Schulterklopfen: die Schulter, -n* shoulder, back; *klopfen* to knock; *das Schulterklopfen* back-slapping
2. *Heulkrampf: der Krampf, ⁻e* cramp, seizure; *heulen* to weep; *der Heulkrampf* hysterical weeping
2. *Ausverkauf: der Verkauf, ⁻e* sale; *der Ausverkauf, ⁻e* sell-out
3. *ihr Vakuum zwischen den Lenden: die Lende, -n* loin, thigh; *das Vakuum* vacuum; the vacuum between their thighs (their sterility)
17. *die beste Installation der Welt* the best gadgetry of the world
19. *die Welt als Plakat-Wand* the world as a wall of advertising signs
22. *Klimbim* humbug
28. *Wohlstands-Plebs: der Plebs* plebeians: common vulgar people; *Wohlstand* affluence; *der Wohlstands-Plebs* affluent vulgarians
32. *Leiche: die Leiche, -n* corpse; *ihre Kosmetik noch an der Leiche* the way they go on using cosmetics even on corpses

Schutzherren der Menschheit, ihr Schulterklopfen, ihr Optimismus, bis sie besoffen sind, dann Heulkrampf, Ausverkauf der weißen Rasse, ihr Vakuum zwischen den Lenden. Mein Zorn auf mich selbst!

(Wenn man nochmals leben könnte.)

Mein Nacht-Brief an Hanna –

Am andern Tag fuhr ich hinaus an den Strand, es war wolkenlos und heiß, Mittag mit schwacher Brandung: die auslaufenden Wellen, dann das Klirren im Kies, jeder Strand erinnert mich an Theodohori.

Ich weine.

Das klare Wasser, man sieht den Meeresgrund, ich schwimme mit dem Gesicht im Wasser, damit ich den Meeresgrund sehe; mein eigener Schatten auf dem Meeresgrund: ein violetter Frosch.

Brief an Dick.

Was Amerika zu bieten hat: Komfort, die beste Installation der Welt, ready for use, die Welt als amerikanisiertes Vakuum, wo sie hinkommen, alles wird Highway, die Welt als Plakat-Wand zu beiden Seiten, ihre Städte, die keine sind, Illumination, am andern Morgen sieht man die leeren Gerüste, Klimbim, infantil, Reklame für Optimismus als Neon-Tapete vor der Nacht und vor dem Tod –

Später mietete ich ein Boot.

Um allein zu sein!

Noch im Badkleid sieht man ihnen an, daß sie Dollar haben; ihre Stimmen (wie an der Via Appia), nicht auszuhalten, ihre Gummi-Stimmen überall, Wohlstand-Plebs.

Brief an Marcel.

Marcel hat recht: ihre falsche Gesundheit, ihre falsche Jugendlichkeit, ihre Weiber, die nicht zugeben können, daß sie älter werden, ihre Kosmetik noch an der Leiche, überhaupt ihr pornografisches Verhältnis zum Tod, ihr Präsident, der auf jeder Titelseite lachen muß wie ein rosiges Baby, sonst wählen sie ihn nicht wieder, ihre obszöne Jugendlichkeit –

Ich ruderte weit hinaus.

19. *Feierabend* evening leisure; time for quitting work
32. *im Corso der Lebenden* in the parade of the living

Hitze auf dem Meer –
Sehr allein.
Ich las meine Briefe an Dick und an Marcel und zerriß sie,
weil unsachlich; die weißen Fetzchen auf dem Wasser; mein
weißes Brusthaar –   5
Sehr allein.
Ich wußte nicht, was anfangen mit diesem Tag, mit mir,
ein komischer Tag, ich kannte mich selbst nicht, keine Ahnung, wie er vergangen ist, ein Nachmittag, der geradezu
wie Ewigkeit aussah, blau, unerträglich, aber schön, aber   10
endlos – bis ich wieder auf der Prado-Mauer sitze (abends)
mit geschlossenen Augen; ich versuche mir vorzustellen,
daß ich in Habana bin, daß ich auf der Prado-Mauer sitze.
Ich kann es mir nicht vorstellen, Schrecken.
Alle wollen meine Schuhe putzen –   15
Lauter schöne Menschen, ich bewundere sie wie fremde
Tiere, ihr weißes Gebiß in der Dämmerung, ihre braunen
Schultern und Arme, ihre Augen – ihr Lachen, weil sie
gerne leben, weil Feierabend, weil sie schön sind.
Meine Wollust, zu schauen –   20
Meine Begierde –
Vakuum zwischen den Lenden –
Ich existiere nur noch für Schuhputzer!
Die Zuhälter –
Die Eisverkäufer –   25
Ihr Vehikel; Kombination aus alten Kinderwagen und
Buffet, dazu ein halbes Fahrrad, Baldachin aus verrosteten
Jalousien; Karbid-Licht; ringsum die grüne Dämmerung
mit ihren blauen Glockenröcken.
Der lila Mond –   30
Dann meine Taxi-Geschichte: es war noch früh am Abend,
aber ich ertrug es nicht länger als Leiche im Corso der Le-
benden zu gehen und wollte in mein Hotel, um ein Schlafpulver zu nehmen, ich winkte einem Taxi, und als ich die
Türe aufreiße, sitzen bereits die zwei Damen darin, eine   35
schwarze, eine blonde, ich sage: Sorry! schlage die Wagentür zu, aber der Driver springt heraus, um mich zurückzu-

273

5. *die Blamage*   the shameful failure
10. *taugt: taugen*   to be good for, fit for; *mein Körper taugt gerade noch*   my body is still just good enough
16. *Unesco*   United Nations Educational, Scientific, and Cultural Organization

rufen: Yes, Sir! ruft er und reißt die Wagentüre wieder auf:
For you, Sir! ich muß lachen über soviel »service«, steige
ein –

Unser kostbares Souper!

Dann die Blamage – 5

Ich habe gewußt, daß es einmal so kommen wird, später
liege ich in meinem Hotel – schlaflos, aber gelassen, es ist
eine heiße Nacht, ab und zu dusche ich meinen Körper, der
mich verläßt, aber ich nehme kein Schlafpulver, mein Körper taugt gerade noch, um den Ventilator-Wind zu genie- 10
ßen, der hin und her schwenkt, Wind auf Brust, Wind auf
Beine, Wind auf Brust.

Mein Hirngespinst: Magenkrebs.

Sonst glücklich –

Krawall der Vögel im Morgengrauen, ich nehme meine 15
Hermes-Baby und tippe endlich meinen Unesco-Rapport,
betreffend die Montage in Venezuela, die erledigt ist.

Dann Schlaf bis Mittag.

Ich esse Austern, weil ich nicht weiß, was tun, meine Arbeit
ist erledigt, ich rauche viel zu viel Zigarren. 20

(Daher meine Magenschmerzen.)

Die Überraschung abends:

Wie ich mich auf der Prado-Mauer einfach zu dem fremden
Mädchen setze und sie anspreche, meines Erachtens die-
selbe, die vorgestern die Rosa-Zunge herausgestreckt hat. 25
Sie erinnert sich nicht. Ihr Lachen, als ich sage, daß ich kein
American bin.

Mein Spanisch zu langsam –

»Say it in English!«

Ihre langen und dünnen Hände – 30

Mein Spanisch reicht für berufliche Verhandlungen, die Ko-
mik: ich sage nicht, was ich will, sondern was die Sprache
will. Ihr Lachen dazu. Ich bin das Opfer meines kleinen
Wortschatzes. Ihr Staunen, ihre geradezu lieben Augen,
wenn ich manchmal selber staune: über mein Leben, das 35
mir selber, so gesagt, belanglos vorkommt.

Juana ist achtzehn.

2. *Suiza* Switzerland; *sie meint immer Schweden* all the time she thinks it means Sweden
3. *gespreizt: spreizen* to stretch out; *als Stützen rückwärts gespreizt* stretched out backwards as a support
4. *Gußeisen-Laterne: die Laterne, -n* street lamp; *das Gußeisen* cast-iron; *die Gußeisen-Laterne* cast-iron street lamp
16. *Vogelmist: der Mist* dung; *der Vogel, ⸚* bird; *der Vogelmist* bird droppings
18. *Freudenmädchen: das Mädchen, -* girl; *die Freude, -n* joy; *das Freudenmädchen, -* girl whose profession it is to dispense joy: prostitute
23. *Aspisviper* viper, snake

(Noch jünger als unser Kind.)

Suiza: sie meint immer Schweden.

Ihre braunen Arme als Stützen rückwärts gespreizt, ihr
Kopf an der Gußeisen-Laterne, ihr weißes Kopftuch und
das schwarze Haar, ihre unglaublich schönen Füße; wir   5
rauchen; meine beiden weißen Hände um mein rechtes
Hosenknie gespannt –

Ihre Unbefangenheit.

Sie hat Cuba noch nie verlassen –

Das ist erst mein dritter Abend hier, aber alles schon ver-   10
traut: die grüne Dämmerung mit Neon-Reklame darin,
die Eisverkäufer, die gescheckte Rinde der Platanen, die
Vögel mit ihrem Zwitschern und das Schattennetz auf dem
Boden, die rote Blume ihrer Münder.

Ihr Lebensziel: New York!   15

Der Vogelmist von oben –

Ihre Unbefangenheit:

Juana ist Packerin, Freudenmädchen nur übers Wochenende, sie hat ein Kind, sie wohnt nicht in Habana selbst.

Wieder die jungen Matrosen schlendernd.   20

Ich erzähle von meiner Tochter, die gestorben ist, von der
Hochzeitsreise mit meiner Tochter, von Korinth, von der
Aspisviper, die über der linken Brust gebissen hat, und von
ihrem Begräbnis, von meiner Zukunft.

»I'm going to marry her.«   25

Sie versteht mich falsch:

»I think she's dead.«

Ich berichtige.

»Oh«, lacht sie, »you're going to marry the mother of the
girl, I see!«   30

»As soon as possible.«

»Fine!« sagt sie.

»My wife is living in Athens –«

Ihre Ohrringe, ihre Haut.

Sie wartet hier auf ihren Bruder –   35

Meine Frage, ob Juana an eine Todsünde glaubt, beziehungsweise an Götter; ihr weißes Lachen; meine Frage, ob

277

2. *gesteuert: steuern*   to steer, guide
7. *Es ist nichts dabei*   It doesn't mean anything
20. *Droschkenpferd: das Pferd, -e*   horse; *die Droschke, -n*   cab, carriage; *das Droschkenpferd, -e*   carriage horse
22. *Mark und Bein: das Bein, -e*   bone, leg; *das Mark*   marrow; *durch Mark and Bein*   through my marrow, all through me
26. *Messerwetzen: das Messer, -*   knife; *wetzen*   to sharpen (as of a knife); *das Messerwetzen*   knives being sharpened
29. *Sog: saugen*   to suck; *der Sog*   suction, draft, undertow
34. *Espresso-Maschine: die Espresso-Maschine, -n*   coffee machine
37. *Backofenluft: die Luft, ⁼e*   air; *der Backofen, ⁼*   oven; *Backofenluft*   air like an oven

Juana glaubt, daß die Schlangen (ganz allgemein) von Göttern gesteuert werden, beziehungsweise von Dämonen.
»What's your opinion, Sir?«
Später der Kerl mit gestreiftem Hollywood-Hemd, der jugendliche Zuhälter, der mich auch schon angesprochen hat, ihr Bruder. Sein Handschlag: »Hello, camerad!«
Es ist nichts dabei, alles ganz munter, Juana legt ihre Zigarette unter den Absatz, um sie zu löschen, und ihre braune Hand auf meine Schulter:
»He's going to marry his wife – he's a gentleman!«
Juana verschwunden –
»Wait here!« sagt er und blickt zurück, um mich festzuhalten. »Just a moment, Sir, just a moment!«
Meine letzte Nacht in Habana.
Keine Zeit auf Erden, um zu schlafen!
Ich hatte keinen besonderen Anlaß, glücklich zu sein, ich war es aber. Ich wußte, daß ich alles, was ich sehe, verlassen werde, aber nicht vergessen: – die Arkade in der Nacht, wo ich schaukle und schaue, beziehungsweise höre, ein Droschkenpferd wiehert, die spanische Fassade mit den gelben Vorhängen, die aus schwarzen Fenstern flattern, dann wieder das Wellblech irgendwo, sein Hall durch Mark und Bein, mein Spaß dabei, meine Wollust, Wind, nichts als Wind, der die Palmen schüttelt, Wind ohne Wolken, ich schaukle und schwitze, die grüne Palme ist biegsam wie eine Gerte, in ihren Blättern tönt es wie Messerwetzen, Staub, dann die Gußeisen-Laterne, die zu flöten beginnt, ich schaukle und lache, ihr zuckendes und sterbendes Licht, es muß ein beträchtlicher Sog sein, das wiehernde Pferd kann die Droschke kaum halten, alles will fliehen, das Schild von einem barber-shop, Messing, sein Klingeln in der Nacht, und das unsichtbare Meer spritzt über die Mauern, dann jedesmal Donner im Boden, darüber zischt es wie eine Espresso-Maschine, mein Durst, Salz auf den Lippen, Sturm ohne Regen, kein Tropfen will fallen, es kann nicht, weil keine Wolken, nichts als Sterne, nichts als der heiße und trockene Staub in der Luft, Backofenluft, ich schaukle

1. *vertrage: vertragen, u, a* to bear, stand; *ich vertrage nichts mehr* I can't take any more
8. *rutscht: rutschen* to skid; *und wie sie über das Pflaster rutscht* the way it skids over the pavement (the surface of the street)
19. *Alles an die Arbeit* Everyone (everything) at work

und trinke einen Scotch, einen einzigen, ich vertrage nichts mehr, ich schaukle und singe. Stundenlang. Ich singe! Ich kann ja nicht singen, aber niemand hört mich, das Droschkenpferd auf dem leeren Pflaster, die letzten Mädchen in ihren fliegenden Röcken, ihre braunen Beine, wenn die Röcke fliegen, ihr schwarzes Haar, das ebenfalls fliegt, und die grüne Jalousie, die sich losgerissen hat, ihr weißes Gelächter im Staub, und wie sie über das Pflaster rutscht, die grüne Jalousie, hinaus zum Meer, das Himbeer-Licht im Staub über der weißen Stadt in der Nacht, die Hitze, die Fahne von Cuba – ich schaukle und singe, nichts weiter, das Schaukeln der leeren Sessel neben mir, das flötende Gußeisen, die Wirbel von Blüten. Ich preise das Leben!

Samstag, 13. VII., Weiterflug.

Morgen auf dem Prado, nachdem ich auf der Bank gewesen bin, um Geld zu wechseln, die menschenleere Allee, glitschig Von Vogelmist und weißen Blüten –

Die Sonne –

Alles an die Arbeit.

Die Vögel –

Dann ein Mann, der mich um Feuer bittet für seine Zigarre, geschäftig, er begleitet mich trotzdem, um zu fragen:

»How do you like Habana?«

»I love it!« sage ich.

Wieder ein Zuhälter, seine Teilnahme.

»You're happy, aren't you?«

Er bewundert meine Kamera.

»Something very beautiful! D'you know what I mean? Something very young!«

Als ich ihm sage, daß ich verreise, will er wissen, wann ich im Flughafen sein müsse.

»Ten o'clock, my friend, ten o'clock.«

Sein Blick auf die Uhr.

»Well«, sagt er, »now it's nine o'clock – Sir, that's plenty of time!«

Ich schlendere nochmals zum Meer.

3. *Uferblöcken: der Block, ̈e* block; *das Ufer* shore;
   der Uferblock, ̈e stone block lining the shore
18. *Verfügung: die Verfügung* disposal; *zur Verfügung*
   stellen to put at (somebody's) disposal
21. *Hochhaus mit Chrom:* Many-storied building with
   chromium trim
22. *Freundespflicht: die Pflicht, -en* duty; *der Freund,*
   -e friend; *die Freundespflicht, -en* duty as a
   friend
23. *das heißt* that is to say

Weit draußen die Fischerboote –
Abschied.
Ich sitze nochmals auf den Uferblöcken und rauche nochmals eine Zigarre – ich filme nichts mehr. Wozu! Hanna
hat recht: nachher muß man es sich als Film ansehen, wenn   5
es nicht mehr da ist, und es vergeht ja doch alles –
Abschied.

Hanna ist dagewesen. Ich sagte ihr, sie sehe aus wie eine
Braut. Hanna in Weiß! Sie kommt plötzlich nicht mehr in
ihrem Trauerkleid; ihre Ausrede: es sei zu heiß draußen.   10
Ich habe ihr soviel von Zopiloten geredet, jetzt will sie
nicht als schwarzer Vogel neben meinem Bett sitzen – und
meint, ich merke ihre liebe Rücksicht nicht, weil ich früher
(noch vor wenigen Wochen) soviel nicht gemerkt habe.
Hanna hat viel erzählt.   15

15. VII. Düsseldorf.
Was der junge Techniker, den mir die Herren von Hencke-
Bosch zur Verfügung stellten, von mir denken mag, weiß
ich nicht; ich kann nur sagen, daß ich mich an diesem Vormittag zusammennahm, solange ich konnte.   20
Hochhaus mit Chrom –
Ich hielt es für meine Freundespflicht, die Herren zu in-
formieren, wie ihre Plantage in Guatemala aussieht, das
heißt, ich war von Lissabon nach Düsseldorf geflogen, ohne
zu überlegen, was ich in Düsseldorf eigentlich zu tun oder   25
zu sagen habe, und saß nun einfach da, höflich empfangen.
»Ich habe Filme«, sagte ich –
Ich hatte den Eindruck, sie haben die Plantage bereits ab-
geschrieben; sie interessierten sich aus purer Höflichkeit.
»Wie lange dauern denn Ihre Filme?«   30
Eigentlich störte ich bloß.
»Wieso Unfall?« sagte ich. »Mein Freund hat sich erhängt –
das wissen Sie nicht?«
Man wußte es natürlich.

283

1. *aber es mußte nun sein* but it now had to be: there was no getting out of it

4. *Sitzungszimmer des Verwaltungsrates: das Sitzungszimmer, -* conference room; *der Verwaltungsrat, ⁼e* administrative board; director

4. *herzurichten: her-richten* to get (something) ready, prepare

7. *Apparatur: die Apparatur* equipment; *here:* projector

12. *Ich wurde ihn nicht los* I could not get rid of him

14. *ungeschnitten* uncut: not edited

14. *gefaßt* well aware, prepared

17. *ich reise als Vertreter von Sonnenuntergängen* I were a travelling salesman of sunsets

20. *schärfer: scharf* sharp, in focus

26. *in Anspruch nimmt: in Anspruch nehmen, a, o* to demand, claim; *was einige Zeit in Anspruch nimmt* which takes some time

27. *Ektachrom* color film

28. *Verwaltungsratssessel: der Sessel, -* chair; *der Verwaltungsratssessel, -* director's chair

34. *unterbelichtet: belichtet* exposed to the light; *unterbelichtet* underexposed (*cf. überbelichtet* overexposed)

35. *Blende: die Blende, -n* a camara's diaphragm; *mit der gleichen Blende* with the same diaphragm setting

Ich hatte das Gefühl, man nimmt mich nicht ernst, aber es mußte nun sein, Vorführung meines Farbfilms aus Guatemala. Der Techniker, der mir zur Verfügung gestellt wurde, um im Sitzungszimmer des Verwaltungsrates herzurichten, was zur Vorführung nötig war, machte mich nur nervös; er war sehr jung, dabei nett, aber überflüssig, ich brauchte Apparatur, Bildschirm, Kabel, ich brauchte keinen Techniker. 5

»Ich danke Ihnen!« sagte ich.

»Bitte sehr, mein Herr.« 10

»Ich kenne die Apparatur« – sagte ich.

Ich wurde ihn nicht los.

Es war das erste Mal, daß ich die Filme selber sah (alle noch ungeschnitten), gefaßt, daß es von Wiederholungen wimmelt, unvermeidlich; ich staunte, wieviel Sonnenuntergänge, drei Sonnenuntergänge allein in der Wüste von Tamaulipas, man hätte meinen können, ich reise als Vertreter von Sonnenuntergängen, lächerlich; ich schämte mich geradezu vor dem jungen Techniker, daher meine Ungeduld – 15

»Geht nicht schärfer, mein Herr.« 20

Unser Landrover am Rio Usumancinta –

Zopilote an der Arbeit –

»Weiter«, sagte ich, »bitte.«

Dann die ersten Indios am Morgen, die uns melden, ihr Señor sei tot, dann Ende der Spule – Wechsel der Spule, was einige Zeit in Anspruch nimmt; unterdessen Gespräch über Ektachrom. Ich sitze in einem Polstersessel und rauche, weil untätig, die leeren Verwaltungsratssessel neben mir; nur schaukeln sie nicht im Wind. 25

»Bitte«, sagte ich, »weiter –« 30

Jetzt Joachim am Draht.

»Stop«, sage ich, »bitte!«

Es ist eine sehr dunkle Aufnahme geworden, leider, man sieht nicht sogleich, was es ist, unterbelichtet, weil in der Baracke aufgenommen mit der gleichen Blende wie vorher die Zopilote auf dem Esel draußen in der Morgensonne, ich sage: 35

10. *Wochenschau: die Wochenschau* news of the week (as of movies), newsreel
16. *das ist ja wie in den Tropen* it's like the tropics (in here)
18. *Mißgeschick: das Mißgeschick, -e* mishap; *Das Mißgeschick kam daher* The trouble resulted from the fact that
19. *gebracht: durcheinander-bringen, a, a* to mix up
21. *angeschrieben* labelled
30. *Bitte-sehr* Very good, sir
31. *versteht: sich verstehen, a, a auf* to understand (a thing), know how to do; *der sich auf eine solche Apparatur versteht* who understands a projector like that
33. *Besserwisserei: etwas besser wissen, u, u* to know something better; *die Besserwisserei* attitude of knowing everything better, air of superiority
34. *Gibt nichts anderes, mein Herr, durchlassen und sehen* Nothing else to be done, sir, we must run them through and see

»Das ist Dr. Joachim Hencke.«

Sein Blick auf die Leinwand:

»Geht nicht schärfer, mein Herr, – bedaure.«

Das ist alles, was er zu sagen hat.

»Bitte«, sage ich, »weiter!«

Nochmals Joachim am Draht, aber diesmal von der Seite, so daß man besser sieht, was los ist; es ist merkwürdig, es macht nicht nur meinem jungen Techniker, sondern auch mir überhaupt keinen Eindruck, ein Film, wie man schon manche gesehen hat, Wochenschau, es fehlt der Gestank, die Wirklichkeit, wir sprechen über Belichtung, der junge Mann und ich, unterdessen das Grab mit den betenden Indios ringsum, alles viel zu lang, dann plötzlich die Ruinen von Palenque, der Papagei von Palenque. Ende der Spule.

»Vielleicht kann man hier ein Fenster aufmachen«, sagte ich, »das ist ja wie in den Tropen.«

»Bitte sehr, mein Herr.«

Das Mißgeschick kam daher, daß der Zoll meine Spulen durcheinander gebracht hatte, beziehungsweise daß die Spulen der letzten Zeit (seit meiner Schiffspassage) nicht mehr angeschrieben waren; ich wollte ja den Herrn von Hencke-Bosch, die auf 11.30 Uhr kommen sollten, lediglich vorführen, was Guatemala betrifft. Was ich brauchte: mein letzter Besuch bei Herbert.

»Stop«, sagte ich, »das ist Griechenland.«

»Griechenland?«

»Stop!« schrie ich, – »stop!«

»Bitte sehr, mein Herr.«

Der Junge machte mich krank, sein gefälliges Bitte-sehr, sein herablassendes Bitte-sehr, als wäre er der erste Mensch, der sich auf eine solche Apparatur versteht, sein Quatsch über Optik, wovon er nichts versteht, vor allem aber sein Bitte-sehr, seine Besserwisserei dabei.

»Gibt nichts anderes, mein Herr, durchlassen und sehen! Gibt nichts anderes, wenn die Spulen nicht angeschrieben sind.«

Es war nicht sein Fehler, daß die Spulen nicht angeschrieben waren; insofern gab ich ihm recht.

287

5. *Glücksspiel: das Spiel, -e* game; *das Glück* luck, fortune; *das Glücksspiel, -e* game of chance; *Ein pures Glücksspiel* Pure luck
26. *also abgelegt* so we put that aside
35. *Streifen: der Streifen, -* strip, film
37. *Mistral* a cold, dry, northerly wind, common in Southern France and neighboring regions

»Es fängt an«, sagte ich, »mit Herrn Herbert Hencke, ein Mann mit Bart in der Hängematte – soviel ich mich erinnere.«

Licht aus, Dunkel, Surren des Films.

Ein pures Glücksspiel! Es genügten die ersten Meter: – Ivy auf dem Pier in Manhattan, ihr Winken durch mein Tele-Objektiv, Morgensonne auf Hudson, die schwarzen Schlepper, Manhattan-Skyline, Möven ...

»Stop«, sagte ich, »bitte die nächste.«

Wechsel der Spulen.

»Sie sind wohl um die halbe Welt gereist, mein Herr, das möchte ich auch –«

Es war 11.00 Uhr.

Ich mußte meine Tabletten nehmen, um fit zu sein, wenn die Herren der Firma kommen, Tabletten ohne Wasser, ich wollte nichts merken lassen.

»Nein«, sagte ich, »die auch nicht.«

Wieder Wechsel der Spulen.

»Das war der Bahnhof in Rom, was?«

Meinerseits keine Antwort. Ich wartete auf die nächste Spule. Ich lauerte, um sofort stoppen zu können. Ich wußte: Sabeth auf dem Schiff, Sabeth beim Pingpong auf dem Promenadendeck (mit ihrem Schnäuzchen-Freund) und Sabeth in ihrem Bikini, Sabeth, die mir die Zunge herausstreckt, als sie merkt, daß ich filme – das alles mußte in der ersten Spule gewesen sein, die mit Ivy begonnen hatte: also abgelegt. Es lagen aber noch sechs oder sieben Spulen auf dem Tisch und plötzlich, wie nicht anders möglich, ist sie da – lebensgroß – Sabeth auf dem Bildschirm. In Farben.

Ich stand auf –

Sabeth in Avignon.

Ich stoppte aber nicht, sondern ließ die ganze Spule laufen, obschon der Techniker mehrmals meldete, das könnte nicht Guatemala sein.

Ich sehe diesen Streifen noch jetzt:

Ihr Gesicht, das nie wieder da sein wird –

Sabeth im Mistral, sie geht gegen den Wind, die Terrasse,

289

1. *Jardin des Papes (Fr.)* Poplar gardens
17. *Brioches* French soft rolls
20. *Pont du Gard* name of a bridge
31. *Meinung: die Meinung, -en* opinion; *ihrer Meinung nach* in her opinion

Jardin des Papes, alles flattert, Haare, ihr Rock wie ein
Ballon, Sabeth am Geländer, sie winkt.

Ihre Bewegungen –

Sabeth, wie sie Tauben füttert.

Ihr Lachen, aber stumm – 5
Pont d'Avignon, die alte Brücke, die in der Mitte einfach
aufhört. Sabeth zeigt mir etwas, ihre Miene, als sie bemerkt, daß ich filme statt zu schauen, ihr Rümpfen der
Stirne zwischen den Brauen, sie sagt etwas.

Landschaften – 10
Das Wasser der Rhone, kalt, Sabeth versucht es mit den
Zehen und schüttelt den Kopf, Abendsonne, mein langer
Schatten ist drauf.

Ihr Körper, den es nicht mehr gibt –

Das antike Theater in Nîmes. 15
Frühstück unter Platanen, der Kellner, der uns nochmals
Brioches bringt, ihr Geplauder mit dem Kellner, ihr Blick
zu mir, sie füllt meine Tasse mit schwarzem Kaffee.

Ihre Augen, die es nicht mehr gibt –

Pont du Gard. 20
Sabeth, wie sie Postkarten kauft, um an Mama zu schreiben; Sabeth in ihren schwarzen Cowboy-Hosen, sie merkt
nicht, daß ich filme; Sabeth, wie sie ihren Roßschwanz aus
dem Nacken wirft.

Hotel Henri IV. 25
Sabeth sitzt auf der tiefen Fensterbrüstung, ihre Beine verschränkt, barfuß, sie ißt Kirschen, Blick in die Straße hinunter, sie spuckt die Steine einfach hinaus, Regentag.

Ihre Lippen –

Wie Sabeth sich mit einem französischen Maulesel unter- 30
hält, der ihrer Meinung nach zu schwer beladen ist.

Ihre Hände –

Unser Citroën, Modell 57.

Ihre Hände, die es nirgends mehr gibt, sie streichelt den
Maulesel, ihre Arme, die es nirgends mehr gibt – 35
Stierkampf in Arles.

Sabeth, wie sie ihre Haare kämmt, eine Spange zwischen

291

12. *Muttergottes* Mother of God

den jungen Zähnen, sie merkt wieder, daß ich filme, und nimmt die Spange aus dem Mund, um mir etwas zu sagen, vermutlich sagt sie, ich soll sie nicht filmen, plötzlich muß sie lachen.

Ihre gesunden Zähne –   5
Ihr Lachen, das ich nie wieder hören werde –
Ihre junge Stirne –
Eine Prozession (ebenfalls in Arles, glaube ich), Sabeth streckt ihren Hals und raucht mit gekniffenen Augen wegen Rauch, Hände in den Hosentaschen. Sabeth auf einem   10
Sockel, um über die Menge zu schauen. Baldachine, vermutlich Glockengeläute, aber unhörbar, Muttergottes, die singenden Meßknaben, aber unhörbar.
Provence-Allee, Platanen-Allee.
Unser Picnic unterwegs. Sabeth, wie sie Wein trinkt.   15
Schwierigkeit, aus der Flasche zu trinken, sie schließt die Augen und versucht's neuerdings, dann wischt sie sich den Mund, es geht nicht, sie reicht mir die Flasche zurück, Achselzucken.
Pinien im Mistral.   20
Nochmals Pinien im Mistral.
Ihr Gang –
Sabeth geht zu einem Kiosk, um Zigaretten zu holen. Sabeth, wie sie geht. Sabeth in ihren schwarzen Hosen wie üblich, sie steht auf dem Trottoir, um links und rechts zu   25
schauen, ihr baumelnder Roßschwanz dabei, dann schräg über die Straße zu mir.
Ihr hüpfender Gang –
Nochmals Pinien im Mistral.
Sabeth schlafend, ihr Mund ist halboffen, Kindermund, ihr   30
offenes Haar, ihr Ernst, die geschlossenen Augen –
Ihr Gesicht, ihr Gesicht –
Ihr atmender Körper –
Marseille. Verladen von Stieren im Hafen, die braunen Stiere werden auf das ausgelegte Netz geführt, dann Auf-   35
zug, ihr Schrecken, ihre plötzliche Ohnmacht, wenn sie in der Luft hängen, ihre vier Beine durch die Maschen des gro-

3. *L'Unité d'Habitation (Fr.)* Housing Unit near Marseille designed by Le Corbusier
3. *Corbusier:* Le Corbusier (Charles Edouard Jeanneret) 1887-1965; Swiss architect
15. *Defekt: der Defekt, -e* a defect in the film
18. *schräg aufwärts* tilted upward
32. *mutterseelenallein* alone without a mother; very alone

ßen Netzes gestreckt, ihre Augen dabei epileptisch –
Pinien im Mistral; nochmals.

L'Unité d'Habitation (Corbusier) –
Im großen ganzen ist die Belichtung dieses Filmes nicht
schlecht, jedenfalls besser als beim Guatemala-Streifen; die 5
Farben kommen großartig, ich staune.
Sabeth beim Blumenpflücken –
Ich habe (endlich!) die Kamera weniger hin und her bewegt, dadurch kommen die Bewegungen des Objektes viel
stärker. 10
Brandung –
Ihre Finger, Sabeth sieht zum ersten Mal eine Korkeiche,
ihre Finger, wie sie die Rinde brechen, dann wirft sie nach
mir!
(Defekt.) 15
Brandung im Mittag, nichts weiter.
Sabeth nochmals beim Kämmen, ihr Haar ist naß, ihr Kopf
schräg aufwärts, um sich auszukämmen, sie sieht nicht, daß
ich filme, und erzählt etwas, während sie sich auskämmt,
ihr Haar ist dunkler als üblich, weil naß, rötlicher, ihr grü- 20
ner Kamm offenbar voll Sand, sie putzt ihn, ihre Marmor-
haut mit Wassertropfen drauf, sie erzählt noch immer –
Unterseeboote bei Toulon.
Der junge Landstreicher mit dem Hummer, der sich bewegt
Sabeth hat Angst, sobald der Hummer sich bewegt – 25
Unser Hotelchen in Le Trayaz.
Sabeth sitzt auf einer Mole –
Nochmals Brandung.
(Viel zu lang!)
Sabeth nochmals auf der Mole draußen, sie steht jetzt, un- 30
sere tote Tochter, und singt, ihre Hände wieder in den Ho-
sentaschen, sie glaubt sich mutterseelenallein und singt,
aber unhörbar –
Ende der Spule.

– – –

3. *Helvetia-Expreß, Schauinsland-Expreß* European express trains
4. *Steinhäger* a German hard liquor similar to gin
12. *Direktion: die Direktion* the director's office
15. *was gar nicht stimmte* which wasn't true at all
19. *heutige: heute* today; *heutig* of today, contemporary
20. *Stoßverkehr* bumper to bumper traffic
25. *da sein* to exist, be there
26. *Wozu auch* What's the use

Was der junge Techniker von mir dachte und sagte, als die
Herren kamen, weiß ich nicht, ich saß im Speisewagen
(*Helvetia-Expreß* oder *Schauinsland-Expreß*, das weiß ich
nicht mehr) und trank Steinhäger. Wie ich das Hencke-
Bosch-Haus verlassen habe, das weiß ich auch nicht   5
mehr; ohne Erklärung, ohne Ausrede, ich bin einfach gegangen.
Nur die Filme ließ ich zurück.
Ich sagte dem jungen Techniker, ich müsse gehen, und bedankte mich für seine Dienste. Ich ging in das Vorzimmer,   10
wo ich Hut und Mantel hatte, und bat das Fräulein um
meine Mappe, die noch in der Direktion lag. Ich stand schon
beim Lift; es war 11.32 Uhr, jedermann zur Vorführung
bereit, als ich mich entschuldigte wegen Magenschmerzen
(was gar nicht stimmte) und den Lift nahm. Man wollte   15
mich mit Wagen ins Hotel bringen, beziehungsweise ins
Krankenhaus; aber ich hatte ja gar keine Magenschmerzen.
Ich bedankte mich und ging zu Fuß. Ohne Hast, ohne Ahnung, wohin ich gehen sollte; ich weiß nicht, wie das heutige
Düsseldorf aussieht, ich ging durch die Stadt, Stoßverkehr   20
in Düsseldorf, ohne auf die Verkehrslichter zu achten, glaube ich, wie blind. Ich ging zum Schalter, wo ich mir eine
Fahrkarte kaufte, dann in den nächsten Zug – ich sitze im
Speisewagen, trinke Steinhäger und blicke zum Fenster
hinaus, ich weine nicht, ich möchte bloß nicht mehr da   25
sein, nirgends sein. Wozu auch zum Fenster hinausblicken?
Ich habe nichts mehr zu sehen. Ihre zwei Hände, die es
nirgends mehr gibt, ihre Bewegung, wenn sie das Haar in
den Nacken wirft oder sich kämmt, ihre Zähne, ihre Lippen, ihre Augen, die es nirgends mehr gibt, ihre Stirn: wo   30
soll ich sie suchen? Ich möchte bloß, ich wäre nie gewesen.
Wozu eigentlich nach Zürich? Wozu nach Athen? Ich
sitze im Speisewagen und denke: Warum nicht diese zwei
Gabeln nehmen, sie aufrichten in meinen Fäusten und mein
Gesicht fallen lassen, um die Augen loszuwerden?   35

24. *Dabei war es eigentlich ein ruhiger Flug* It was really a smooth flight

27. *Föhn-Mauer: die Mauer, -n* wall; *der Föhn* foehn: a warm, dry wind descending a mountain, as on the north side of the Alps; *die Föhn-Mauer* wall of clouds piled up by the foehn

27. *Vierwaldstättersee* Lake Lucerne in Switzerland

Meine Operation auf übermorgen angesetzt.

PS. Ich habe ja auf meiner ganzen Reise überhaupt keine Ahnung gehabt, was Hanna nach dem Unglück machte. Kein einziger Brief von Hanna! Ich weiß es heute noch nicht. Wenn ich sie frage, ihre Antwort: Was kann ich machen! Ich verstehe überhaupt nichts mehr. Wie kann Hanna nach allem was geschehen ist, mich aushalten? Sie kommt hierher, um zu gehen, und kommt wieder, sie bringt mir, was ich noch wünsche, sie hört mich an. Was denkt sie? Ihre Haare sind weißer geworden. Warum sagt sie's nicht, daß ich ihr Leben zerstört habe? Ich kann mir nach allem, was geschehen ist, ihr Leben nicht vorstellen. Ein einziges Mal habe ich Hanna verstanden, als sie mit beiden Fäusten in mein Gesicht schlug, damals am Totenbett. Seither verstehe ich sie nicht mehr.   15

16. VII. Zürich.
Ich fuhr von Düsseldorf nach Zürich, glaube ich, bloß weil ich meine Vaterstadt seit Jahrzehnten nicht mehr gesehen habe.
Ich hatte in Zürich nichts zu tun.   20
Ich hatte in Zürich nichts verloren, noch am gleichen Tag fuhr ich nach Kloten hinaus, um weiterzufliegen –
Wieder eine Super-Constellation.
Dabei war es eigentlich ein ruhiger Flug, nur schwachen Föhn über den Alpen, die ich noch aus jungen Jahren eini-   25
germaßen kenne, aber zum ersten Mal überfliege, ein blauer Nachmittag mit üblicher Föhn-Mauer, Vierwaldstättersee, rechts das Wetterhorn, dahinter Eiger und Jungfrau, vielleicht Finsteraarhorn, so genau kenne ich sie nicht mehr unsere Berge, ich habe andres im Kopf –   30
Was eigentlich?
Täler im Schräglicht des späteren Nachmittags, Schattenhänge, Schattenschluchten, die weißen Bäche drin, Weiden im Schräglicht, Heustadel, von der Sonne gerötet, einmal

299

19. *Aufblenden der Scheinwerfer* blazing forth of the searchlights
22. *Piräus* harbor town not far from Athens

eine Herde in einer Mulde voll Geröll über der Wald-
grenze: wie weiße Maden! (Sabeth würde es natürlich anders taufen, aber ich weiß nicht wie.) Meine Stirne am kalten Fenster mit müßigen Gedanken –
Wunsch, Heu zu riechen! 5
Nie wieder fliegen!
Wunsch, auf der Erde zu gehen – dort unter den letzten
Föhren, die in der Sonne stehen, ihr Harz riechen und das
Wasser hören, vermutlich ein Tosen, Wasser trinken –
Seit meiner Notlandung in Tamaulipas habe ich mich stets 10
so gesetzt, daß ich das Fahrgestell sehe, wenn sie es aus-
schwenken, gespannt, ob die Piste sich im letzten Augen-
blick wenn die Pneus aufsetzen, nicht doch in Wüste ver-
wandelt –
Mailand: 15
Depesche an Hanna, daß ich komme.
Ich war gespannt, als fliege ich zum ersten Mal in meinem
Leben; ich sah wie das Fahrgestell langsam ausschwenkte,
Aufblenden der Scheinwerfer unter der Tragfläche, ihr weißer Schein in den Scheiben der Propeller, dann löschen sie 20
wieder aus, Lichter unter uns, Straßen von Athen, beziehungsweise Piräus, wir sanken, dann die Bodenlichter, gelb,
die Piste, wieder unsere Scheinwerfer, dann der übliche
weiche Stoß (ohne Sturz vornüber ins Bewußtlose) mit den
üblichen Staubschwaden hinter dem Fahrgestell – 25
Ich löse meinen Gürtel –
Hanna am Flughafen.
Ich sehe sie durch mein Fenster –
Hanna in Schwarz.
Ich habe nur meine Mappe, meine Hermes-Baby, Mantel 30
und Hut, so daß der Zoll sofort erledigt ist; ich komme als
erster heraus, aber wage nicht einmal zu winken. Kurz vor
der Schranke bin ich einfach stehengeblieben (sagt Hanna)
und habe gewartet, bis Hanna auf mich zuging. Ich sah
Hanna zum ersten Mal in Schwarz. Sie küßte mich auf die 35
Stirn. Sie empfahl das Hotel Estia Emborron.

2. *erledigt: erledigen* to finish, dispose
21. *wie noch nie* as never before
25. *Hanna ist mein Freund* The use of the masculine form *mein Freund* indicates friendship in its widest context. *Meine Freundin* would imply girl-friend

Heute nur noch Tee, noch einmal die ganze Untersucherei,
nachher ist man erledigt. Morgen endlich Operation.

Bis heute bin ich ein einziges Mal an ihrem Grab gewesen,
da sie mich hier (ich verlangte nur eine Untersuchung) sofort behalten haben; ein heißes Grab, Blumen verdorren   5
in einem halben Tag –

18.00 Uhr
Sie haben meine Hermes-Baby genommen.

19.30 Uhr
Hanna ist nochmals dagewesen.   10

24.00 Uhr
Ich habe noch keine Minute geschlafen und will auch nicht.
Ich weiß alles. Morgen werden sie mich aufmachen, um
festzustellen, was sie schon wissen: daß nichts mehr zu ret-
ten ist. Sie werden mich wieder zunähen, und wenn ich   15
wieder zum Bewußtsein komme, wird es heißen, ich sei
operiert. Ich werde es glauben, obschon ich alles weiß. Ich
werde nicht zugeben, daß die Schmerzen wieder kommen,
stärker als je. Das sagt man so: Wenn ich wüßte, daß ich
Magenkrebs habe, dann würde ich mir eine Kugel in den   20
Kopf schießen! Ich hänge an diesem Leben wie noch nie,
und wenn es nur noch ein Jahr ist, ein elendes, ein Viertel-
jahr, zwei Monate (das wären September und Oktober),
ich werde hoffen, obschon ich weiß, daß ich verloren bin.
Aber ich bin nicht allein, Hanna ist mein Freund, und ich   25
bin nicht allein.

02.40 Uhr
Brief an Hanna geschrieben.

3. *Ringheftchen* loose-leaf notebooks
3. *es stimmt nichts* none of it is true
6. *standhalten dem Licht* to stand up to the light: not
   to be afraid of the light
9. *Ewig sein: gewesen sein* To be eternal: to have
   been: To be eternal means to have existed

04.00 Uhr
Verfügung für Todesfall: alle Zeugnisse von mir wie Be-
richte, Briefe, Ringheftchen, sollen vernichtet werden, es
stimmt nichts. Auf der Welt sein: im Licht sein. Irgendwo
(wie der Alte neulich in Korinth) Esel treiben, unser Beruf! 5
– aber vor allem: standhalten dem Licht, der Freude (wie
unser Kind, als es sang) im Wissen, daß ich erlösche im Licht
über Ginster, Asphalt und Meer, standhalten der Zeit, bezie-
hungsweise Ewigkeit im Augenblick. Ewig sein: gewesen sein.

04.15 Uhr 10
Auch Hanna hat keine Wohnung mehr, erst heute (gestern!)
sagte sie es. Sie wohnt jetzt in einer Pension. Schon meine
Depesche aus Caracas hat Hanna nicht mehr erreicht. Es
muß um diese Zeit gewesen sein, als Hanna sich einschiffte.
Zuerst ihre Idee, ein Jahr lang auf die Insel zu gehen, wo 15
sie griechische Bekannte hat aus der Zeit der Ausgrabun-
gen (Delos); man lebe auf diesen Inseln sehr billig. In My-
konos kauft man ein Haus für zweihundert Dollar, meint
Hanna, in Amorgos für hundert Dollar. Sie arbeitet auch
nicht mehr im Institut, wie ich immer gemeint habe. Hanna 20
hat versucht, ihre Wohnung mitsamt der Einrichtung zu
vermieten, was in der Eile nicht gelungen ist; dann ver-
kaufte sie alles, viele Bücher verschenkte sie. Sie hielt es in
Athen einfach nicht mehr aus, sagte sie. Als sie sich ein-
schiffte, habe sie an Paris gedacht, vielleicht auch an Lon- 25
don; alles ungewiß, denn es ist nicht so einfach, meint
Hanna, in ihrem Alter eine neue Arbeit zu finden, beispiels-
weise als Sekretärin. Hanna hat nicht eine Minute daran
gedacht, mich um Hilfe zu bitten; drum schrieb sie auch
nicht. Im Grunde hatte Hanna nur ein einziges Ziel: weg 30
von Griechenland! Sie verließ die Stadt, ohne sich von ih-
ren hiesigen Bekannten zu verabschieden, ausgenommen
der Direktor des Instituts, den sie sehr schätzt. Die letzten
Stunden vor der Abfahrt verbrachte sie draußen auf dem
Grab und mußte um 14.00 Uhr an Bord sein, Ausfahrt um 35
15.00 Uhr, aber aus irgendeinem Grunde verzögerte sich

305

13. *Aussicht auf gelegentliche Sonderarbeiten* prospect of occasional free-lance work
14. *Empfehlungen nach auswärts* recommendations for abroad
24. *Mittelmeerreisegesellschaften: die Gesellschaft, -en* party, group; *die Reise, -n* travel; *das Meer, -e* ocean; *das Mittelmeer* Mediterranean Sea; *die Mittelmeerreisegesellschaft* Mediterranean travel tour

die Ausfahrt um fast eine Stunde. Plötzlich (sagt Hanna)
kam es ihr sinnlos vor, und sie verließ das Schiff mir ihrem
Handgepäck. Für die drei großen Koffer im Lager war es
zu spät; die Koffer fuhren nach Neapel und sollen dem-
nächst zurückkommen. Sie wohnte zuerst im Hotel Estia 5
Emborron, das ihr aber auf die Dauer zu teuer war, und
meldete sich wieder im Institut, wo ihr bisheriger Mitarbei-
ter unterdessen ihre Stelle übernommen hat, Vertrag auf
drei Jahre, nicht mehr zu ändern, da ihr Nachfolger lange
genug gewartet hat und nicht freiwillig zurückzutreten ge- 10
denkt. Der Direktor soll äußerst nett sein, aber das Institut
nicht reich genug, um diesen Posten doppelt zu besetzen.
Was man ihr geben kann: Aussicht auf gelegentliche Son-
derarbeiten, dazu Empfehlungen nach auswärts. Aber
Hanna will in Athen bleiben. Ob Hanna mich hier erwar- 15
tet oder Athen hat verlassen wollen, um mich nicht wieder-
zusehen, weiß ich nicht. Es war ein Zufall, daß sie meine
Depesche aus Rom zeitig genug bekommen hat; sie war,
als die Depesche kam, gerade in der leeren Wohnung, um
die Schlüssel an den Hausverwalter auszuhändigen. Was 20
Hanna jetzt arbeitet: Fremdenführerin vormittags im Mu-
seum, nachmittags auf Akropolis, abends nach Sunion. Sie
führt vor allem Gruppen, die alles an einem Tag machen,
Mittelmeerreisegesellschaften.

06.00 Uhr 25
Brief an Hanna nochmals geschrieben.

06.45 Uhr
Ich weiß es nicht, warum Joachim sich erhängt hat, Hanna
fragt mich immer wieder. Wie soll ich's wissen? Sie kommt
immer wieder damit, obschon ich von Joachim weniger 30
weiß als Hanna. Sie sagt: Das Kind, als es dann da war,
hat mich nie an dich erinnert, es war mein Kind, nur mei-
nes. In bezug auf Joachim: Ich liebte ihn, gerade weil er
nicht der Vater meines Kindes war, und in den ersten Jah-
ren war alles so einfach. Hanna meint, unser Kind wäre 35

2. *Es entschied sich* It was decided
20. *angeht: an-gehen, i, a* to concern
21. *zufriedengeben: sich zufrieden-geben, a, e (mit)* to acquiesce (in)
23. *gönnte: gönnen* not to grudge
31. *Erziehungsfragen: die Frage, -n* question, problem; *die Erziehung, -en* education; *die Erziehungsfrage, -n* question of upbringing, education
32. *Meinungsunterschieden: der Unterschied, -e* difference; *die Meinung, -en* opinion; *der Meinungsunterschied, -e* difference of opinion
34. *die einzige und letzte Instanz* the one and only authority
36. *allergisch* allergic, touchy

nie zur Welt gekommen, wenn wir uns damals nicht ge-
trennt hätten. Davon ist Hanna überzeugt. Es entschied
sich für Hanna, noch bevor ich in Bagdad angekommen
war, scheint es; sie hatte sich ein Kind gewünscht, die Sache
hatte sie überfallen, und erst als ich verschwunden war, 5
entdeckte sie, daß sie ein Kind wünschte (sagt Hanna) ohne
Vater, nicht unser Kind, sondern ihr Kind. Sie war allein
und glücklich, schwanger zu sein, und als sie zu Joachim
ging, um sich überreden zu lassen, war Hanna bereits ent-
schlossen, ihr Kind zu haben; es störte sie nicht, daß Jo- 10
achim damals meinte, sie in einem entscheidenen Beschluß
ihres Lebens bestimmt zu haben, und daß er sich in Hanna
verliebte, was kurz darauf zur Heirat führte. Auch mein
unglücklicher Ausspruch neulich in ihrer Wohnung: Du
tust wie eine Henne! hat Hanna sehr beschäftigt, weil auch 15
Joachim, wie sie zugibt, einmal dieselben Worte gebraucht
hat. Joachim sorgte für das Kind, ohne sich in die Erzie-
hung einzumischen; es war ja nicht sein Kind, auch nicht
mein Kind, sondern ein vaterloses, einfach ihr Kind, ihr
eigenes, ein Kind, das keinen Mann etwas angeht, womit 20
Joachim sich offenbar zufriedengeben konnte, wenigstens in
den ersten Jahren, solange es ein Kleinkind war, das so-
wieso ganz zur Mutter gehört, und Joachim gönnte es ihr,
da es Hanna glücklich machte. Von mir, sagte Hanna, war
nie die Rede. Joachim hatte keinen Grund, eifersüchtig zu 25
sein, und war es auch nicht in bezug auf mich; er sah, daß
ich nicht als Vater galt, nicht für die Welt, die ja nichts da-
von wußte, und schon gar nicht für Hanna, die mich einfach
vergaß (wie Hanna immer wieder versichert), ohne Vor-
wurf. Schwieriger wurde es zwischen Joachim und Hanna 30
erst, als sich die Erziehungsfragen mehrten: weniger we-
gen Meinungsunterschieden, die selten waren, aber Joachim
vertrug es grundsätzlich nicht, daß Hanna sich in allem,
was Kinder betrifft, als die einzige und letzte Instanz be-
trachtete. Hanna gibt zu, daß Joachim ein verträglicher 35
Mensch gewesen ist, allergisch nur in diesem Punkt.
Offenbar hoffte er mehr und mehr auf ein Kind, ein ge-

7. *pocht: pochen auf* presume upon, insist; *(sie)*
   pocht auf diese Gründe she insists on these reasons
18. *daß Hanna sich hat unterbinden lassen* that Hanna
    had herself sterilized
19. *Kurzschlußhandlung: die Handlung, –en* action, act;
    der Kurzschluß short-circuit; *die Kurzschlußhand-*
    lung drastic, sudden act; *kommt es zu einer*
    Kurzschlußhandlung it results in a precipitous act
20. *zum Verdruß seiner Sippe* to the annoyance of his
    clan (family)
22. *Wehrmacht: die Macht, ⁼e* power, might; *sich*
    wehren to defend oneself; *die Wehrmacht* German
    Army
29. *wenn es um ihr Kind geht* if it concerns her child

meinsames, das ihm die Stellung des Vaters geben würde,
und meinte, dann würde alles durchaus selbstverständlich,
Elsbeth hielt ihn für ihren Papa; sie liebte ihn, aber Jo-
achim mißtraute ihr, meint Hanna, und kam sich über-
flüssig vor. Es gab damals allerlei vernünftige Gründe, 5
keine weiteren Kinder in die Welt zu setzen, vor allem für
eine deutsche Halbjüdin; Hanna pocht auf diese Gründe
noch heute, als würde ich sie bestreiten. Joachim glaubte ihr
die Gründe nicht; sein Verdacht: Du willst keinen Vater im
Haus! er meinte, Hanna wolle nur Kinder, wenn nachher 10
der Vater verschwindet. Was ich auch nicht gewußt habe:
Joachim betrieb seine Auswanderung nach Übersee seit
1935, seinerseits zu allem entschlossen, um sich nicht von
Johanna trennen zu müssen. Auch Hanna dachte nie an
eine Trennung; sie wollte mit Joachim nach Canada oder 15
Australien, sie lernte zusätzlich den Beruf einer Laborantin,
um ihm überall in der Welt helfen zu können. Dazu ist es
aber nicht gekommen. Als Joachim erfährt, daß Hanna sich
hat unterbinden lassen, kommt es zu einer Kurzschluß-
handlung: Joachim meldet sich (nachdem er sich zum Ver- 20
druß seiner Sippe hat freimachen können) freiwillig zur
Wehrmacht. Hanna hat ihn nie vergessen. Obschon sie in
den folgenden Jahren nicht ohne Männer lebt, opfert sie
ihr ganzes Leben für ihr Kind. Sie arbeitet in Paris, später
in London, in Ostberlin, in Athen. Sie flieht mit ihrem 25
Kind. Sie unterrichtet ihr Kind, wo es keine deutschspra-
chige Schule gibt, selbst und lernt mit vierzig Jahren noch
Geige, um ihr Kind begleiten zu können. Nichts ist Hanna
zuviel, wenn es um ihr Kind geht. Sie pflegt ihr Kind in
einem Keller, als die Wehrmacht nach Paris kommt, und 30
wagt sich auf die Straße, um Medikamente zu holen.
Hanna hat ihr Kind nicht verwöhnt; dazu ist Hanna zu
gescheit, finde ich, auch wenn sie sich selbst (seit einigen
Tagen immerzu als Idiotin bezeichnet. Warum ich das ge-
sagt habe? fragt sie jetzt immerzu. Damals: Dein Kind, 35
statt unser Kind. Ob als Vorwurf oder nur aus Feigheit?
Ich verstehe ihre Frage nicht. Ob ich damals gewußt hätte,

311

12. *es ist Hanna schon schwer genug gefallen* it was already difficult enough for Hanna

wie recht ich habe? Und warum ich neulich gesagt habe: Du
benimmst dich wie eine Henne! Ich habe diesen Ausspruch
schon mehrmals zurückgenommen und widerrufen, seit ich
weiß, was Hanna alles geleistet hat; aber es ist Hanna, die
nicht davon loskommt. Ob ich ihr verzeihen könne! Sie hat   5
geweint, Hanna auf den Knien, während jeden Augenblick
die Diakonissin eintreten kann, Hanna, die meine Hand
küßt, dann kenne ich sie gar nicht. Ich verstehe nur, daß
Hanna, nach allem was geschehen ist, Athen nie wieder ver-
lassen will, das Grab unseres Kindes. Wir beide werden   10
hier bleiben, denke ich. Ich verstehe auch, daß sie ihre
Wohnung aufgab mit dem leeren Zimmer; es ist Hanna
schon schwer genug gefallen, das Mädchen allein auf die Rei-
se zu lassen, wenn auch nur für ein halbes Jahr. Hanna hat
immer schon gewußt, daß ihr Kind sie einmal verlassen wird;   15
aber auch Hanna hat nicht ahnen können, daß Sabeth auf
dieser Reise gerade ihrem Vater begegnet, der alles zerstört –

08.05 Uhr
Sie kommen.

313

Vocabulary

The following words have been omitted: articles, pronouns, numbers, most prepositions and conjunctions, proper names which are explained in the notes, and words which are the same in English and German. Weak masculine nouns are indicated as follows: der Mensch, -en, -en.

das **Aas, -e**   carrion, (rotten) carcass
der **Aasgeier, -**   carrion-vulture
ab-bilden   to portray, depict
ab-binden, a, u   to apply a tourniquet
der **Abend, -e**   evening
das **Abendessen, -**   evening meal
das **Abendkleid, -er**   evening dress
das **Abendkleidchen, -**   little evening dress
der **Aberglauben, -**   superstition
abergläubisch   superstitious
ab-fallen, ie, a   to fall off
ab-fassen   to compose, draw up
der **Abflug, ̈e**   flight departure
ab-geben, a, e   to hand over, relinquish
abgedroschen   hackneyed, trite, commonplace
abgesehen von   apart from; without regard to
ab-halten, ie, a   to prevent
ab-laden, u, a   to unload
ab-lassen, ie, a   to leave off; to stop
der **Ablauf, ̈e**   drain
ab-laufen, ie, au   to run down (as of clocks, time)
ab-legen   to put aside
ab-liefern   to deliver
ab-nehmen, a, o   to take down
die **Abreise, -n**   departure
ab-reisen   to depart
ab-sacken   to lose altitude completely
der **Absatz, ̈e**   heel
abscheulich   awful, horrible
der **Abschied**   farewell
ab-schließen, o, o   to bolt (a door), lock
ab-schnallen   to unbuckle, open seatbelt
das **Abschnüren**   ligaturing
ab-schreiben, ie, ie   to write off; to copy

ab-schreiten, i, i   to pace off
abseits   aside, apart, to the side
die **Absicht, -en**   intention
ab-stellen   to turn off
ab-sterben, a, o   to pass away
das **Abstimmen**   voting; vote
ab-tauschen   to trade off (as in chess)
ab-tischen   to clear the table
ab-trocknen   to dry off
ab-wehren   to ward off
ab-werfen, a, o,   to throw down, drop
ab-wischen   to wipe off
die **Achse, -n**   axle
die **Achsel, -n**   shoulder
das **Achselzucken**   shrug
achten (auf)   to pay attention (to)
achtfach   eightfold
ächzend   groaning, moaning; rickety
der **Acker, ̈**   field, arable land, acre
addieren   to add up
die **Addition, -en**   addition, sum
die **Ader, -n**   artery
adoptiert   adopted
die **Adresse, -n**   address
adressieren   to address
das **Affenschwein**   monkey's luck; tremendous amount of luck (coll.)
der **After, -**   anus
die **Agave, -n**   agave cactus
ahnen   to suspect, surmise
das **Ahnenbild, -er**   ancestral figure
die **Ähnlichkeit, -en**   similarity
die **Ahnung, -en**   idea, clue
ahnungslos   unsuspecting, without suspicion
die **Ahnungslosigkeit**   state of having no premonition
das **Akazien-Filigran**   acacia filigree, delicate design of the acacia shrub
die **Akte, -n**   document, deed; (pl.) papers

315

die **Aktenmappe, –n** briefcase
die **Alabaster-Halle, –n** alabaster hall
die **Alarm-Übung, –en** safety drill, (here) safety drill aboard the plane
das **All** cosmos, universe
die **Allee, –n** avenue
allein alone
das **Alleinsein** the being alone, solitude
allerdings to be sure
allererst very first
allergisch allergic; touchy
allerhand exclamation of astonishment or admiration
allerlei all kinds of
allerseits on all sides
alles everything
allfällig possible
allgemein general
alltäglich commonplace, ordinary
allzeit at all times
alt old
das **Alter** age
das **Altersheim, –e** old age home
der **Altersunterschied, –e** difference of age
altertümlich ancient; antiquated
die **Altherren-Manie** charming manner of an older man
amerikanisiert Americanized
die **Amöbe, –n** amoeba
das **Ampère** ampere
amüsieren to amuse
der **Analphabet, –en, –en** illiterate
die **Ananas, –** pineapple
der **Anbetracht: in Anbetracht** in view of, in consideration of
an-bieten, o, o to offer
an-binden, a, u to tie on
der **Anblick, –e** sight
an-blicken to look at
andererseits on the other hand
ändern to change
anderntags next day
anders different; **anders stellen** to arrange differently
anderseits on the other hand
anderswo elsewhere
anderswohin to somewhere else
anderthalb one and a half
an-drehen to turn on

andres = anderes something else
aneinander together
an-erkennen, a, a to recognize; to acknowledge
der **Anfang, ⸚e** beginning, start
an-fangen, i, a to begin
anfangs in the beginning
an-fassen to touch
an-fühlen to feel, touch
das **Angebot, –e** offer
angefordert requested, required
an-gehen, i, a to concern
angekleidet dressed
angelegt built, constructed
angerollt rolled up
angeschrieben labelled
angesichts in view of
der **Angestellte, –n** employee
an-hören to listen to
der **Anker, –** anchor; **vor Anker liegen, a, e** to ride at anchor
die **Anklage, –n** accusation
an-kleiden to dress
an-kommen, a, o auf to be a question of, depend on
die **Ankunft, ⸚e** arrival
die **Anlage, –n** park; installation, plant
an-lassen, ie, a to start (as of a motor)
anläßlich on the occasion of, because of
die **Anmeldung, –en** registration
annährend approximately
an-nehmen, a, o to accept; to assume
annulieren to annul
an-öden to bore; to annoy
die **Anrede, –n** address, salutation
der **Anruf, –e** call
an-rufen, ie, u to call
an-rühren to touch
an-schauen to look at
die **Anschaulichkeit** vividness
an-schnallen to fasten a seatbelt (as on a plane)
an-schnauzen to bawl out
an-schreiben, ie, ie to label
an-schreien, ie, ie to scream at
die **Anschrift, –en** address, writing
an-sehen, a, e to look at

das **Ansehen** appearance, reputation, esteem
an-setzen to schedule
die **Ansicht, -en** view
die **Ansichtskarte, -n** post card with a view
an-siedeln to settle
die **Anspielung, -en** suggestion, allusion
an-sprechen, a, o to address
an-springen, a, u to set in motion, start
der **Anspruch, ⁼e** claim
anständig proper, decent
an-stecken to plug in
an-stehen, a, a to stand in line
an-stellen to turn on
an-stoßen, ie, o to clink (glasses)
anstrengend tiring, wearing, taxing
die **Anstrengung, -en** strain
antik ancient
die **Antiken** (pl.) antiquities
antiquarisch antiquarian
der **Antisemit, -en** antisemite
an-treten, a, e to take up, assume (a position); to accept
die **Antwort, -en** answer
antworten to answer
die **Anwältin, -(nn)en** lawyer (female)
die **Anweisung, -en** instruction
an-ziehen, o, o to put on, dress
an-zünden to light, light up
die **Apathie, -n** apathy
der **Apfel, ⁼** apple
der **Apparat, -e** appliance, apparatus
das **Apparätchen, -** little appliance
die **Apparatur, -en** equipment; film projector
das **Aquaedukt, -e** aquaeduct
die **Arbeit, -en** work
arbeiten to work
der **Arbeiter, -** workman
die **Arbeitskraft, ⁼e** employee; labor force
archaisch archaic
die **Archäologie** archaeology
archäologisch archaeological
argentinisch argentinian
sich **ärgern** to be annoyed
die **Arkade, -n** arcade
der **Ärmel, -** sleeve

die **Art, -en** kind; specie; manner
die **Artischocke, -n** artichoke
der **Arzt, ⁼e** doctor, physician
die **Ärztin, -(nn)en** female doctor
ärztlich medical
die **Asche** ashes
der **Aschenbecher, -** ashtray
der **Ast, ⁼e** branch
das **Asylrecht, -e** right of asylum
der **Atem** breath
der **Atlantikflug** flight over the Atlantic
die **Atlantik-Karte, -n** map of the Atlantic Ocean
atmen to breath
die **Atmungsstörung, -en** breathing difficulty
auch also
auf-atmen to breath a sigh of a relief
das **Aufblenden** bursting forth (of light), flare up
auf-blicken to look up
auf-brechen, a, o to break up
sich **auf-drängen** to impose oneself
der **Aufenthalt, -e** stay, sojourn, stop
die **Aufenthaltsbewilligung, -en** residence permit
auf-fallen, ie, a to strike (with amazement), astonish; to stand out (with dative)
auf-falten to unfold
auf-flatten to fly up
auf-fliegen, o, o to take flight
auf-fordern to ask, invite, call on
auf-geben, a, e to give up; to send off (as with a telegram)
auf-gehen, i, a to go up in; to rise, come up; to work out, balance
aufgekrempelt rolled up
aufgelegt sein to be in the mood
aufgerissen torn apart
auf-gießen, o, o to pour on
auf-halten, ie, a to hold up, detain
auf-heben, o, o to suspend, abolish; to pick up
auf-heulen to start howling
auf-hören to stop
auf-klappen to open, unfold
auf-klären to make clear, clarify
auf-lösen to dissolve
auf-machen to open, open up

aufmerksam   attentive
auf-nehmen, a, o   to photograph; to take up
aufrecht   erect
auf-regen   to excite
aufreizend   provocative
auf-richten   to raise up
aufrichtig   genuinely
auf-rufen, ie, u   to summon, call up
auf-schluchzen   to sob
auf-schnüren   to untie
auf-schrauben   to screw open
das Aufsehen   stir, sensation, commotion
auf-setzen   to put on (as on the fire)
sich auf-setzen   to sit up
auf-sprengen   to force open
auf-springen, a, u   to jump up
auf-stehen, a, a   to stand up
auf-stellen   to set up
auf-stoßen, ie, o   to push open
auf-suchen   to seek, search out
auf-tauchen   to appear
auf-tun, a, a   to open
aufwärts   upward
auf-wirbeln   to whirl up
auf-zählen   to enumerate, count up
die Aufzeichnung, -en   note, record
auf-ziehen, o, o   to wind up
der Aufzug, ⸚e   hoisting, lift
das Auge, -n   eye
der Augenblick, -e   moment
der Augenbogen, -   arch of the eye socket
die Augenhöhle, -n   socket
das Augenlid, -er   eyelid
aus-bauen   to build up, develop
aus-blasen, ie, a   to blow out, blow clean
aus-brennen   to burn out; to cauterize
der Ausbruch, ⸚e   breakout, escape
sich aus-denken, a, a   to imagine
ausdrücklich   expressly
auseinander-nehmen, a, o   to take apart
auseinander-zerren   to tear apart
die Ausfahrt, -en   leaving port; departure
der Ausfall, ⸚e   loss; deficiency (of an engine)

aus-fallen, ie, a   to drop out, be omitted, fail to take place
die Ausfallstraße, -n   main road leading out of a city
die Ausfertigung, -en   version, copy
ausführlich   extensive, in detail
ausgegangen   used up, finished
ausgehackt   pecked out
ausgelegt   laid out
ausgemacht   agreed, understood
ausgenommen   except
ausgerechnet   of all things
ausgeschwenkt   swung out
ausgestopft   stuffed
ausgestorben   died out; defunct
ausgewandert   emigrated
ausgezeichnet   splendid; first-rate
aus-graben, u, a   to excavate
die Ausgrabung, -en   excavation
aus-halten, ie, a   to bear, tolerate, endure
aus-händigen   to hand over
aus-kämmen   to comb out
aus-kennen, a, a   to know, be familiar with
aus-klinken   to release, disengage
aus-knipsen   to flip (a light) off
die Auskunft, ⸚e   information
aus-lachen   to laugh at (someone)
die Ausländerin, -(nn)en   foreign woman
aus-laufen, ie, au   to flow out
aus-liefern   to deliver; to be at the mercy of
aus-löschen   to extinguish
aus-lösen   to cause; to bring on
aus-machen   to make up, constitute; to matter
die Ausnahme, -n   exception
ausnahmsweise   as an exception
aus-packen   to unpack
aus-rechnen   to figure out
die Ausrede, -n   excuse
aus-reden   to talk someone out of something
ausreichend   adequate, sufficient
sich aus-ruhen   to rest, relax
aus-saugen, o, o   to suck out
die Ausschau: (only in the phrase)
   Ausschau halten, ie, a   to watch for, be on the lookout for
die Ausschiffung, -en   disembarkation; unloading

aus-schlafen, ie, a   to sleep one's
fill, enjoy a good night's rest
aus-schneiden, i, i   to cut out, excise
aus-schwenken   to extend out
aus-sehen, a, e   to look, appear
das Aussehen   appearance
außen   outside
außerdem   besides
außerhalb   outside of
die Äußerlichkeit, -en   superficiality
äußern   to express, say
äußerst   extremely
aus-setzen   to conk out, stall (as
with an engine); to take time off,
pause
die Aussicht, -en   prospect
die Aussprache, -n   pronunciation
der Ausspruch, ⁝e   statement, remark
aus-stehen, a, a   to tolerate, bear
aus-steigen, ie, ie   to get out, climb
out, leave
die Auster, -n   oyster
der Ausverkauf, ⁝e   sell-out, sale
die Auswanderung, -en   emigration
auswärts   abroad
aus-ziehen, o, o   to take off (a piece
of clothing), remove
der Autocar, -s   bus
die Auto-Marke, -n   make of car
die Autorität, -en   authority
der Autostop   hitchhiking
die Autostop-Fahrt, -en   hitchhike
trip
die Axt, ⁝e   axe

der Bach, ⁝e   brook
der Backfisch, -e   teenage girl
die Backofenluft   hot oven-air
das Backpulver, -   baking powder
das Bad, ⁝er   bath
baden   to bathe
die Badewanne, -n   bathtub
das Badezimmer, -   bathroom
die Badezimmertür, -en   bathroom
door
das Badkleid, -er   bathing suit
der Baedeker   Baedeker's travel guide
die Bagatelle, -n   bagatelle,
(mere) detail
die Bahn, -en   railroad; train
der Bahnhof, ⁝e   railroad station
bald   soon
der Baldachin, -e   canopy

der Balkon, -e   balcony
der Ball, ⁝e   ball; dance
der Ballon, -s   balloon
die Banane, -n   banana
bangen   to be afraid, anxious
die Bank, ⁝e   bench
bankrott   bankrupt; broke
die Baracke, -n   barack; quonset hut
barfuß   barefoot
der Barmann, ⁝er   bartender
der Bart, ⁝e   beard
die Basis, Basen   base
die Batterie, -n   battery
die Bauchlandung, -en   belly landing
baumeln   to bob, dangle
baumstark   strong as a tree,
strappling
die Baustelle, -n   building site
bayerisch   Bavarian
der Beamte, -n, -n   official, civil
servant
das Becken, -   pelvis
sich bedanken   to thank; to express one's thanks
bedauern   to regret
bedeuten   to mean, signify
die Bedeutung, -en   meaning
sich bedienen   to help oneself
bedingt   conditioned, limited,
qualified
das Bedürfnis, - (ss)e   need (nach:
for)
beeindruckend   impressive
das Beet, -e   flower bed
befahrbar   passable, practicable
(road)
befestigen   to make secure
befinden, a, u   to find; sich befinden,
a, u   to find oneself; to be
befolgen   to obey
befreien   to liberate, free
befreundet   befriended
befürchten   to fear
begaffen   to gape, stare at
sich begeben, a, e   to go (in: to)
begegnen   to meet
begeistert   inspired; enthusiastic, delighted
die Begeisterung, -en   enthusiasm
die Begierde, -n   desire, lust
der Beginn   beginning
beginnen, a, o   to begin
begleiten   to accompany

sich **begnügen** to content oneself
with, be satisfied with
begraben, u, a to bury
das **Begräbnis, -(ss)e** burial
begreifen, i, i to grasp, understand,
comprehend
begreiflicherweise understandably
begrüßen to greet, welcome
die **Begrüßung, -en** greeting
behalten, ie, a to keep; to remember
behandeln to treat
behaupten to claim, pretend
die **Behauptung, -en** claim
beheben, o, o to set right, remove
(as of difficulties)
behördlich official
beide both
beiläufig casual, incidental
das **Bein, -e** bone; leg
beinahe almost
das **Beispiel, -e** example
beispielsweise for example
bekämpfen to combat, fight, overcome
bekannt known; famous
der **Bekannte, -n** male acquaintance
bekanntlich as is known
die **Bekanntschaft, -en** acquaintance
beklemmend oppressive
bekommen, a, o to receive
beladen to be laden down
belanglos unimportant, insignificant
belästigen to molest
belehren to instruct
beleidigt offended; insulted
beleuchten to light up
die **Beleuchtung, -en** illumination
die **Belichtung, -en** exposure
die **Belichtungssache, -n** matter of
lighting
die **Belletristik** literature, fiction,
belles-lettres
bemerken to notice
die **Bemerkung, -en** remark
benutzen to use
beobachten to watch, observe
bequem comfortable
die **Beratung, -en** advice; discussion
der **Bereich, -e** range
bereit ready
bereits already
bereuen to regret
der **Berg, -e** mountain

der **Bericht, -e** report
berichten to tell, report, relate
der **Beruf, -e** profession
beruflich professional
beruhigen to calm
berühmt famous
die **Berührung, -en** touching
die **Besatzung, -en** crew
beschäftigen to absorb, engross; to
engage; to keep busy
beschäfigt busy
bescheinen, ie, ie to light, deck in
light
beschimpfen to abuse, insult, revile
beschissen shitty
beschlagen knowledgeable
der **Beschluß, ¨(ss)e** decision
beschreiben, ie, ie to describe
die **Beschwerde, -n** complaint
beschwören, o, o to implore
der **Besenstiel, -e** broomstick
besetzen to occupy
besichtigen to inspect, observe,
examine
das **Besinnen** reflection
sich **besinnen, a, o** to recollect oneself; to consider
der **Besitz** possession
besoffen drunk
besonnt sun drenched
besorgen to take care of, procure
das **Besorgnis, -(ss)e** worry, concern
besorgt worried
sich **besprechen, a, o** to talk it over
(mit: with)
die **Besprechung, -en** conference,
interview
die **Besserwisserei** attitude of knowing everything better; air of
superiority
bestätigen to confirm
bestatten to bury, inter
bestehen, a, a to endure, stand (a
test), pass scrutiny; to exist;
bestehen auf to insist upon
bestehend aus consisting of
bestellen to order
bestimmen to effect, influence; to
determine
bestimmt certainly
die **Bestimmtheit, -en** decisiveness
bestreiten, i, i to dispute, deny,
contest, refute

der **Besuch, -e** visit
besuchen to visit
betend praying
betrachten to look at, consider
beträchtlich considerable
betragen, u, a to amount to, come to
betreffen, a, o to concern
betreffend concerning; the . . . concerned, in question
betreiben, ie, ie to further, work on, carry out
der **Betrieb, -e** the operation; management; running
betrunken drunk
das **Bett, -en** bed
betteln to beg
betten to bed
beugen to bend
die **Bevölkerung, -en** native population
bevor before
bevor-stehen, a, a to be at hand, be imminent or near
bewahren to preserve
bewältigen to master
bewegen to move
die **Bewegung, -en** activity
der **Beweis, -e** proof
beweisen, ie, ie to prove
die **Bewilligung, -en** permission
bewundern to admire
bewußt conscious, aware
bewußtlos unconscious
die **Bewußtlosigkeit** unconsciousness
das **Bewußtsein** consciousness
bezeichnen to indicate, mark
beziehen, o, o to cover; to procure, get, obtain
die **Beziehung, -en** relationship
beziehungsweise respectively; that is to say
der **Bezirk, -e** region, district, area
der **Bezug, ⁻e** relation, reference; in **Bezug auf** in respect to, with reference to
die **Bibliothek, -en** library
biegsam supple, pliant
die **Biene, -n** bee
das **Bier, -e** beer
die **Bierdose, -n** beer can
bieten, o, e to give
die **Bilanz** balance; stocktaking

das **Bild, -er** picture, image; **im Bild sein** to know what is going on
der **Bildschirm, -e** screen
billig cheap
binnen within
bisher until now
bisherig former
der **Biß, -(ss)e** bite
die **Bißwunde, -n** bite, wound
bitte please
bitten, a, e to ask for, beg
das **Bitten** pleading
die **Blamage, -n** fiasco, embarrassment, shame
blank bright, shiny, polished
das **Bläschen** little bubble
die **Blase, -n** blister
blaß pale
die **Blässe** paleness, pallidness, pallor, wanness
das **Blatt, ⁻er** leaf
blau blue
bläulich bluish
das **Blech, -e** sheet metal, tin
blechern tinny
bleiben, ie, ie to remain
bleich pale
der **Bleichling, -e** paleface
die **Blende, -n** camera's diaphragm; diaphragm setting
blenden to blind; to dazzle
der **Blick, -e** glance
blicken to glance, look
blind blind
der **Blinddarm, ⁻e** appendix
der **Blinde, -n** blind man
blinken to blink; to shine intermittently; to gleam, sparkle
das **Blinkfeuer, -** flashing light
das **Blinklicht, -er** flashing light
der **Blitz, -e** lightning
blöd stupid, dense
der **Blödsinn** nonsense, foolishness
der **Blond-** the blond (person)
bloß simply, merely
blühen to blossom, bloom
blühend blooming; flourishing, luscious; healthy
die **Blume, -n** flower
das **Blumenpflücken** picking of flowers
die **Bluse, -n** blouse
das **Blut** blood

bluten to bleed
das Blüten-Konfetti confetti of blossoms or petals
der Blutfleck, -e bloodstain
blutig bloody
die Blutspur, -en bloody trace
der Blutstropfen, - drop of blood
der Boden, ⸚ ground; floor
die Bodenart nature of the soil
das Bodenlicht, -er groundlights
die Böe, -n gust of wind
der Bogen, - sheet of paper; page
die Bogenlampe, -n arc lamp
die Bogenreihe, -n series of arches
das Boot, -e boat
borniert narrow-minded
die Böschung, -en embankment
böse angry, wicked, bad
die Brandung surf
die Bratwurst-Haut, ⸚e sausage skin
brauchen to need
die Braue, -n eyebrow
braun brown
braun-grau brownish-gray
die Braut, ⸚e bride
der Bräutigam, -s bridegroom
brechen, a, o to break
der Breitengrad, -e latitude
die Bremse, -n brake
bremsen to brake
die Bremsklappe, -n brake-flap
das Brett, -er board; chess board
das Brettchen, - little board; little chess board
der Brief, -e letter
die Brille, -n glasses
bringen, a, a to bring
britisch British
die Bronze bronze
das Brot, -e bread
die Brücke, -n bridge
der Brückenbau bridge making, construction of bridges
der Bruder, ⸚ brother
die Brüderschaft, -en fellowship
brüllen to shout, roar
die Brust, ⸚e breast
das Brusthaar, -e hair on the chest
die Brüstung, -en parapet
brütend brooding
der Bub(e), -en boy; lad
die Bubenhose, -n boy's pants
die Bubenjacke, -n boy's jacket

der Bubenkörper, - boyish body
das Buch, ⸚er book
das Bücherbrett, -er bookshelf
das Büchergestell, -e bookcase
sich bücken to bend, stoop
die Bude, -n small room
der Büffel, - buffalo
das Buffet, -s buffet
die Bügelfalte, -n crease, fold, pleat
das Bullauge, -n porthole
das Bündel, - bundle, bunch
bunt many-colored; brightly colored
bürgerlich middle-class, bourgeois
der Burgunder, - burgundy wine
der Bürokrat, -en bureaucrat
der Busch, ⸚e bush
der Büstenhalter, - bra

das Cabinet (Kabinett), -e toilet stall
das Café, -s café, coffeehouse
der Campfer camphor
die Chance, -n chance; opportunity
charmant charming
chirurgisch surgical
das Chrom chromium trim
der Citroën French car
das Citronpressé citron pressé, lemonade
das Coca-Cola-Volk Coca Cola people
der Corso parade
die Cowboy-Hose, -n cowboy pants, jeans

dabei thereby; at the same time
die Dachbude, -n garret
der Dachgarten, ⸚ roof garden
daher thence; for that reason
damalig of that time
damals then, at that time
die Dame, -n lady
damenhaft lady-like
der Damm, ⸚e dam
dämmern to grow dark
die Dämmerung dusk, twilight
der Dämon, -e demon
der Dampf, ⸚e steam
dampfen to steam
dank thanks to
der Dank thanks
danken to thank
dann then

daraufhin   on the strength of that
dargestellt   portrayed, represented
dar-legen   to explain
der Darm, ⁼e   gut, intestine
dar-stellen   to represent
da-sein   to exist
das Datum, Daten   date
die Dauer   duration; auf die Dauer
   in the long run
die Dauer-Einrichtung, –en   per-
   manent arrangement
dauern   to last
der Daumen, –   thumb
davon-laufen, ie, au   to run away
dazu   in addition (to all that)
dazwischen   in between; interjected
dazwischen-funken   to interrupt
die Decke, –n   blanket
decken   to cover; den Tisch decken
   to set the table
sich decken   to cover; to coincide
der Decksessel, –   deck chair
der Defekt, –e   defect
demnächst   shortly, very soon
denken, a, a   to think
dennoch   nevertheless
die Depesche, –n   dispatch
Derartiges   things like that
derzeitig   of today, present day
deutlich   clearly, distinctly
deutsch   German
der Deutsche, –n   the German (male)
deutschsprachig   German speaking
die Devise, –n   motto; foreign bill
   of exchange
die Diakonissin, –(nn)en   deaconess
die Diät   diet
dick   heavy, fat
das Dickicht, –e   jungle; thicket
dicklich   chubby
die Diele, –n   hall
dienen   to serve
der Dienst, –e   service
der Dienstag, –e   Tuesday
dienstlich   official
die Dienstreise, –n   official trip;
   business trip
der Dieselbrenner, –   diesel burner
die Dieselmaschine, –n   diesel engine
der Dieselmotor, –e   diesel motor
das Dieseltriebwerk, –e   diesel
   power unit
das Ding, –e   thing

die Direktion   director's office
die Diskussion, –en   discussion
die Dissertation, –en   dissertation
die Distel, –n   thistle
doch   after all; yet
der Donner   thunder
donnern   to thunder, rumble
das Doppelgespräch, –e   two con-
   versations going on at the same
   time
doppelt   double
die Doppeltür, –en   double door
das Doppelzimmer, –   double room
das Dorf, ⁼er   village
die Dose, –n   jar, can
der Draht, ⁼e   wire
drängen   to urge; das Drängen
   urging; pressure
draußen   outside, out
dreckig   filthy
drehen   to turn
sich drehen   to turn around, rotate
dreißig   thirty
dreistündig   three hour
dringend   urgent
dröhnen   to throb, roar, boom
das Dröhnen   roar
die Droschke, –n   cab
das Droschken-Pferd, –e   cab-horse
drüben   above
drum (darum)   therefore
der Dschungel, –s   jungle
dumm   stupid
die Dummheit, –en   stupidity
dunkel   dark
das Dunkel   dark
dünn   thin
der Dunst, ⁼e   haze
dunstig   hazy
durchaus   quite, positively
durcheinander-bringen, a, a   to mix up
durch-fliegen, o, o   to fly through
   (nach: to)
durch-gehen, i, a   to go through
durch-lassen, ie, a   to let through
durch-lesen, a, e   to read through
der Durchmesser, –   diameter
durchschauen   to see through; to
   take a person's measure
der Durchschlag, ⁼e   carbon copy
durchstöbern   to rummage through
dürfen, a, u   to be permitted, may
der Durst   thirst

323

durstig thirsty
die Dusche, –n shower; duschen
　to shower
der Düsseldorfer, – native of
　Düsseldorf
duzen to use the intimate form of
　address du

eben even; exactly; just now; simply
die Ebene, –n plain
ebenfalls likewise, also
ebenso equally so, also, similarly
ebensogut just as well
der Efeu (clinging) ivy
egal the same
die Ehe, –n marriage
der Ehebruch, ⁻e adultery
ehemals formerly, once
eher rather
der Ehering, –e wedding ring
die Eheverkündigung, –en wedding
　announcement
die Ehrenpflicht, –en honorary ob-
　ligation; point of honor
ehrfürchtig respectful
die Eidechse, –n lizard
die Eidechsenhaut rough, coarse
　skin
die Eifersucht jealousy
eifersüchtig jealous
eigen own
eigentlich really
sich eignen to be suited (für: for)
die Eile hurry
eilen to hurry, hasten
eilig hurriedly
sich ein-bilden to delude oneself,
　imagine; to conceive; to be con-
　ceited
der Einbruch, ⁻e breaking-in; house-
　breaking, burglary; Einbruch der
　Nacht nightfall
der Eindruck, ⁻e impression
einerseits on the one hand
einfach simple, simply
ein-fallen, ie, a to occur to one
ein-gehen, i, a (auf) to agree to a
　thing; to be willing to consider; to
　go into
die Eingeweide (pl.) entrails
eingewickelt wrapped
der Eingriff, –e intervention; opera-
　tion

der Einheimische, –n native
　(male)
einig agreed, united; sich
　einig sein to be agreed
einigermaßen somewhat
einmal once
sich ein-mischen to interfere
die Einmündung, –en delta
die Einöde, –n desolated place
ein-reden to persuade; sich
　etwas ein-reden to talk
　oneself into something
ein-richten to arrange
die Einrichtung, –en furnish-
　ings, management
einsam lonely
ein-schiffen to embark
die Einschiffung, –en em-
　barkation
ein-schlafen, ie, a to fall asleep
ein-schwatzen (auf) to talk
　insistently to a person
ein-sehen, a, e to realize,
　comprehend
einseitig one-sided
ein-setzen to start in again
die Einsilbigkeit, –en taci-
　turnity
ein-sinken, a, u to sink in
ein-spannen to insert (as
　paper into a typewriter)
ein-stecken to put in; to
　pocket
ein-steigen, ie, ie to climb
　aboard, go aboard; to enter
die Eintagspfütze, –n one-
　day puddle
ein-treffen, a, o to appear
ein-treten, a, e to enter
das Eintreten entry
einverstanden agreed
ein-wickeln to wrap
ein-willigen to consent
die Einzelheit, –en detail
ein-ziehen, o, o to move in
einzig single, only
einzigartig singular, unique
das Einzigrichtige the only
　right thing
das Eis ice; ice cream
die Eisenleiter, –n iron ladder
das Eisenrohr, –e iron pipe
der Eisverkäufer, – ice cream vendor

324

ekelhaft disgusting
ekeln to disgust
der **Ektachrom** film; color film
elektrisch electric, electrical
die **Elektrizität** electricity
elend wretched, miserable
das **Elfuhrgeläute** eleven o'clock chimes
der **Ellbogen, -** elbow
die **Eltern** parents
die **Emigrantin, -(nn)en** emigrant (female)
emigrieren to emigrate
empfangen, i, a to receive
empfehlen, a, o to recommend
die **Empfehlung, -en** recommendation
empfinden, a, u to feel
empfindlich sensitive
die **Empörung, -en** indignation
das **Ende** end
endlich finally
endlos without end
der **Engel, -** angel
die **Engländerin, -(nn)en** English woman
entblößt exposed, naked, uncovered
entdecken to discover
die **Entdeckung, -en** discovery
entfalten to unfold
entfernt distant, removed
entgegen-kommen, a, o to meet halfway; to oblige
entlang along, down
die **Entropie** entropy
entrüsten to provoke, anger, infuriate
sich **entscheiden, ie, ie** to decide
entschieden firmly, decidedly
sich **entschließen, o, o** to make up one's mind to a thing; to decide
entschlossen determined
der **Entschluß, -(ss)e** decision; zum **Entschluß kommen** to come to a decision
die **Entschlußlosigkeit, -en** indecision
die **Entschuldigung, -en** excuse
entsetzlich horrible
entsetzt horrified
die **Enttäuschung, -en** disappointment
entweder either; entweder . . . oder

either . . . or
entwickelt developed
entziehen, o, o to withdraw
entzückt delighted
epileptisch epileptic, convulsed
das **Erachten** judgement, opinion; **meines Erachtens** in my opinion
erbärmlich pitiful
erblicken to see, behold
das **Erbrechen** vomiting
sich **erbrechen, a, o** to throw up, vomit
die **Erde, -** earth
die **Erdkrümmung, -en** curvature of the earth
der **Erdschatten, -** earth's shadow
das **Ereignis, -(ss)e** event
erfahren, u, a to experience; to find out
die **Erfahrung, -en** experience
die **Erfahrungstatsache, -n** act of experience
der **Erfolg, -e** success
erfolgen to result
erfolglos without success
erfolgreich successful
erforderlich required; necessary
erfragen to ascertain; to inquire into
erfüllen to fulfill
sich **ergeben, a, e** to surrender; es **ergibt sich** it happens, it comes about
ergreifen, i, i to take hold; to grasp
erhalten, ie, a to receive
sich **erhängen** to hang oneself
erheben, o, o to raise; sich **erheben** to get up
erhellen to illumine
der **Erhenkte, -n** hanged man
erinnern (an) to remind of; sich **erinnern** to remember
die **Erinnerung, -en** memory
die **Erinnye, -n** Fury (Greek mythology)
sich **erkälten** to catch cold
erkennen, a, a to recognize
erklären to explain
erklärlich explainable
die **Erklärung, -en** explanation
sich **erkundigen** to inform oneself; to inquire
erlaubt permitted, allowed
erläutern to explain

erleben   to experience
das Erlebnis, -(ss)e   experience
erledigen   to accomplish
erledigt   exhausted, done in
erleichtert   relieved
die Erleichterung, -en   relief
erlöschen   to fade away; to extinguish
erlösen   to save, free, deliver
die Ermüdung, -en   fatigue
die Ermüdungserscheinung, -en   fatigue phenomenon
der Ernst   earnestness, seriousness;
allen Ernstes   most seriously
ernsthaft   serious
ernst-nehmen, a, o   to take seriously
erraten, ie, a   to guess
errechenbar   capable of being calculated, figured out
errechnen   to figure out
erregt   excited
erreichen   to reach
die Errettung, -en   rescue
erröten   to blush
ersaufen   to drown
erscheinen, ie, ie   to appear, seem
die Erscheinung, -en   phenomenon
erschlagen, u, a   to slay, kill
erschöpfen   to tire, exhaust
erschöpft   exhausted
die Erschöpfung, -en   exhaustion
erschrecken, a, o   to be frightened, be startled
das Erschrecken   fright
erschüttern   to shake
die Erschütterung, -en   shock
ersetzen   to substitute, replace
ersoffen   drowned
erst   first
erstaunt   astonished
ersteigen, ie, ie   to climb up
erstellen   to build (as of roads)
ersuchen   to beg, request, urge
ertönen   to sound, ring out
ertragen, u, a   to bear
erwachen   to awake
erwähnen   to mention
die Erwähnung, -en   mention
erwarten   to expect
erweisen, ie, ie   to prove; sich
erweisen   to prove to be; einen
Gefallen erweisen   to do a favor
erzählen   to tell, narrate

die Erziehung, -en   education, upbringing
die Erziehungsfrage, -n   question of education or upbringing
der Esel, -   ass, donkey
der Eseltreiber, -   donkey driver
der Eseltritt   kick delivered by an ass
die Espadrilles   rope-soled shoes
essen, a, e   to eat
die Esserei   excessive eating
das Etablissement, -s   establishment
die Etage, -n   floor
die Etikette, -n   label
etruskisch   etruscan
etwas   some
ewig   eternal
die Ewigkeit   eternity
das Examen, -   exam
existentialistisch   existential
der Existentialist, -en   existentialist; "beatnik"
existieren   to exist

die Fabrik, -en   factory
der Fachmann, ⸚er   expert
die Fachzeitschrift, -en   professional journal
die Fahne, -n   flag
das Fähnlein, -   little flag
fahren, u, e   to drive
der Fahrer, -   driver
das Fahrgestell, -e   landing gear
die Fahrkarte, -n   ticket
das Fahrrad, ⸚er   bicycle
die Fahrt, -en   drive, trip
die Fährte, -n   track; trail
das Fahrzeug, -e   vehicle
das Fahrziel, -e   destination
der Fall, ⸚e   case
fallen, ie, a   to fall
falls   in case
der Fallschirmabwurf, ⸚e   drop (of something) by parachute
falsch   false
fälschlicherweise   erroneously
famos   magnificently, superb
fangen, i, a   to catch; sich fangen
to straighten out (as of an airplane)
die Fantasie, -n   fantasy
fantastisch   fantastic
die Farbe, -n   color
der Farbfilm, -e   color film
das Farbspiel, -e   play of colors

das **Farnkraut,** ⸚er   fern
die **Fassadenkletterei**   climbing up
the side of building
fassen   to take, catch hold of; to
comprehend
fast   almost
faul   rotten
die **Fäulnis**   decay; putrefacation
die **Faust,** ⸚e   fist
die **Faxe, –n**   silly prank, trick,
foolery
die **Feder, –n**   feather
fehlen   to be lacking, missing
der **Fehler, –**   mistake
die **Feier, –n**   celebration
der **Feierabend, –e**   evening leisure;
time for leaving work
die **Feierlichkeit, –en**   solemnity,
ceremoniousness, festivity
der **Feigenbaum,** ⸚e   fig tree
die **Feigheit**   cowardice
der **Feigling, –e**   coward
das **Feld, –er**   field
der **Felsen, –**   rock; precipice
felsig   rocky
das **Fenster, –**   window
die **Fensterbrüstung, –en**   window sill
das **Fensterchen, –**   little window
der **Fensterplatz,** ⸚e   window seat
die **Ferien** (pl.)   vacation
fern   distant
die **Ferne**   distance
ferner   further, in addition
die **Ferse, –n**   heel
fertig   ready
die **Fessel, –n**   ankle
das **Fest, –e**   festival
fest-halten, ie, a   to hold on, hold fast
festlich   ceremonial, solemn
fest-stehen, a, a   to be established as
fact; **es steht fest**   it is certain
fest-stellen   to ascertain
das **Fetzchen, –**   little scrap
der **Fetzen, –**   rag, scrap, shred
feucht   moist, damp
die **Feuchte**   wetness, moistness
das **Feuer, –**   fire
der **Feuerhaken, –**   poker
feuerlos   unlit
das **Feuerzeug, –e**   cigarette lighter
fidel   jolly
die **Figur, –en**   figure; (chess) piece
filmen   to film

finden, a, u   to find; **gut finden**   to
approve
der **Finger, –**   finger; **fingerlang**
finger long
fingern   to finger; **fingern an**   to
fuss with, at
der **Fingernagel,** ⸚   fingernail
finster   dark; ominous; **im Finstern**
in darkness
die **Finsternis**   pitch darkness
die **Firma, Firmen**   firm, company
der **Fisch, –e**   fish
das **Fischerboot, –e**   fishing boat
die **Fischvergiftung, –en**   fish poisoning
fit   fit (Americanism)
fix   fixed, unshakeable
flach   flat
das **Flachland,** ⸚er   lowland
die **Flagge, –n**   flag
die **Flamme, –n**   flame
das **Fläschchen**   little bottle
flattern   to flutter
flatternd   flapping
der **Flaum**   down
die **Flechte, –n**   braid, plait, tress
der **Fleck, –e**   spot, patch, fleck
das **Fleisch**   flesh
fleischig   fleshy
fließend   flowing; smooth; fluent
das **Flimmern, –**   glimmering
flink   nimble, fast, quick
flirten   to flirt
die **Flirterei**   flirting
flitzend   scurrying, whipping by
die **Flöte, –n**   flute
flöten   to whistle
flott   lively; cool (coll.)
der **Fluch, –e**   curse
fluchen   to curse
der **Flüchtling, –e**   refugee
der **Flug,** ⸚e   flight
der **Flügel, –**   wing
der **Flughafen,** ⸚   airport
der **Flugplatz,** ⸚e   airstrip, airport
das **Flugzeug, –e**   aircraft
der **Fluß,** ⸚(ss)e   river
das **Flußbett, –en**   river bed
das **Flüßchen, –**   little river
flüssig   flowing, liquid
flüstern   to whisper
der **Föhn**   a warm, dry wind, foehn
die **Föhnmauer**   wall of the foehn

die **Föhre, –n** fir tree
die **Folge, –n** consequence, result
folgen to follow
foppen to tease
fordern to demand
die **Formel, –n** form, formula
formulieren to formulate
fort away, gone
die **Fortpflanzerei** excessive propagation or procreation
fortschrittlich progressive
fotographieren to photograph
der **Fötus** foetus
der **Frachter, –** freighter
die **Frage, –n** question
fragen to ask
das **Fragezeichen, –** question mark
die **Fraktur, –en** fracture
der **Frank, –en** franc
französisch French
frappant striking, amazing
frappieren to amaze, astonish
die **Frau, –en** woman
die **Frauenstimme, –n** woman's voice
das **Fräulein, –** young lady; Miss
fraulich womanly
frei free
das **Freie** open
frei-halten, ie, a to keep empty
freiwillig voluntary
fremd strange
die **Fremde** foreign land; in der **Fremde** abroad
die **Fremdenführerin, –(nn)en** tourist guide (female)
die **Fremdenlegion** foreign legion
die **Fremdenpolizei** aliens' office
fressen, a, e to eat (as of animals), devour
die **Freude, –n** joy, delight
das **Freudenmädchen, –** prostitute
sich **freuen** to rejoice
der **Freund, –e** friend
die **Freundespflicht, –en** duty as a friend
freundlich friendly
frieren, o, o to freeze
frisch fresh
froh glad
der **Frosch, ⸚e** frog
frösteln to shiver with cold
fröstelnd shivering
das **Frottiertuch, ⸚er** turkish towel

die **Frucht, ⸚e** fruit
die **Fruchtbarkeit, –en** fertility
früh early
der **Frühling, –e** spring, springtime
frühlingshalber because of the springtime
das **Frühstück, –e** breakfast
frühstücken to breakfast
die **Fügung, –en** providence
sich **fühlen** to feel
führen to lead
füllen to fill
fünfhundert five hundred
fünfzig fifty
der **Funkenregen** rain, shower of sparks
funktionieren to function
furchtbar terrible
fürchten to fear; sich **fürchten** to be afraid
fürchterlich horrible, terrible, frightful
der **Fuß, ⸚(ss)e** foot
der **Fußgänger, –** person on foot
futtern to eat, grub; to wolf down (coll.)
füttern to feed

das **Geäst** branches
die **Gabel, –n** fork
gaffen to stare
gähnen to yawn
die **Gambit-Eröffnung, –en** opening at chess
der **Gang** walk
ganz quite, entire, complete, total
gänzlich totally
gar even; particularly
der **Gasbrenner, –** gas burner; (here) hot water heater
die **Gasse, –n** narrow street, alley
der **Gast, ⸚e** guest
die **Gattin, –(nn)en** wife
geben, a, e to give; **Vollgas geben** to accelerate, put the foot down on the gas pedal
gebeugt bent
das **Gebiet, –e** region, area
das **Gebirge, –** mountain range
das **Gebiß, –(ss)e** set of teeth
gebräunt tanned
die **Geburt, –en** birth
der **Geburtstag, –e** birthday

der **Gedanke**, –n thought
das **Gedonner** thundering
das **Gedränge** crowd
gedunsen bloated
gefallen, ie, a to please
der **Gefallen** favor
gefällig obliging
gefältet wrinkled
die **Gefangenschaft**, –en imprisonment
das **Gefängnis**, –(ss)e prison, jail
gefaßt composed, collected
das **Geflecht**, –e mesh; plaiting
gefoltert tortured
das **Gefühl**, –e feeling
gegen against
die **Gegend**, –en region
der **Gegensatz**, ⸚e opposite; **im Gegensatz** in contrast
gegenseitig mutual
das **Gegenteil**, –e opposite
gegenüber opposite
das **Gehämmer** hammering
gehen, i, a to go; **los-gehen** to start, begin
gehetzt rushed
gehören to belong; **gehören zu** to be a part of, member of
die **Geige**, –n violin
der **Geist** mind, spirit, intellect; intellectual activity
die **Geistesgegenwart** presence of mind
der **Geistliche**, –n cleric
geistreich witty
gekiest gravelled
das **Geklimper** drumming, strumming
gekniffen squinted (as with eyes)
gekränkt hurt; **gekränkt sein** to be offended
gekrempelt creased, wrinkled, crumpled
gekrümmt curved
das **Gelächter** laughter
gelähmt paralyzed
das **Geländer**, – balustrade, railing
gelangen to get to
gelassen calm, composed, collected, cool
gelb yellow
gelblich yellowish
das **Geld**, –er money
die **Gelegenheit**, –en opportunity

gelegentlich occasionally; at one point
gelegt placed, positioned
gelehnt leaning
der **Gelehrte**, –n scholar
das **Geleise**, – rail
die **Geliebte**, –n beloved
gelingen, a, u to succeed in
gelocht perforated
gelten, a, o to be a matter of; (with dat.) to be intended for; to pass for; to be valid
gemäß according to
gemeinsam common, communal, mutual
gemeint sein to be intended
das **Gemüse** vegetable; vegetation
der **Gemusterte**, –n closely observed person
genau exact, precise
der **Gendarme** gendarme, policeman
das **Genie**, –s genius
genießen, o, o to enjoy
genötigt forced; obliged
genügen to suffice, be adequate
die **Geometrie** geometry
das **Gepäck** luggage
das **Geplauder** chatter; conversation
gepreßt flattened
gerade immediately; directly; straight
die **Gerade**, –n straight line
geradeaus (gradaus) straight away
geradezu positively
gerechtfertigt justified
das **Gerede** idle talk
das **Gericht**, –e court, trial
gerichtet sein gegen to be directed against
geriegelt bolted, locked
das **Geriesel** trickle
gerissen tricky
gern gladly
das **Geröll** rubble, rock debris
gerötet flushed
die **Gerte**, –n sapling, switch
der **Geruch**, ⸚e scent, smell
gerupft plucked
das **Gerüst**, –e scaffolding
geschäftig busy, active; in a hurry
geschäftlich on business
gescheckt mottled
geschehen, a, e to happen

gescheit   clever, intelligent, smart
das Geschenk, -e   gift
die Geschichte, -n   history, story
geschieden   divorced
das Geschirr   dishes
das Geschlamp   tangle
geschlossen   closed
das Geschöpf, -e   creature
geschoren   shorn
geschwätzig   talkative, loquacious, chatty
geschweige denn   not to mention
geschwind   swiftly, quickly
die Gesellschaft, -en   social gathering; society
das Gesetz, -e   law
gesetzt   composed; grave, sedate, sober; staid
das Gesicht, -er   face
gespannt   intensely curious, tense
das Gespenst, -er   ghost
das Gespräch, -e   conversation
gespreizt   spread, spread wide
die Gestalt, -en   form
der Gestank   stench
gestatten   to allow; sich gestatten to take the liberty (to)
gestaucht   wrenched
die Geste, -n   gesture
gestehen, a, a   to admit, confess; offen gestanden   frankly
das Gestein   rock (geol.)
gestern   yesterday
das Gestirn, -e   star, heavenly body
gestreckt   stretched, stretched out
gestreift   striped
das Gestrüpp   undergrowth
gestützt   propped up
die Gesundheit   health
das Getränk, -e   drink, beverage
das Getue   fuss
gewickelt   wrapped
gewillt   willing, disposed, inclined
das Gewimmel   swarm, crowd, throng, teeming mass
der Gewinn, -e   gain, profit
gewiß   certain
gewissenhaft   conscientious
die Gewissensbisse (pl.)   pangs of conscience
die Gewißheit, -en   certainty
das Gewitter, -   thunderstorm
die Gewitterwolke, -n   thunder cloud

gewöhnlich   plain, unadorned, simple; usual
gewohnt sein   to be accustomed
gezackt   ragged, pointed
das Gezisch, -e   hiss
der Ginster, -   plant of the genus Genista
der Gips   gypsum
die Gischt   surf, foam
der Gitarrensänger, -   guitar singer
glänzen   to shine, polish
die Glanzidee, -n   brilliant idea
das Glas, -̈er   glass
gläsern   glass
die Glastür, -e   glass door
die Glasveranda, -s   glassed-in veranda
die Glatze, -n   bald pate
glauben   to believe
glaubwürdig   credible
gleich   equal to; immediately
gleichen, i, i   to be similar to
gleichfalls   also
das Gleichgewicht, -e   equilibrium, balance
gleichgültig   indifferent
gleichviel   irrespective of
das Gleis (das Geleise), -e   rail
die Gliedmaßen   limbs
glitschig   slippery
glitzern   to glitter, sparkle
das Glockengeläute   ringing of the bells
der Glockenrock, -̈e   bell-shaped skirt
der Glockenschlag, -̈e   striking of bells
glockig   flared, bell-shaped
das Glück   luck; zum Glück   fortunately, luckily
glücklich   happy
das Glückspiel, -e   game of chance
glühen   to glow
der Glüher, -   cigarette lighter
die Glutluft   burning heat
der Goldrahmen, -   gold frame
der Golf   gulf
gongen   to ring a gong
gönnen   not to grudge
der Gott, -̈er   god
das Grab, -̈er   grave
der Grabhügel, -   grave mound
die Grabkammer, -n   burial chamber
das Grabmal, -̈er   tomb

330

der Grabstein, -e tombstone
der Grad, -e degree
gradaus straight ahead
der Grafiker, - illustrator, graphic
artist
das Granulom granuloma: chronically inflamed tissue
das Gras, ̈er grass
gräßlich dreadful, horrible
grau gray
grauenhaft horrible
grau-grünlich grayish-green
die Gravitation gravity
graziös graceful
greifbar handy; available; in greifbarer Nähe in reaching distance
greifen, i, i to seize, take, grasp
die Grenze, -n border, limit
der Grenzfall, ̈e borderline case,
extreme limit
das Greuelmärchen, - atrocity
der Grieche, -n Greek man
Griechenland Greece
griechisch Greek
das Grinsen grinning
groß great, high
großartig magnificent
die Größe, -n size
die Großstadt, ̈e metropolis
die Grube, -n pit; dimple
grübeln to ponder
grün green
der Grund, ̈e reason, cause;
ground; im Grunde basically
grundsätzlich on principle
grünlich greenish
grünspanig having the property of
copper acetate
die Gruppe, -n group
der Gruß, ̈e greeting
grüßen to greet
das Guckloch, ̈er peep hole
die Gummi-Stimme, -en rubber
voice
günstig favorable
der Gurt, -e belt, strap; seatbelt
der Gürtel, - belt, seatbelt
die Gußeisen-Laterne, -n cast-iron
street lamp
gut good
das Gutachten, - certificate; expert
opinion
gut-finden, a, u to approve

Gutnacht good night

das Haar, -e hair
die Haarfarbe, -n hair color
der Haarwuchs hair growth
der Hader, - strife, dispute
der Hafen, ̈ harbor, port
der Häftling, -e prisoner, convict
hager gaunt
der Hahn, ̈e rooster, cock
der Haifisch, -e shark
der Hain, -e grove
halb half
die Halbjüdin, -(nn)en a woman
who has one Jewish parent
halblaut half loud
halboffen half open
der Halbschlaf doze
der Hall reverberating noise
die Halle, -n lobby
hallen to sound; to resound, reverberate; to thrill; to clang
hallend reverberating, droning
die Halluzination, -en hallucination
der Halm, -e blade, stalk (of grass)
der Hals, ̈e neck
die Halskette, -n necklace
halten, ie, a to keep, stop, hold;
halten für to take (one) for; consider; sich halten an to accept; to
stick to; Ausschau halten to
watch for, to be on the lookout for
die Hand, ̈e hand
die Handarbeit, -en hand work
das Händchenhalten holding of hands
handeln to act; sich handeln um
to concern
des Händeschütteln hand shaking
das Handgelenk, -e wrist
das Handgepäck hand luggage
der Handschlag, ̈e handshake
die Handschrift, -en script, hand-
writing
die Handtasche, -n handbag
das Handtuch, ̈er hand towel
der Hang tendency, leaning
die Hängematte, -n hammock
hängen, i, a to hang; hängen an
to be attached to
hantieren to handle, manipulate; to
bustle about
harmlos harmless
das Harz resin

hassen to hate
häßlich ugly
die Häßlichkeit ugliness
die Hast haste
häufig frequent
die Häufigkeit, -en frequency
der Hauptfilm, -e feature film
die Hauptsache, -n main thing, point
die Hauptschaltbrettanlage, -n main control panel
die Hauptsorge, -n chief worry, main concern
das Haus, ̈er house
die Haushöhe, -n height of a building
der Hausverwalter, - house caretaker
die Haut, ̈e skin; hide
heben, o, o to lift, raise
das Heft, -e notebook
heftig sharp, severe, vehement
das Heftlein, - slim volume
die Heimkehr return (home)
die Heimreise, -n trip home
die Heirat, -en marriage
heiraten to marry
der Heiratsantrag, ̈e marriage proposal
die Heiratsgeschichte, -n story of the marriage
heiser hoarse
heiß hot
heißen, ie, ie to be called
heizen to heat
helfen, a, o to help
der Helikopter, - helicopter
hell bright
die Helligkeit, -en brightness
das Hemd, -en shirt
die Hemmung, -en inhibition
die Henne, -n hen
herablassend condescending
heraufgestülpt turned up (as of a collar)
herauf-kommen, a, o to emerge; to come up
herauf-krempeln to roll up
heraus-holen to bring out
heraus-rutschen to slip out
sich heraus-stellen to turn out, appear, prove, become evident
heraus-strecken to stretch out
heraus-ziehen, o, o to pull, take out of

herbei-ziehen, o, o to pull close, draw close
die Herde, -n herd, flock
die Herkunft, ̈e origin; heredity
der Herr, -n, -en master, gentleman
der Herrgott the Good Lord
her-richten to get (something) ready, prepare
herrlich splendid, hearty
die Herrschaft, -en employers
herum-stehen, a, a to stand around
hervor-klettern to climb out of
hervor-rufen, ie, u to cause, bring about
das Herz, -en heart
das Herzklopfen heart palpitations
herzlich cordially, heartily
hetzen to hurry on, rush
das Heu hay
die Heuchelei, -en hypocrisy, sham, dissimulation
heucheln to dissemble
der Heulkrampf, ̈e hysterical weeping
der Heustadel, - haystack
heute today
heutig present; contemporary, modern
hier here
hiesig local
die Hilfe, -n aid, help
das Himbeer-Licht raspberry light
der Himmel, - heaven, sky
himmelblau sky-blue
der Himmelskörper, - heavenly body
hinauf-blicken to glance up
hinaus-blicken to glance out, look out
hinaus-gehen, i, a to go out
hinaus-schauen to look out
hinaus-stapfen to trudge out
hindern to hinder, prevent
hindurch through
hingegen on the other hand
hin-legen to lay down
hin-reißen, i, i to overpower, overwhelm; sich hin-reißen lassen, ie, a to allow oneself to be carried away
hin-sinken, a, u to sink, fall down; to collapse
hinten in back; behind
hinter behind
der Hinterkopf, ̈e back of the head

hinter-lassen, ie, a   to leave behind
die Hintertasche, -n   back pocket
hinunter   below, down
hinweg-fliegen, o, o   to fly away
der Hinweis, -e   statement
hinzu-lassen, ie, a   to add (to)
das Hirngespinst, -e   bogey, fancy,
   phantom
der Hirt, -en, -en   shepherd
die Hitze   heat
das Hochdeutsch   High German
hochgebildet   highly educated
das Hochhaus, ¨er   tall building
das Hochland   highlands
höchstens   at most
die Hochzeit, -en   wedding
die Hochzeitsreise, -n   wedding trip
hocken   hunch
der Hocker, -   stool
hoffen   to hope
hoffentlich   hopefully
die Hoffnung   hope
die Höflichkeit, -en   politeness
die Höhe, -n   height, altitude
die Höhle, -n   cavity
holen   to fetch, get
das Hollywood-Hemd, -en   Holly-
   wood shirt
holpernd   jolting
das Holz, ¨er   wood
das Hölzchen   little piece of wood;
   (here) ablong wooden fastener
   (as on a duffel coat)
hopp   quick
die Hopserei   jumping around
horchen   to listen
hören   to hear
der Hörer, -   listener
der Horizont   horizon
die Hornbrille, -n   horn-rimmed
   glasses
die Hose, -n   pants
das Hosenknie, -e   knee of pants
die Hosentasche, -n   pants pocket
hübsch   pretty
die Hüfte, -n   hip
der Hügel, -   hill
das Hühnerdorf, ¨er   chicken village;
   (here) primitive indigenous village
der Hühnerhals, ¨e   chicken's neck
der Hummer, -   lobster
humorig   humorous
das Hundefutter   dog food

hundert   hundred
hundertmal   hundred times
die Hündin, -(nn)en   female dog,
   bitch
der Hunger   hunger
das Hupen   honking of car horn
hüpfen   to hop
huschen   to scurry, glide furtively
huschend   scurrying
der Hut, ¨e   hat
hutlos   hatless
die Hütte, -n   hut
die Hydraulik   hydraulics
hysterisch   hysterical

die Idee, -n   idea
die Idiotin, -(nn)en   idiot (fem.)
idiotisch   idiotic
die Illumisation   bright lights
der Imbiß, -(ss)e   snack
immer   always
immerhin   in any case, at any rate
immerzu   constantly
immun   immune
imponieren   to impress
imposant   imposing, impressive
imstande sein   to be capable
inbegriffen   included
indem   while
indessen   meanwhile
indianisch   Indian
der Indio, -s   South American Indian
industrialisieren   to industrialize
infantil   infantile
infolge   because of
infolgedessen   consequently
die Infra-Heizung, -en   infrared
   heating
der Ingenieur, -e   engineer
die Injektion, -en   injection
inne-halten, ie, a   to stop
das Innere   the interior
innerhalb   within
innig   heartfelt, sincere, cordial,
   fervent
die Inschrift, -en   inscription
die Insel, -n   island
insgesamt   all together
insofern   in as much as, in as far
die Installation, -en   gadget; installation
die Instanz, -en   authority
das Institut, -e   institute

intellektuell intellectual
sich interessieren to be interested
interessiert interested
irgendeiner anyone, some sort of,
any
irgendetwas anything
irgendwann sometime
irgendwie somehow
irgendwo somewhere
ironisch ironic
die Irre, –n madwoman
irritieren to irritate
die Irrsinnshitze extreme heat
der Irrtum, ⁼er error, mistake

die Jacke, –n jacket
das Jackett jacket
das Jahr, –e year
das Jahrhundert, –e century
das Jahrzehnt, –e decade
die Jalousie, –n venetian blind
jedenfalls in any case
jedermann everyone
jedoch however
jeher: von jeher from way back,
always
jemand someone
jenseits (gen.) the other side of
das Jenseits the next world
jetzt now
der Job job (Americanism)
die Jockey-Unterhose, –n jockey
brief
jüdisch Jewish
die Jugenderinnerung, –en remi-
niscence from one's youth
der Jugendfreund, –e friend from
one's youth
jugendlich youthful
die Jugendlichkeit youthfulness
der Juli July
jung young
das Junge, –n young, offspring
die Jungfer, –n spinster
das Junggesellentum bachelorhood
das Juristische legal aspects

das Kabel, – cable
die Kabine, –n cabin
der Käfer, – beetle, bug
der Kaffee coffee
kahl barren
der Kalender, – calender, diary

das Kalenderchen, – little calender,
little diary
kalifornisch californian
kalt eold
die Kamera, –s camera
die Kameradschaft comradeship
der Kamin, –e chimney; funnel
der Kamm, ⁼e comb
sich kämmen to comb one's hair
der Kanister, – canister
das Kapitel, – chapter
kaputt broken
der Kapuzenmantel, ⁼ duffel coat
der Karren, – cart
die Karrenspur, –en track of cart
die Karriere, –n career
die Karte, –n map, card, ticket
das Kartenspiel, –e game of cards
das Käse-Sandwich, –s cheese sandwich
der Katholizismus catholicism
die Katze, –n cat
kauen to chew
kaufen to buy
kaufmännisch in business terms;
commercial
kaum scarcely, hardly, barely
die Kehle, –n throat
der Keim, –e seed, germ
keimen to germinate
keinerlei none at all
keinesfall in no case
keineswegs by no means
der Keller, – celler
der Kellner, – waiter
kennen, a, a to know
kennen-lernen to become acquainted
der Kenner, – expert, connoisseur
die Kerbe, –n jag, notch; curve (of
one's back)
der Kerl, –e fellow
die Kette, –n chain
die Kettenraucherin, –(nn)en
chainsmoker (female)
der Kiefer, – jaw
der Kies gravel
der Kieskarren, – gravel cart
das Kind, –er child
die Kinderärztin, –(nn)en pediatri-
cian (female)
der Kinderballon, –s child's balloon
kinderhaft childlike

die **Kinderhand, ⁔e** child's hand
das **Kinderlied, -er** children's song
der **Kindermund, ⁔er** child's mouth
der **Kinderwagen, -** baby carriage
kindisch childish
kindlich childlike
das **Kinn, -e** chin
das **Kino, -s** movie theater
kippen to career, tilt; **vornüber**
  gekippt careened forward
die **Kirche, -n** church
das **Kirchengeläute** ringing of the
  church bells; sound of wedding
  bells
die **Kirsche, -n** cherry
das **Kissen, -** pillow
das **Kistchen, -** little box, little
  case
die **Kiste, -n** crate, box
kitschig tasteless, corny
klagen to complain
der **Klang, ⁔e** sound, clang
klappen to work out, come off
klar clear
die **Klasse, -n** class
das **Klassenzimmer, -** classroom
klatschen to slap, smack
kleben to stick
klebrig sticky
das **Kleid, -er** dress, garment
kleiderlos without clothes, un-
  dressed
die **Kleidung, -en** clothing, clothes
klein small, little
die **Kleinigkeit, -en** triviality
das **Kleinkind, -er** toddler
die **Kleinstadt, ⁔e** little town
kleistern to paste; **zusammen-**
  kleistern to paste together
klettern to clamber; to climb
das **Klima, Klimen** climate
das **Klimakterium** change of life,
  menopause
der **Klimbim** lot of to-do, caboodle
die **Klinge, -n** blade; razor blade
klingeln to tinkle; to ring (as of a
  bell)
klirren to clink, jingle, clatter
klopfen to knock
das **Kloster, ⁔** cloister, monastery
knacken to crack
der **Knall** explosive sound
knallblau bright blue

knarren to creak, squawk, grate,
  rattle
knattern, to crackle, flap
das **Knicken** the cracking
das **Knie, -** knee
knien to kneel
der **Kniff, -e** trick, knack
der **Knöchel, -** knuckle, joint;
  ankle
der **Knochen, -** bone
knochig bony
knüllen to crumple
die **Kobra, -s** cobra
kochen to boil, cook; to cook a
  meal
der **Koffer, -** trunk
der **Koller** fury
der **Komet, -en, -en** comet
der **Komfort** comfort
komisch strange, funny, odd
kommen, a, o to come; **in den**
  Sinn kommen to come to mind;
  zu sich kommen to regain one's
  consciousness, composure
der **Kommunismus** communism
die **Kommunistin, -(nn)en** com-
  munist (female)
kommunistisch communistic
kommunizierend communicating
die **Konferenz, -en** conference
können, o, o to be able, can
die **Konstruktion, -en** construction
der **Kontakt, -e** contact
kontrollieren to check
das **Konzentrationslager, -** concentration camp
der **Kopf, ⁔e** head
der **Kopfschmerz, -en** headache
das **Kopftuch, ⁔er** kerchief
der **Korb, ⁔e** basket
die **Korkeiche, -n** cork oak
der **Körper, -** body
die **Korrektur, -en** correction of
  proofs; proof reading
der **Korridor, -e** corridor
die **Kosmetik** cosmetics
kostbar precious, costly
der **Krach** noise; crash; row, fight;
  Krach haben to fight, squable
die **Kraft, ⁔e** strength
der **Kragen, -** collar
der **Krähenfuß, ⁔(ss)e** crow's foot
die **Kralle, -n** claw

der **Kran,** ⁼e crane
krank sick, ill
das **Krankenhaus,** ⁼er hospital
die **Krankenschwester,** -n nurse
das **Krankenzimmer,** - sickroom
krankhaft pathological
kratzen to scratch
das **Kraut,** ⁼er herb
der **Krawall,** -e uproar, riot
die **Krawatte,** -n tie
der **Krebs** cancer
kreidebleich chalk white
der **Kreis,** -e circle
kreisen (über) to circle (over)
das **Kreuz,** -e cross
die **Kreuzotter,** -n viper, adder
das **Kreuzworträtsel,** - crossword
puzzle
der **Krieg,** -e war
krumm curved; crooked
krümmen to bend
das **Kruselhaar** kinky hair
kruselig frizzy, kinky
der **Kubikzentimeter,** - cubic
centimeter
die **Küche,** -n kitchen
die **Kugel,** -n ball, globe, sphere,
bullet
der **Kugelschreiber,** - ballpoint pen
kühl cool
die **Kühle** coolness
kühn bold
sich **kümmern** to trouble oneself;
to be concerned
kündigen to give notice
das **Kunstbedürfnis,** -(ss)e hunger
for art, craving for art
die **Kunstbetrachtung,** -en reflection on art
die **Kunstfee,** -n enthusiastic patron
of the arts (female)
die **Kunstgeschichte,** -n art history
die **Kunstgewerblerin,** -(nn)en a
woman who practices an applied
or commercial art
der **Künstler,** - artist
der **Kürbis,** -(ss)e gourd
die **Kurve,** -n curve
der **Kurs,** -e course, currency, rate
of exchange
kurz short; **kurz darauf** shortly
after
die **Kürze** brevity

kurzerhand abruptly, without
hesitation
kurzgeschnitten shortly cut
die **Kurzschlußhandlung,** -en dras-
tic, sudden act
der **Kuß,** ⁼(ss)e kiss
küssen to kiss
die **Küste,** -n coast
die **Kybernetik** cybernetics

die **Laborantin,** -(nn)en laboratory
assistant (female)
das **Laboratorium,** -ien laboratory
lächeln to smile
lachen to laugh
lächerlich ridiculous
die **Lage,** -n location, situation
das **Lager,** - camp
die **Lagune,** -n lagoon
lahm lame, limp, weak
der **Laie,** -n, -n layman, uninitiated
Lametta (Christmas) tinsel
das **Lämpchen,** - little light
das **Land,** ⁼er land, country
landeinwärts towards the interior
of a country
landen to land
die **Landesgrenze,** -n boundary
die **Landkarte,** -n map
die **Landschaft,** -en landscape
der **Landstreicher,** - tramp
der **Landwirt,** -e farmer
die **Landwirtschaft** agriculture
lang long
die **Langeweile** boredom
langsam slow
längst long since
sich **langweilen** to be bored
langweilig boring
der **Lappen,** - rag
der **Lärm** noise
lassen, ie, a to allow, permit; to let
lästig bothersome
der **Lastwagen,** - truck
der **Lastwagenfahrer,** - truckdriver
die **Laterne,** -n street lamp
das **Laub** foliage
das **Laubholz,** ⁼er leaf-wood; (pl.)
deciduous trees
lauern to be on the watch, lurk
der **Lauf** course, run
laufen, ie, au to run
der **Laufschritt,** -e running pace

die **Laune, -n** mood, whim
die **Lausbuberei** mischievousness
laut according to
lauter nothing but
der **Lautsprecher, -** loudspeaker
die **Lautsprecherei** everything connected with the public address system; all the amplified noise (derogatory)
die **Lawine, -n** avalanche
das **Leben** life
leben to live
lebendig lively
lebensgroß as big as life
die **Lebensmittel (pl.)** provisions
lebensmüde weary of life
das **Lebensziel, -e** goal in life
der **Lebenszweck, -e** life's purpose
Lebwohl farewell, good-bye
lecken to lick
ledern made of leather
lediglich only, simply, merely
leer empty
leeren to empty
der **Leerlauf** idling of a motor
legen to lay, put
der **Lehm** clay
lehnen to lean
das **Lehrbuch, -̈er** textbook
der **Lehrer, -** teacher
der **Lehrsatz, -̈e** theorem
der **Leib, -er** body
die **Leiche, -n** corpse
leicht easy; light
leid painful, disagreeable (only predicatively with sein, tun, werden, and dat.); **es tut mir leid** I am sorry, I regret
leiden, i, i to suffer, bear; to like
leider unfortunately
leihen, ie, ie to lend
das **Leintuch, -̈er** linen sheet
die **Leinwand, -̈e** (projection) screen
leise softly
leisten to accomplish
leitend leading
die **Lende, -n** loin
lernen to learn
lesen, a, e to read
letzt last
leuchtend luminous
der **Leuchtkäfer, -** glowworm

die **Leute** people
levantinisch levantine
die **Libelle, -n** dragonfly
das **Licht, -e** light
der **Lichteinfall, -̈e** falling of light
die **Lichtung, -en** clearing
lieb nice; friendly; kind
die **Liebe** love
lieben to love
liebenswert lovable
die **Liebesleidenschaft, -en** love's passion
der **Liebhaber, -** devotee, lover
der **Lieblingswein, -e** favorite wine
liegen, a, e to lie; **zutage liegen** to be exposed
der **Lift, -e** elevator
lila lilac violet
die **Linie, -n** line
linientreu loyal to the party line
link- left
die **Lippe, -n** lip
der **Lippenstift, -e** lipstick
das **Lippenstiftrot** lipstick red
die **Liste, -n** list
das **Loch, -̈er** hole
löffeln to eat with a spoon
das **Lokal, -e** bar; drinking place
los loose, unhinged; **was ist los?** what's the matter?
löschen to ruin, destroy, cancel; to extinguish
lösen to loosen
los-fahren, u, a to start out, set out (by vehicle)
los-kommen, a, o (von) to get away from
los-lassen, ie, a to let go
los-reißen, i, i to tear free, rip off
los-starten (auf) to start out (after)
die **Lösung, -en** solution
los-werden, u, o to get rid of
lückenlos unbroken, impenetrable
die **Luft, -̈e** air
die **Luftlinie, -n** as the crow flies
die **Lüftung, -en** ventilation
die **Luftwurzel, -n** aerial root
lügen to lie
lungenkrank consumptive
die **Lupe, -n** magnifying glass
die **Lust, -̈e** pleasure, joy, desire, inclination; **Lust haben** to feel inclined to

lustig   spirited, merry
lustlos   listless

machen   to make, do; sich
   lustig machen über   to
   poke fun at; sich etwas machen
   aus   to care for, to like
das Mädchen, -   girl
mädchenhaft   girlish
der Mädchenkopf, ⁼e   head of a girl
der Mädchenname, -n   maiden
   name
die Mädchensachen (pl.)   girl's belongings
die Made, -n   maggot
der Magen, -   stomach
die Magenbeschwerden   (pl.)
   stomach troubles
der Magenkrebs   cancer of the
   stomach
mager   thin, meager
der Mais   Indian corn
das Mal   point of time, time
die Malerei   painting
der Manchesterrock, ⁼e   corduroy
   skirt
manchmal   sometimes
der Mandolinen-Bettler   beggar
   with mandolin
die Manie   madness, mania
manisch-depressiv   manic-depressive
der Mann, ⁼er   man
die Männer-Grimasse   grimace of a
   man
der Männertisch, -e   table for men
männlich   masculine
die Mannshöhe   height of a man
der Mantel, ⁼   coat
die Mappe, -n   briefcase; folder
die Marine   navy
das Mark   marrow
der Markt, ⁼e   market
der Marmor   marble
die Marmorhaut   marble com-
   plexion
die Marmortafel, -n   marble tablet
die Masche, -n   mesh
die Maschine, -n   engine; airplane
der Maschinenraum, ⁼e   engine room
der Maschinist, -en   engineer
die Masse, -n   mass
massieren   to massage
maßlos   unrestrained

die Maßnahme, -n   measure; remedy
das Material, -ien   material
die Mathematik   mathematics
der Matrose, -n   sailor
der Matsch   mud
matt   checkmate (chess term)
die Maturität (das Maturitätsexamen)
   final examination in secondary
   school
die Mauer, -n   wall
die Mauerarbeit   masonry
der Maulesel, -   mule
Maya-Ruinen   Maya ruins
die Maya-Stätte, -n   Maya site
das Medikament, -e   medication
der Mediziner, -   medical man,
   physician
das Medizinische   having to do with
   medicine
das Meer   sea, ocean
der Meeresgrund   bottom of the
   ocean
mehr   more
mehren   to increase, proliferate
mehrfach   multiple, several; vari-
   ously; in many instances
mehrmals   several times
die Meile, -n   mile
meinen   to think, mean
meinerseits   on my part
meinetwegen   for all I care
der Meinungsunterschied, -e   difference of opinion
melden   to report
die Meldung, -en   announcement
der Mensch, -en, -en   human being;
   person
das Menschenfleisch   human flesh
die Menschenkenntnis   knowledge of
   human nature
menschenleer   empty of people
der Menschenleib, -er   human body
menschenmöglich   humanly possible
das Menschenwerk, -e   human work,
   human handiwork
die Menschheit   humanity
menschlich   humane
der Mergel   marl; clay soil
merken   to notice
merkwürdig   odd, strange
das Messer, -   knife
das Messerwetzen   sharpening of
   knives

das **Messing** brass
der **Meßknabe, -n, -n** altarboy
metallisch metallic
meterlang meter long
die **Meute, -n** flock, pack
mexikanisch Mexican
die **Miene, -n** mien; face
mieten to rent
das **Milchglas** frosted glass
der **Milchkaffee, -** milk(y) coffee
militär military
das **Minderwertigkeitsgefühl, -e**
feeling of inferiority
mindestens at least
der **Mischbecher, -** cocktail shaker
die **Mischung, -en** mixture
mißdeuten to misinterpret
das **Mißgeschick, -e** mishap,
trouble
mißtrauen to mistrust
das **Mißtrauen** mistrust, distrust
mißverstehen, a, a to misunder-
stand
der **Mistral** a cold, dry northerly
wind, common in Southern
France and neighboring regions
der **Mitarbeiter, -** collaborator
miteinander together
mit-nehmen, a, o to take with,
along
mitsamt together with, including
der **Mitschläfer, -** cabin mate
der **Mittag, -e** noon, midday
das **Mittagessen** lunch
mittags at noon
die **Mittagsstille, -n** noonday silence
die **Mitteilung, -en** announcement
die **Mittelmeerreisegesellschaft**
Mediterranean travel tour
mitten in in the middle of
die **Mitternacht** midnight
das **Möbel, -** furniture
die **Mode, -n** manner, style
mögen, mochte, gemocht to like
möglich possible
möglicherweise possibly
die **Möglichkeit, -en** possibility
die **Mohammedanerin, -(nn)en**
Moslem (female)
der **Mohn** poppy
der **Molch, -e** newt; salamander;
little lizard
die **Mole, -n** jetty

der **Monat, -e** month
monatelang for months
das **Monatsblut** menstrual blood
der **Mond, -e** moon
die **Mondfinsternis** lunar eclipse
mongolisch mongoloid
das **Monopol, -e** monopoly
das **Monstrum, Monstren** monster
der **Montag, -e** Monday
die **Montage, -n** assembly, assem-
blage
das **Moos** moss
mörderisch murderous
der **Morgen, -** morning
morgen this morning; tomorrow
die **Morgenfrühe** early morning
das **Morgengrauen** dawn
die **Morgenhetze, -n** morning rush
der **Morgenrock, ⁻e** dressing gown
das **Morgenrot** red of dawn
der **Morgenschatten** morning
shadow
die **Morgensonne** morning
sun
die **Mortalität, -en** mortality
das **Motorengeräusch** sound of
motors
der **Motorenlärm** engine noise
das **Motorfahrzeug, -e** motor
vehicle
die **Motor-Haube, -n** engine
cowl
das **Motoröl** motor oil
die **Motorpanne, -n** engine break-
down
das **Motorrad, ⁻er** motorcycle
die **Möwe, -n** sea gull
müde tired
die **Müdigkeit** tiredness, fatigue
die **Mühe, -n** difficulty
mühsam laboriously; tedious
die **Mulde, -n** hollow
die **Mumie, -n** mummy
der **Mund, ⁻er** mouth
mündlich orally
die **Mundschleimhaut** mucous
membrane of the mouth, oral
mucosa
munter lively, brisk
mürbe mellow, ripe, soft; brittle,
withered
die **Muschel, -n** mussel
das **Museum, Museen** museum

die Muße   leisure, ease
müssen   to have to, must
müßig   idle
der Müßiggang   idleness
mustern   to muster, examine, observe closely, study
die Mutter, ⁼   mother
die Muttergottes   Mother of God
mutterseelenallein   completely alone
die Mystifikation, -en   mystification
die Mystik   mysticism
mystisch   mystical
die Mythologie, -n   mythology
der Mythus, -en   myth

der Nachbar, -n, -n   neighbor
nach-blättern   to leaf back
der Nachfolger, -   successor
nach-führen   to bring up to date
nach-füllen   to fill up
nachher   afterwards
nach-holen   to catch up on, recover
nach-lassen, ie, a   to subside
nach-laufen, ie, au   to run after
der Nachmittag, -e   afternoon
nach-rechnen   to count again, recount, check
nach-sehen, a, e   to check out
nächst   nearest, closest; in nächster Nähe   near at hand, close by
nach-stapfen   to trudge after
nach-stellen   to pursue, run after
die Nacht, ⁼e   night
der Nacht-Brief, -e   night-letter
nächtlich   nocturnal
der Nachttisch, -e   night table
nachwievor   as before
der Nacken, -   neck
der Nagellack   nail polish
nah   close, nearby
die Nähe   nearness, vicinity, proximity
nahe-legen   to bring to mind
näher   closer
sich nähern   to come closer, approach
die Naht, ⁼e   seam
der Name, -n   name
das Namenschild, -er   name plate
nämlich   as a matter of fact

die Narzisse, -n   narcissus
die Nase, -n   nose
der Nash   Nash automobile
naß   wet
natürlich   of course, naturally
der Nebel, -   fog, mist
nebenbei   aside; nebenbei bemerkt   as a side remark
die Nebensache, -n   secondary matter
der Neffe, -n   nephew
die Neger-Spanierin, -(nn)en   Spanish Negress
nehmen, a, o   to take; in Anspruch nehmen   to demand, claim
neigen zu   to incline to, tend to
nennen, a, a   to name
die Neon-Reklame   neon light advertisement
die Neon-Tapete, -n   neon wallpaper
der Nerv, -en   nerve
nervös   nervous
nett   nice
das Netz, -e   net
die Neuauflage, -n   new edition
neuerdings   recently, lately, again
die Neugierde, -n   curiosity
die Neuigkeit, -en   piece of news
neulich   recently
der Neumond   new moon
nicht   not
nichtdiagnostiziert   undiagnosed
nichts   nothing
nichtsdestoweniger   nevertheless
das Nichtwissenkönnen   inability to know
nicken   to nod
nie   never
nieder-legen   to lie down, put down
niemand   no one, no body
das Niemandsland   no man's land
die Niere, -n   kidney
die Niete, -n   rivet
nimmer   never
nobel   noble
die Nobelpreisträgerin, -(nn)en   Nobel Prize recipient (female)
noch   still, yet
nochmals   once again
der Norden   North
die Not, ⁼e   distress
die Note, -n   note, bill, mark; banknote

340

nötig   necessary

nötigen   to urge, press, force, compel

die Notlandung, –en   emergency landing

die Nottür, –en   emergency door

notwendigerweise   necessarily

Nu: im Nu   quickly

nüchtern   sober

die Nummer, –n   number

nutzbar   useable

die Nutzbarmachung, –en   utilization, exploitation

nützen   to be of use

der Obdachlose, –n   man without a roof over his head, vagrant

obendrein   in addition

ober–   upper

das Oberdeck, –e   upper deck

oberhalb   above, on the upper side

der Oberkörper, –   upper body, torso

obschon   although

das Observation-Dach, ‑̈er   observation deck

obzön   obscene

die Occasion   bargain

der Ofen, ‑̈   oven

offen   open

offenbar   evidently

die Offenbarung, –en   disclosure; revelation

offen-bleiben, ie, ie   to remain open

offensichtlich   apparently

öffentlich   public

der Offizier, –e   officer

die Offiziershandschuhe, –   gloves of an officer

die Offiziersmütze, –n   officer's cap

öffnen   to open

oft   often

die Ohnmacht   fainting

das Ohr, –en   ear

der Ohrring, –e   earring

die Ökonomie   economy

ökonomisch   economical

das Öl, –e   oil

der Ölbaum, ‑̈e   olive tree

der Ölhafen, ‑̈   oil port

die Olive, –n   olive; olive tree

olivgrün   olive green

die Omega-Uhr   Swiss-made watch

onkelhaft   avuncular, like an uncle

die Opéra   opera (in Paris)

das Opfer, –   victim

opfern   to sacrifice

die Optik   optics

der Optimismus   optimism

optisch   optical

ordentlich   regular; fair-sized

ordnen   to straighten

die Ordnung, –en   order

die Ortschaft, –en   place, locality

der Ozean   ocean

das Paar, –e   couple

paaren   to pair; to copulate

packen   to seize; to pack

die Packerin, –(nn)en   packer (female)

das Paket, –e   package

die Palme, –n   palm

der Panama-Hut, ‑̈e   Panama hat

die Panik   panic

die Panne, –n   break-down

der Papagei, –en   parrot

das Papier   paper

die Papiermütze, –n   paper hat

die Papierschlange, –n   paper streamer

der Papierschlangensaal, –säle   festooned hall

der Parteitag, –e   political party rally

die Partie, –n   game (as in chess); party

der Paß, ‑̈(ss)e   passport

der Passagier, –e   passenger

passen   to fit, suit

die Patisserie, –n   French pastry

pausenlos   incessantly; ceaselessly

das Pech   pitch, tar; **Pech haben** to be unlucky

pedantisch   pedantic; stuffy

peinlich   painful; embarrassing; painstaking

die Pension, –en   pension, boarding house

persönlich   personal; personally

die Persönlichkeit, –en   personage

pervers   perverse, odd; perverted

Peso, –s   peso (currency)

die Pfeife, –n   pipe

pfeifen, i, i   to whistle

das Pferd, –e   horse

das **Pferdchen, -** little horse; knight chess piece
der **Pfiff, -e** whistle
die **Pflanze, -n** plant
das **Pflaster, -** pavement, paving
pflegen (with infin.) to be in the habit of
die **Pflicht, -en** duty, obligation
die **Philologie** philology
philosophieren to philosophize
physikalisch physical
pilgern to make a pilgrimage; **hinaus-pilgern** to make a pilgrimage out to
der **Pingpong Schläger, -** pingpong paddle
die **Pinie, -n** pine tree
die **Piste, -n** runway
die **Plakat-Wand, ⸚e** billboard
planen to plan
der **Planet, -en, -en** planet
die **Plantage, -n** plantation
die **Platane, -n** plane tree
das **Platschen** splashing
der **Platz, ⸚e** place, seat
der **Platzregen** cloudburst
plaudern to converse, chat
plötzlich suddenly
plumpsen to plop
der **Pneu, -s** tire
das **Pneu-Muster, -** tire pattern, treadmark
das **Pneu-Paar** landing wheels
die **Pneu-Rille, -n** tire tread
die **Pneu-Spur, -en** tire track
pochen auf to presume upon, insist
der **Podest, -e** landing (of a staircase), podium, platform
politisch political
der **Polizist, -en, -en** policeman
der **Polstersessel, -** (stuffed) armchair
pornographisch pornographic
das **Porto** postage
die **Post** post, mail; post office
der **Posten, -** post, position
die **Prado-Mauer** wall of the Prado
praktisch practical
der **Präsident, -en** president
preisen to praise, sing praises of
pressen to press
der **Priester, -** priest

342

der **Primitive, -n** primitive man
das **Programm, -e** program; (here) itinerary
der **Proletarier, -** proletarian
das **Promenadendeck, -s** promenade deck
das **Propellerkreuz, -e** propeller cross
prophylaktisch prophylactic, precautionary
protestieren to protest
der **Prozent, -e** percent
die **Prozession, -en** procession
prüfen to test out, examine
der **Psychiater, -** psychiatrist
die **Pubertät** puberty
der **Pudel, -** poodle
der **Puder** powder
der **Pullmann** touring bus
der **Pullover, -** sweater
das **Puls** pulse
das **Pult, -e** (teacher's) desk
der **Pulverschnee** powder snow
die **Pupille, -n** pupil of the eye
die **Puppe, -n** doll, puppet
pur sheer
putzen to clean, polish
die **Putzerin, -(nn)en** cleaning woman
die **Putzfäden** cotton waste
das **Pyjama** pyjamas
die **Pyramide, -n** pyramid

die **Quadratmeile, -n** quarter mile
der **Quatsch** nonsense, drivel
quietschend screeching

das **Rad, ⸚er** wheel
die **Räderspur, -en** track left by a wheel
der **Radio-Sprecher, -** radio announcer
der **Rand, ⸚er** edge
der **Rapido-Triebwagen** express motor-driven railway car
der **Rapport, -e** report (usually military)
rapportieren to give a report
rasch quick
das **Rascheln** rustle
der **Rasierapparat, -e** shaver
rasieren to shave
die **Rasse, -n** race

das **Rassengesetz, –e** race law
die **Rast** rest, relaxation
raten, ie, a to advise
ratlos perplexed
der **Ratschlag, ∻** advice
das **Rätsel, –** riddle, puzzle
rätselhaft puzzling, incomprehensible
der **Rauch** smoke
rauchen to smoke
das **Raum, ∺e** room; area; space
räumen to clear away
rauschen to rustle, murmur, roar
das **Rauschen** rustling
die **Realität, –en** reality
rebellieren to rebel
die **Rechenschaft, –en** account;
Rechenschaft ablegen to give an account
rechnen to recken
die **Rechnung, –en** calculation
recht right, agreeable; **recht haben** to be right
rechtzeitig in time
sich recken to stretch oneself
die **Rede, –n** speech, talk
reden (über) to talk about
regelmäßig regular
regelrecht regular, real, properly
der **Regen** rain
der **Regenbogenring, –e** rainbow ring
der **Regentag, –e** rainy day
die **Regenzeit, –en** rainy season
reglos without a stir, movement; motionless
regnen to rain
reiben, ie, ie to rub
die **Reibungskoëffizient** friction coefficient, index of friction
reichen to offer, proffer; reach; to hand, to give (to someone)
die **Reihe, –n** row
reihenweise in row formation
der **Reiher, –** heron
die **Reise, –n** journey, trip, voyage
die **Reisebekanntschaft, –en** shipboard friendship, travel acquaintance
der **Reiseführer, –** travel guide, travel folder, time table
reisen to travel
der **Reißverschluß, ∺(ss)e** zipper

reizen to irritate; charm; stimulate
die **Reklame, –n** advertising, publicity
reklamieren to protest, complain
der **Rekrut, –en** recruit
religiös religious
die **Reling, –en** railing
rennen, a, a to run
der **Rennstart** start of a race
das **Ressentiment** resentment
der **Rest, –e** remainder; balance
das **Restchen** remaining little bit
restlich remaining
retten to save
der **Retter, –** rescuer, savior
das **Rettungsboot, –e** lifeboat
die **Revolte, –n** revolt, rebellion
richten straighten; **sich richten** to arrange oneself
richtig correct, right
die **Richtung, –en** direction
riechen, o, o to smell
das **Rieseln** trickle
rieseln to run, trickle; to murmur
der **Riesenkerl, –e** gigantic fellow
die **Rinde, –n** bark, rind
das **Ringheftchen, –** little loose-leaf notebook
ringsum all around
das **Ristorante, –n** restaurant
der **Roboter, –** robot
der **Rock, ∺e** skirt
der **Rockkragen, –** coat collar
das **Rohr, –e** pipe, tube; cane, reed
die **Röhre, –n** pipe; water tap
rollen to roll
der **Rollkragen, –** turtleneck
der **Roman, –e** novel
romantisch romantic
der **Römer, –** Roman
römisch Roman
die **Rosa-Zunge, –n** pink tongue
rosig ruddy
das **Roßhaar, –e** horse hair
der **Roßschwanz, ∺e** ponytail
rostig rusty
rot red
rothaarig red hair
rötlich reddish
das **Rouge** makeup; lipstick
der **Rücken, –** back

343

die **Rückfahrt, -en** return, trip back
rücklings backward
die **Rücksicht, -en** consideration, thoughtfulness
rückwärts backward; behind
das **Rudel, -** pack (of wolves); (here) crowd
rudern to row
rufen, ie, u to call
die **Ruhe, -n** rest, calm, quiet; tranquility
die **Ruhestunde, -n** rest period
ruhig calm, smooth
rühren to stir; to move
rührend touching
die **Ruine, -n** ruin
der **Rummel** racket, hubbub, revelling
rümpfen to wrinkle, frown
rund round
der **Rundbau, -e** circular structure
die **Runde, -n** a stroll (around a deck); round (of drinks)
rundheraus-fragen to ask straight out, bluntly
der **Rüssel, -** trunk (as of an elephant)
Rußland Russia
rutschen to slip, slide, glide

der **Säbel, -** sabre, sword
die **Sache, -n** matter
sachlich objective
die **Sachlichkeit** objectivity, detachment
sacken to lose altitude
sagen to say
der **Salat, -e** salad
das **Salz** salt
salzig salty
der **Samariter, -** good Samaritan
die **Sammlung, -en** accumulation
der **Samstag, -e** Saturday
der **Samstagvormittag, -e** Saturday morning
sämtlich all, entire
sandig sandy
die **Sandmaus, -e** sand mouse
die **Sandspinne, -n** sand spider
der **Sarkophag, -e** sarcophagus
sauber clean; **saubern Tisch machen** to make a clean breast of it

sauer sour
die **Säule, -n** pillar, column
die **Säure, -n** acid
sausen to whiz, rush, hurtle; to go at great speed
der **Sauterne** white French wine
das **Schach** chess
schade too bad; a pity
der **Schädel, -** skull
die **Schädelbasis** base of the skull
schaffen, u, a to create; to make, accomplish
schälen to peel
schalten to change gears; to shift (as of a car)
der **Schalter, -** ticket office, counter
sich **schämen** to be ashamed
die **Schar, -en** flock, group
scharf sharp; in focus
der **Schatten, -** shadow
der **Schattenhang, -e** slope lying in shadow
schattenlos without shadows
das **Schattennetz, -e** net of shadows
die **Schattenschlucht, -en** gorge filled with shadow
schätzen to appreciate, treasure; to evaluate; to value
schätzungsweise by estimation
schauen to look
die **Schauergeschichte, -n** horror tale
schaufeln to shovel
schaukeln to rock, swing
der **Schaukelstuhl, -e** rocking chair
der **Schaum** foam
das **Schauspielhaus, -er** theater
die **Scheibe, -n** disk; slice; windowpane
scheiden, ie, ie to depart
die **Scheidung, -en** divorce
der **Schein** gleam, light, radiance
scheinen, ie, ie to appear, seem
der **Scheinwerfer, -** searchlight, headlight
der **Schenkel, -** thigh
schenken to give (a gift)
scheppern to resound in a tinkling fashion; to reverberate
die **Scherbe, -n** fragment of pottery

344

die **Scherbenarbeit, –en** work with fragments
die **Schererei, –en** bother, fuss
das **Scheusal, –e** horrible creature
scheußlich disgusting, horrible, repugnant
schicken to send
das **Schicksal, –e** fate, destiny
schieben, o, o to push, shove, slide
schief crooked
schießen, o, o to shoot
das **Schiff, –e** ship
der **Schiffkörper (Schiffskörper), –** body, hull of a ship
die **Schiffspassage, –n** sea voyage
das **Schild, –er** sign
schimmelig moldy
der **Schimmer, –** glimmer
schlachten to slaughter
der **Schlaf** sleep
die **Schläfe, –n** temple
schlafen, ie, a to sleep
das **Schlafengehen** going to bed
der **Schläfer, –** sleeper
schlaff limp, slack
schlaflos sleepless
das **Schlafpulver, –** sleeping powder
schläfrig drowsy
der **Schlag, ⸚e** stroke, impact
schlagen, u, a to beat
der **Schläger, –** paddle; tennis racket
schlaksig gawky
der **Schlamm** muck, mire, mud
die **Schlange, –n** snake
der **Schlangenbiß, –(ss)e** snake bite
das **Schlangengift** snake poison
schlank slim, slender
schlapp sloppy; flappy; enervated; **schlapp machen** to get run down
schlecht bad
schleimig slimy
schlendern to saunter
schlenkern to toss, sling, roll (as of an airplane)
schleppen to carry; to drag
der **Schlepper, –** tugboat
schleppern to clatter, sway
das **Schleppern** clattering, swaying
schleudern to hurl
schließen, o, o to close; **schließen nach** to conclude from, judge by;

schließen auf to deduce
schließlich after all, finally
schlimm bad
schlottern to shiver; to wobble
schluchzen to sob
das **Schluchzen** sobbing
schlucken to swallow
schlüpfrig slippery
der **Schluß, ⸚(ss)e** end, conclusion; **Schluß machen** to call it quits
der **Schlüssel, –** key
schmecken to taste
der **Schmerz, –en** pain
schmerzhaft painful
der **Schmetterling, –e** butterfly
schmutzig dirty
der **Schnabel, ⸚** beak
schnallen to buckle, fasten
schnappen to snap; to catch
das **Schnäuzchen, –** little mustache
der **Schnee** snow
das **Schneegestöber, –** snowstorm
der **Schneesturm, ⸚e** snowstorm
das **Schneetreiben, –** snowstorm, blizzard
schneeweiß snow white
schneiden, i, i to cut; to put a spin on a ball (as in tennis)
schneien to snow
schnell fast, quick
sich **schneuzen** to blow one's nose
schnüffeln to snoop about
die **Schnur, ⸚e** cord fastener; cord, string
schnurgerade very straight
die **Schokolade** chocolate
schon already
schön beautiful, pretty; nice
schonen to spare, conserve, protect
der **Schopf, ⸚e** shed (dial.); tuft, crown, top of the head
die **Schöpfung, –en** creation
schräg inclined, slanting, tilted
das **Schräglicht** oblique light
der **Schrank, ⸚e** closet, wardrobe
die **Schranke, –n** gate, barrier
schrauben to screw
der **Schraubenschlüssel, –** wrench
die **Schraubenwelle, –n** propeller shaft
der **Schraubstock, ⸚e** vise
der **Schreck, –en** shock, fright
der **Schrecken** terror, horror

345

der Schrei, -e   scream
schreiben, ie, ie   to write
das Schreiben, -   letter; document
schreien, ie, ie   to scream
der Schritt, -e   step
der Schuh, -e   shoe
der Schuhputzer, -   shoeshine man
die Schuld, -en   debt; fault
die Schule, -n   school
der Schüler, -   pupil
die Schulreise, -n   school trip
die Schulter, -   shoulder
das Schulterblatt, ="er   shoulder blade
das Schulterklopfen   backslapping
die Schüssel, -n   basin
der Schüttelfrost   the shivers (pl.)
schütteln   to shake, toss
der Schutthügel, -   mound made of
   debris, debris heap
schützen   to protect (vor: against)
die Schutzhaft   protective custody
der Schutzherr, -en   protector
schwach   faint, weak
der Schwamm, ="e   sponge
schwanger   pregnant
schwanken   to shake, sway
das Schwänzchen, -   little tail
das Schwanzsteuer, -   rudder
die Schwärmerin, -(nn)en   sentimental enthusiast (female)
schwarz   black
schwarzviolett   black violet colored
schweben   to float in the air, hover
schwebend   floating on air, hovering
schwefelgelb   brimstone-colored,
   sulfur yellow
schwefelgrün   sulfur green
schweigen, ie, ie   to become silent
der Schweiß   sweat
der Schweißanfall, ="e   attack of
   sweat
die Schweißbrenner-Glut   glow of
   an oxyacetylene torch
der Schweißtropfen, -   sweat bead,
   drop of sweat
die Schweiz   Switzerland
der Schweizer, -   Swiss
die Schweizerin, -(nn)en   Swiss
   (female)
die Schwellung, -en   swelling
schwenken   to swish, swirl, twirl
schwer   heavy
die Schwiegermutter, =   mother-in-law

die Schwiegertochter, =   daughter-
   in-law
schwierig   difficult
die Schwierigkeit, -en   difficulty
schwimmen, a, o   to swim
die Schwimmweste, -n   safety vest
der Schwindel   giddiness, dizziness;
   swindle
der Schwindler, -   swindler
schwindlig   queasy, faint
schwingen   to swing; Faxen
schwingen   to dance crazily
schwingend   flapping (of wings)
die Schwingung, -en   vibration
schwitzen   to sweat
schwören, o, o   to swear
der Scotch   Scotch whiskey
der Sechserwürfel, -   die (as in a
   pair of dice)
seekrank   seasick
die Seele, -n   soul
das Segeltuch, ="er   sail-cloth, canvas
sehen, a, e   to see
sehenswert   worth looking at
die Sehne, -n   tendon
sich sehnen   to long (nach: for)
sehnlich   ardent, longing, passionate
sehr   very
seicht   shallow
das Seidenpapier, -e   tissue paper
die Seife, -n   soap
das Seil, -e   rope
sein   to be; zur Hand sein   to be
   available; imstande sein   to be
   capable of
seinerseits   on his part
seit   since
die Seite, -n   side
der Seitensaal, -säle   side hall
seither   since then
seitwärts   to the side
die Sekunde, -n   second
selbst   self, same
der Selbstmord   suicide
selbstverständlich   obvious
das Selbstvertrauen   self confidence
der Selbstvorwurf, ="e   self-
   reproach
selten   seldom
senil   senile
senkrecht   vertical
der Señor, -es   gentleman
der Service   service, serving

346

die **Serviette, –n** napkin
der **Sessel, –** easy chair, seat
setzen to set, place, put; **sich**
  setzen to sit down
die **Sichel, –n** sickle
sicher sure, certain, secure
die **Sicht** sight; range of vision
sichtbar visible
das **Sieb, –e** strainer
der **Siebenjährige, –n** seven-year-
  old child
die **Siebensachen** belongings
das **Siebzigmillimeter-Niet, –e**
  70 millimeter rivet; 2¾ inch
  rivet
die **Siedlung, –en** settlement
silberblond silvery blond
silbern silver
die **Sinfonie, –n** symphony
singen, a, u to sing
sinken, a, u to sink; to lose altitude
der **Sinn, –e** sense; **im Sinn haben**
  to have in mind
sinnen, a, o to think
sinnlos senseless
die **Sintflut** the Flood (Biblical)
die **Sippe, –n** clan, family
der **Sitz, –e** seat, place
sitzen, a, e to sit, be seated
das **Sitzungszimmer, –** board room
der **Skandal, –e** scandal
die **Skandinavierin, –(nn)en**
  Scandinavian (female)
die **Skizze, –n** sketch
skrupellos unscrupulous
die **Skulptur, –en** sculpture
so so; **so oder so** one way or
  another
sobald as soon as
die **Socke, –n** sock
der **Sockel, –** pedestal
sofort immediately
sofortig immediate
sog. = sogenannt so-called
der **Sog** suction, draft, undertow
sogar even
sogleich at once, immediately
der **Sohn, ̈e** son
solange as long as
der **Soldat, –en** soldier
sollen shall, should, ought, be
  obliged; to be said to, be sup-
  posed to

somit therefore, consequently, so
  thus
der **Sommer, –** summer
die **Sommersprosse, –n** freckle
die **Sonderarbeit, –en** special work,
  free-lance work
sonderbar peculiar
sondergleich without equal;
  extraordinary
sondern rather, but
der **Sonderzug, ̈e** special train;
  (here) boat train
die **Sonne, –n** sun
der **Sonnenaufgang, ̈e** sunrise
der **Sonnenbrand** sunburn
die **Sonnenbrille, –n** sunglasses
sonnengebräunt sun tanned
der **Sonnenglanz** reflection of the
  sun
der **Sonnenschein** sunshine
der **Sonnenschirm, –e** sun umbrella
der **Sonnenstore, –s** canvas awning
der **Sonnenuntergang, ̈e** sunset
sonst otherwise
die **Sorge, –n** care; concern; **sich**
  Sorgen machen to worry
sorgen to care for; to provide
das **Souper** supper
soweit so far
sowieso in any case, anyway
sozusagen so-to-say
spähen to peer (**über:** across)
die **Spange, –n** hair clip
spannen to stretch, tighten
sparen to save
der **Spaß, ̈(ss)e** fun, amusement;
  zum Spaß for the fun of it
spät late
der **Spätsender, –** late radio program
spazieren to walk, stroll
der **Speisesaal, –säle** dining room
der **Speisewagen, –** dining car
die **Spermatozoe, –n** spermatozoan
der **Spiegel, –** mirror
spiegeln to reflect
das **Spiel, –e** game, play
spielen to play
die **Spintisiererei** musing, rumina-
  tion
der **Spiritist, –en** spiritualist
splitternackt stark naked

spontan spontaneous
sportlich athletic, lithe
die Sportmaschine, -n small airplane
der Spott derision; mockery
spöttisch mockingly
die Sprache, -n language, speech
sprachlos speechless
sprechen, a, o to speak (über: about)
die Sprecherin, -(nn)en speaker; radio announcer (female)
spreizen to spread open
sprengen to break open, burst open
die Spritze, -n injection; needle
spritzen to splash
der Spritzer, - splash
die Sprosse, -n rung
sprühen to sparkle; to spray
sprunghaft desultory, moody
spucken to spit
die Spule, -n reel
spülen to rinse
die Spur, -en trace
spüren to sense, feel
das Staatgebiet, -e territory
die Staatsbürgerin, -(nn)en citizen (female)
das Staatsexamen, - state examination
die Staatsgrenze, -n national boundary
der Stab, ⸚e baton
die Stadt, ⸚e city
das Stadthaus, ⸚er city hall, town house
der Stahl steel
der Stamm, ⸚e trunk, treetrunk
stampfen to stamp
der Standesbeamte, -n marriage registry official
stand-halten, ie, a to stand firm, resist, withstand
der Standpunkt, ⸚e standpoint; point of view
das Stanniol tinfoil, silver paper
stapfen to trudge
starr rigid
starr-bleiben, ie, ie to remain still
starren to stare
der Start, -e take-off
starten to take off, start

die Statistik statistics
statt instead of
stattdessen instead of that
der Staub dust
staubig dusty
der Staubschwaden, - cloud of dust
staunen to be amazed, be astonished
der Steckbrief, -e description for a wanted person; wanted poster
die Steckdose, -n socket
stecken to put, place; to be, hide out
der Stecken, - stick
der Stecker, - plug
das Steck-Schach pocket chess
stehen, a, a to stand
stehen-bleiben, ie, ie to stop
stehlen, a, o to steal
steif stiff
steigen, ie, ie climb
die Steigerung, -en ascent, incline
die Steigung, -en ascent
der Stein, -e stone
steinern stone
der Steinhügel, - mound made of stones
steinig stony
die Stelle, -n place, job, position
stellen to confront; to place, put; eine Frage stellen to ask a question
die Stellung, -en position, status
stemmen to stem, prop; sich stemmen gegen to brace oneself against
der Stempel, - postmark; stamp
die Stenotypistin, -(nn)en stenographer
sterben, a, o to die
der Stern, -e star
das Sternbild, -er constellation of stars
stet- steady
stets constantly
das Steuer, - rudder, helm; steering wheel
steuern to steer, drive
das Steuerrad, ⸚er steering wheel
die Stewardeß, -(ss)en stewardess

der **Stich, -e** puncture; sting; **im Stich lassen, ie, a** to abandon, leave in the lurch
der **Stier, -e** steer
der **Stierkampf, ⸚e** bullfight
der **Stiftzahn, ⸚e** false tooth
die **Stille** stillness; **im Stillen** silently to oneself
die **Stimme, -n** voice
stimmen to tally (with), be correct
die **Stimmung, -en** mood; low spirits; changing mood
stinken, a, u to stink
die **Stirne, -n** forehead
stockblind stone-blind
stocken to stop, come to a standstill, get stuck
die **Stockung, -en** delay; tie-up
das **Stockwerk, -e** floor
der **Stoff, -e** matter, substance
der **Stolz** pride
stopfen to fill (a pipe), plug
das **Stoplicht, -er** stoplight
die **Stop-Straße, -n** street with traffic lights
der **Store, -s** curtain
stören to disturb
der **Stoß, ⸚(ss)e** jerk, push, bump
stoßen, ie, o to push
der **Stoßverkehr** bumper to bumper traffic
straff tight; taut; severe
der **Strand, -e** beach
die **Straße, -n** road, street
der **Straßenanzug, ⸚e** street clothes
der **Straßenbau** road building, road construction
die **Straßenböschung, -en** edge of the road
die **Strecke, -n** route
strecken to stretch
streicheln to stroke
streichen, i, i to brush
der **Streifen, -** strip (as of film)
der **Streit, -e** fight, strife
streiten, i, i to fight
streng hard, severe, strict
strengstens strictly
streuen to sprinkle
die **Strickleiter, -n** rope ladder
der **Strohhut, ⸚e** straw hat
der **Strom, ⸚e** current, flow
die **Stromerzeugung, -en** generation

of electricity
studieren to study
der **Stuhl, ⸚e** chair
stumm mute
die **Stunde, -n** hour
die **Stundenkilometer (pl.)** kilometers per hour
stundenlang for hours
der **Stundenschlag** striking of the hour
stupsen to snub
stur obstinate; pig-headed
der **Sturz, ⸚e** fall, crash
stürzen to fall (over)
die **Stütze, -n** support
stützen to support, prop up
die **Suche, -n** search
suchen to search
summen to buzz, hum
das **Summen** hum
der **Sumpf, ⸚e** swamp
das **Surren** hum
süß sweet
süßlich sweetish
sympathisch pleasant, congenial, likeable
der **Symphoniker, -** member of a symphony orchestra

der **Tabak** tobacco
das **Tabakfeld, -er** tabacco field
die **Tablette, -n** pill
tadellos without blame, impeccable
die **Tafel, -n** board, tablet; road-sign
der **Tag, -e** day
tagelang for days
tagen: es tagt day is breaking
täglich daily
tagsüber during the day
die **Taille, -n** waist
das **Tal, ⸚er** valley
der **Tang** seaweed
tanken to fill the gastank
der **Tanker, -** fuel truck, fuel ship
der **Tanz, ⸚e** dance
tanzen to dance
der **Tanzende, -** the dancing man
die **Tanzmusik** dance music
die **Tasche, -n** pocket
das **Taschenmesser, -** pocketknife
das **Taschentuch, ⸚er** handkerchief

die **Tasse, -n** cup
die **Tätigkeit, -en** activity
die **Tatsache, -n** fact
tatsächlich actually
taub deaf
tauchen to dip, dive
taufen to name; to baptize
taugen to be good for, fit for
die **Täuschung, -en** illusion
die **Technik** technology; technique
der **Techniker, -** engineer, technologist, technician
technisch technical
der **Teer** tar
die **Teilnahme, -n** participation
teilweise partially
die **Tele-Aufnahme, -n** telescopic photo
das **Tele-Objektiv, -e** tele-lens
telephonieren to telephone
der **Tempel, -** temple
temperamentvoll spirited
das **Tempo** speed
der **Teppich, -e** rug
die **Terrasse, -n** terrace
teuer expensive
der **Teufel, -** devil
theoretisch theoretically
die **Thermik** thermic conditions
tiefbeeindruckend profoundly impressive
das **Tier, -e** animal
die **Tinte, -n** ink
tippen to type
tiptop in perfect shape, perfectly all right (Americanism)
der **Tisch, -e** table
das **Tischgespräch, -e** table conversation
die **Tischkarte, -n** table reservation
der **Titel, -** title
die **Titelseite, -n** magazine cover
die **Tochter, ⁓** daughter
der **Tod** death
der **Todesfall, ⁓e** case of death
todmüde dead tired
die **Todsünde, -n** mortal sin
die **Toilette, -n** toilet
toll fantastic, mad
der **Ton, ⁓e** tone of voice, tone
die **Tonart, -en** key (music);

manner of speaking
tönen to sound, resound
topfeben flat as a pancake (regional idiom)
das **Tosen** roar
das **Totenbett** deathbed
das **Totenreich, -e** kingdom of the dead
die **Totenstille** deathly silence
der **Trabschritt, -e** trot
tragen, u, a to carry, bear; to wear
der **Träger, -** porter
die **Tragfläche, -n** wing
tragisch tragic
die **Tränennässe** (lit.) tear wetness: wet tears
der **Tränensack, ⁓e** (pl.) bags under the eyes
das **Trauerkleid, -er** mourning clothes
der **Traum, ⁓e** dream
träumen to dream
traurig sad
die **Trauung, -en** marriage ceremony
der **Trauzeuge, -n** witness to a marriage
das **Trauzimmer, -** room where the wedding takes place
der **Travertin** travertine, onyx marble
treffen, a, o to meet
treiben, ie, ie to drive, urge on
trennen to separate
die **Trennung, -en** separation
die **Treppe, -n** stairway
der **Treppenschacht, ⁓e** stair shaft
treten, a, e to step
der **Trieb, -e** instinct
trinken, a, u to drink
das **Trinkgeld, -er (Trkg.)** tip, tipping
die **Trinkgeldfrage, -n** question of tipping
das **Trittbrett, -er** running board
die **Trittspur, -en** footstep
der **Triumvirn** member of the Triumvirate
trocken dry
trocknen to dry
die **Tropen** tropics
der **Tropfen, -** drip
tropfen to drip

tropisch   tropical
der **Trost**   consolement, consolation
trösten   to console
das **Trottoir, –e**   sidewalk
der **Trotz**   defiance
trüb   muddy, turbid, dreary
die **Trümmer** (pl.)   ruins, debris
das **Tuch, ⸚er**   cloth
tüchtig   competent
der **Tümpel, –**   pool, pond; stagnant pool
tun, a, a   to do, act; **weh tun**   to hurt
die **Tür, –en**   door
die **Türspalte, –n**   crack of the door
die **Tusche**   India ink
tuten   to toot

die **Übelkeit, –en**   sickness, nausea
übel-nehmen, a, o   to be annoyed
über   over, above
überall   everywhere
sich **überarbeiten**   to overwork oneself
überdeckt   covered over
überfallen, ie, a   to take by surprise
überfliegen, o, o   to fly over
überflüßig   superfluous, needless, useless
überhaupt   in general, on the whole; **überhaupt nichts**   nothing at all
überhören   to fail to catch, not to hear, miss; to not listen to, ignore; to overhear
überlassen, ie, a   to leave to
überlegen   to think, deliberate
übermorgen   day after tomorrow
der **Übermut**   exuberance, high spirits
übernachten   to stay overnight
über-nehmen, a, o   to take over, assume
überqueren   to cross over
überraschen   to take by surprise
überreden   to persuade
überreichen   to hand over, give
überrennen, a, a   to run over, crash into
sich **überschlagen, u, a**   to break (of waves); to tumble
Übersee   abroad
übersetzen   to translate
die **Übersetzung, –en**   translation

überstehen, a, a   to endure, survive, go through
übertölpelt   duped, taken in
übertreiben, ie, ie   to exaggerate
überwachen   to oversee
überwinden, a, u   to conquer, overcome; **sich überwinden**   to overcome oneself; to prevail upon o.s.; to bring o.s. to (do)
überzeugen   to convince
überzeugt   convinced
die **Überzeugung, –en**   conviction
üblich   customary, usual, familiar
übrig   remaining, left over
übrig-bleiben, ie, ie   to be left over, remain
übrigens   by the way
die **Übung, –en**   practice
das **Ufer, –**   bank of a river, a shore
der **Uferblock, ⸚e**   embankment, stone block at the shore
die **Uhr, –en**   clock, watch
um   about; on account of
um-armen   to embrace
die **Umarmung, –en**   embrace
sich **um-blicken**   to look around
um-fallen, ie, a   to fall over, collapse
der **Umfang, ⸚e**   dimension; size
umgeben, a, e   to surround
um-gehen, i, a   to circumvent
umgekehrt   reverse, conversely
umher-stehen, a, a   to stand around
um-kehren   to turn around
das **Umkehren**   turning around
umkleiden   to change clothes
der **Umkreis**   circumference
um-kreisen   to circle around
der **Umschlag, ⸚e**   envelope
das **Umspringen**   shifting, jumping around
der **Umstand, ⸚e**   circumstance; **unter keinen Umständen**   under no circumstances
um-steigen, ie, ie   to change trains
der **Umweg, –e**   detour
unabsehbar   incalculable, immeasurable, unbounded
unausstehlich   insufferable, odious
unbedingt   necessary; by all means
die **Unbefangenheit**   ingenuousness, candor, unaffectedness
unbegreiflich   incomprehensible
unbekannt   unknown

351

ünbekümmert   uninhibited
unberechenbar   unpredictable
unberührt   untouched
unbeschrieben   blank, undescribed;
   indeterminate
unbestimmbar   undeterminable
undurchsichtig   opaque, not trans-
   parent
unerreichbar   unattainable
unerschütterlich   unshakeable
unerträglich   unbearable
unfähig   incapable
der Unfall, ⁻e   accident
unfertig   unready
unfraulich   unwomanly
die Ungeduld   impatience
ungeduldig   impatient
ungefähr   approximately
ungehalten   angry, indignant
ungeheuer   enormous
ungern   reluctantly
ungeschnitten   uncut; not edited
das Ungetüm, -e   monster
ungewiß   uncertain
ungewohnt   unusual
das Ungeziefer, -   vermin; pests
ungezwungen   casual, easygoing
unglaublich   unbelievable, incredible
das Unglück, -e   disaster
unglücklich   unhappy
unglücklicherweise   unhappily, unfortunately
der Unglücksfall, ⁻e   accident
der Unglücksort, -e   site of tragedy
ungnädig   ungracious
unhöflich   impolite
das Unkraut   weeds
der Unmensch, -en, -en   monster,
   fiend
unmöglich   impossible
unnötigerweise   unnecessarily
unpassend   unsuitable, unfitting
unrasiert   unshaven
die Unrast   restlessness
unrecht   not right, incorrect; unfair
unsachlich   not objective
unschlüssig   irresolute
unsereiner   the likes of us, people
   like us
unsichtbar   invisible
der Unsinn   nonsense
unsrerseits   on our part
untätig   inactive

unter   under; lower
der Unterarm, -e   forearm
unterbelichtet   underexposed
unterbinden, a, u   to interrupt, to
   stop; sich unterbinden lassen, ie, a
   to let oneself (fem.) be sterilized
unterbrechen, a, o   to interrupt
unterdessen   meanwhile, in the
   meantime
der Unterdrückte, -n   oppressed
   person
unterentwickelt   underdeveloped
untergehen, i, a   to disappear; to go
   under
das Untergeschoß   basement
sich unterhalten, ie, a   to chat; to
   entertain
die Unterhose, -n   underpants
der Unterleib   belly
unternehmen, a, o   to undertake
das Unternehmen, -   enterprise
unterrichten   to instruct, teach,
   inform
sich unterscheiden, ie, ie   to be different
der Unterschied, -e   difference
das Unterseeboot, -e   submarine
unterstützen   to support
untersuchen   to examine, investigate
die Untersucherei   examination
   procedure
die Untersuchung, -en   investigation
das Unterwassergewächs   underwater
   growth
unterwegs   under way, on the way
sich unterwerfen, a, o   to subject
   oneself
die Unterwürfigkeit, -en   submissiveness
die Untiefe, -n   shallow place, shoal,
   sandbank
ununterbrochen   ceaselessly
unverändert   unchanged
unverletzt   unharmed
unvermeidlich   unavoidable
unvernünftig   unreasonable
unverschämt   shameless; im-
   pertinent; barefaced
das Unverständnis, -(ss)e   uncom-
   prehension
unverzüglich   without a delay, at once
unwahrscheinlich   improbable
unwichtig   unimportant

unwillig   unwillingly
unwillkürlich   involuntary
unzahlungsfähig   insolvent
urweltlich   primeval
die Utensilie, -n   utensile

der Vater, ⸚   father
die Vaterfreude, -n   paternal joy
vaterlos   without a father
die Vaterstadt, ⸚e   native city
das Vehikel, -   vehicle
das Ventil, -e   valve
der Ventilator, -en   ventilator, fan
der Ventilatorwind   breeze from an
   electric fan
sich verabreden   to make a date
sich verabschieden   to part, say good-
   bye
verändern   to change
die Verantwortung, -en   responsi-
   bility
verbergen, a, o   to hide
verbessern   to correct
verbieten, o, o   to forbid
verbinden, a, u   to bandage
die Verbindung, -en   connection
die Verblüffung, -en   amazement
das Verbrauchte   that which is old
   and worn
verbrennen, a, a   to burn to ashes,
   cremate
verbringen, a, a   to spend (time)
verbunden   bandaged
der Verdacht   suspicion
verdammt   damned, cursed
verdanken (dat.)   to be indebted to
verdienen   to earn
die Verdopp(e)lung, -en   doubling
verdorren   to wither, dry up
verdrießen, o, o   to annoy, vex
der Verdruß, ⸚(ss)e   annoyance
die Verdunkelung, -en   darkening,
   eclipse
verdünnen   to dilute, thin
verdursten   to be terribly thirsty;
   to die of thirst
verehren   to admire
vereinbart   agreed
vereinzelt   isolated
sich verfangen, i, a   to get caught; to
   become entangled
verfärben   to change color; to dis-
   color

353

verfehlt   false, inappropriate, un-
   successful
verfluchen   to curse
verfolgen   to pursue, persecute
die Verfügung, -en   disposition,
   instruction
die Vergangenheit   past
vergeben   leased, given away
vergeblich   in vain
vergehen, i, a   to pass away; im Nu
vergehen, i, a   to pass without
   notice, or immediately
vergessen, a, e   to forget
vergittern   to furnish with a grating;
   to wire in; to grate up
vergleichen, i, i   to compare
vergnügt   cheerful, pleased
sich verhalten, ie, a   to behave
das Verhältnis, -(ss)e   relationship,
   relation, condition
die Verhandlung, -en   negotiation
verheimlichen   to conceal
verheiratet   married; sich verheiraten
   to marry
verheult   tear-reddened
verhindern   to prevent
verhungern   to starve
der Verkehr   traffic; intercourse
das Verkehrslicht, -er   traffic light
verkleidet   dressed; covered (archi-
   tecture); disguised
verknallen   to burst; break
verkrümeln   to make into crumbs;
   to crumble (up)
verkrustet   thoroughly hardened or
   encrusted
verkünden   to proclaim
die Verkündung, -en   announcement;
   proclamation
die Verkürzung, -en   foreshortening
der Verlad   loading operation (of a ship)
das Verladen   loading
der Verlag, -e   publishing house
verlängert   extended
verlassen, ie, a   to leave
verlaufen, ie, au   to recede, seep
   away (of waves)
verlegen   embarrassed
die Verlegenheit, -en   embarrassment
verletzen   to hurt
die Verletzung, -en   injury
sich verlieben   to fall in love
verliebt   in love

verlieren, o, o   to lose
der Verlobte, –n   fiancé
verloren-gehen, i, a   to get lost (of a
  thing); to lose
vermeiden, ie, ie   avoid
vermieten   to rent out, let
vermissen   to miss
vermuten   to surmise
vermutlich   presumably
die Vermutung, –en   supposition
vernehmen, a, o   to hear, perceive
vernichten   to annihilate, destroy
die Vernunft   reason; zur Vernunft
  bringen   to bring to (one's) senses
vernünftig   reasonable
verpackt   packed
verpflichtet   obligated
die Verpflichtung, –en   obligation
verpfuscht   bungled, botched, wrecked
der Verrat   betrayal
verrecken   to die (as of animals)
verreisen   to travel, depart, go on a trip
verriegeln   to bolt, lock
verrückt   crazy, mad
verrumpft   crumpled
verrutschen   to move
versagen   to fail, break down
sich versammeln   to gather together
verschaffen   to get, acquire
verschenken   to give away
verschieben, o, o   to postpone
verschlingen, a, u   to gobble, devour
verschmiert   smeared over
verschnaufen   to recover one's breath
verschränkt   crossed
verschwemmt   blurred through
  flooding, made indistinct
verschwinden, a, u   to disappear
verschwitzt   sweaty
versehen, a, e   to provide, supply with
versehentlich   absent-mindedly
versetzen   to transfer
versichern   to assure; to insure
die Versicherung, –en   assurance
versorgen   to put away
verspätet   delayed
die Verspätung, –en   delay, wait
versprechen, a, o   to promise
das Versprechen   promise
verständlich   intelligible
das Verständnis   understanding
verständnislos   uncomprehendingly
verstaubt   dusty

das Versteck, –e   hiding place
sich verstecken   to hide, conceal
  oneself
verstehen, a, a   to understand
versteinert   petrified, fossilized
die Verstellung, –en   pretence, make-
  believe
verstimmen   to put out of humor
verstimmt   out of sorts
verstümmelt   mutilated
verstummen   to fall silent
der Versuch, –e   attempt
versuchen   to try, attempt
verteilen   to distribute; sich verteilen
  to dispense, scatter
vertieft   absorbed
der Vertrag, ⸚e   contrast; treaty
vertragen, u, a   to tolerate, bear, stand
verträglich   congenial
vertraut   familiar, intimate
vertreiben, ie, ie   to scare away
der Vertreter, –   agent
die Verunglückte, –n   victim (female)
verursachen   to cause
verurteilen   to condemn
die Verwaltungsrat, ⸚e   director;
  board of directors
der Verwaltungssessel, –   director's
  chair
verwandt   related
verweilen   to while away; to spend
verwesen   to decay
die Verwesung   decay
verwickeln   to entangle
verwickelt   tangled
verwirrend   bewildering
die Verwitterung   weathering, decay
verwöhnen   to spoil (a child)
verwundern   to surprise
die Verwunderung, –en   amazement, astonishment
verzeihen, ie, ie   to pardon, forgive
verzögern   to delay, procrastinate;
  sich verzögern   to be protracted;
  to delay
die Verzögerung, –en   delay
verzweifelt   desperate
die Verzweifelung, –en   despair
vibrierend   vibrating
viel   much
vielleicht   perhaps
vier   four
viereckig   square

der **Vierer**   the fourth
das **Vierteljahr, -e**   quarter year
die **Viertelstunde**   fifteen minutes
vierzig   forty
violett   violet
die **Viper, -n**   viper, snake
der **Vitamin-Fresser, -**   vitamin eater
der **Vogel, ⸚**   bird
der **Vogelmist**   bird droppings
die **Vogelscheuche, -n**   scarecrow
das **Volk, ⸚er**   folk, people, nation
der **Völkerstamm, ⸚e**   ethnic group
volkstümlich   popular
voll   full
die **Vollgasprobe, -n**   testing with
   full throttle
der **Vollgas-Versuch, -e**   attempt at
   acceleration
völlig   completely
vollkommen   completely
der **Vollmond**   full moon
voll-ziehen, o, o   to execute, perform
voneinander   from one another
voran-gehen, i, a   to lead the way
voran-kommen, a, o   to proceed
voraus   ahead
vorausgesetzt   assuming, granted
voraus-sehen, a, e   to anticipate,
   expect
die **Voraussetzung, -en**   prerequisite
vorbei   past, over, gone
vorbei-fahren, u, a   to drive past
vorbei-gehen, i, a   to go by, pass by
vorbei-rollen   to roll past
das **Vorbild, -er**   example, model
vorder   front, forward
der **Vorfahre, -n**   ancestor
der **Vorfilm, -e**   short (film)
die **Vorführung, -en**   presentation,
   showing
vorgeschrieben   prescribed
vorgestern   day before yesterday
vorhanden   on hand
der **Vorhang, ⸚e**   curtain
vorher   previously
vor-kommen, a, o   to appear, happen;
   sich **vor-kommen (wie)**   to feel
   like; to consider oneself (as)
vorläufig   provisional, temporary,
   preliminary
vorletzt   next to last
die **Vorliebe, -n**   preference
vor-machen   to fool (somebody)

der **Vormittag, -e**   forenoon
der **Vorname, -n, -n**   first name
vorne   in front
sich **vor-nehmen, a, o**   to resolve on;
   to intend (firmly)
vornüber   forward
die **Vorsicht, -en**   caution, precaution
vorsintflutlich   antediluvian
vor-stellen   to introduce
sich **vor-stellen**   to imagine
die **Vorstellung, -en**   notion, concep-
   tion, idea; presentation, performance
der **Vorteil, -e**   advantage
der **Vortrag, ⸚e**   talk, lecture
vorwärts   forward
vor-weisen, ie, ie   to produce, show
der **Vorwurf, ⸚e**   reproach
das **Vorzimmer, -**   waiting room,
   anteroom
vulkanisch   vulcanic

wach   (wide) awake
das **Wachs**   wax
wackeln   to wobble, move loosely
   in place
wacklig   wobbly
die **Wade, -n**   calf (of the leg)
wagen   to dare
der **Wagen, -**   car, wagon
die **Wagentür, -en**   car door
die **Wahl, -en**   choice; election
wählen   to elect; to vote
der **Wahnsinn**   madness
wahnsinnig   crazy; terribly
während   while
die **Wahrheit**   truth
wahrscheinlich   probable
die **Wahrscheinlichkeit, -en**
   probability
die **Wahrscheinlichkeitslehre**   theory
   of probability
die **Waldgrenze, -n**   edge of the
   forest, tree line
die **Wand, ⸚e**
die **Wanduhr, -en**   wall clock
wann   when
die **Wanne, -n**   tub
die **Wärme**   warmth
wärmen   to make warm
der **Wärmesatz, ⸚e**   theory of heat
das **Warmwasser**   warm (hot) water
warten   to wait (**auf:** for)
die **Warterei**   waiting to an annoying
   degree

das **Wartezimmer, -** anteroom, waiting room
warum why
was what
die **Wäsche** laundry; underclothes, underwear
waschen, u, a to wash
das **Wasser, -** water
der **Wasserdruck, ̈e** water pressure
der **Wasserfall, ̈e** waterfall
wassergrau water-gray
wässerig watery
der **Wasserspiegel** water level; water surface
der **Wassertropfen, -** drop of water
der **Wasserzweig, -e** tributary, branch of a river
waten to wade
die **Watte** wadding, cotton wool; absorbent cotton
wechseln to change
wecken to awaken
der **Wedel** frond (bot.)
der **Weg, -e** way, path
weg-gehen, i, a to go away
sich **wehren** to defend oneself
die **Wehrmacht** German army
das **Weib, -er** woman, female
weibisch bitchy
weiblich like a woman; effeminate
weich soft
die **Weide, -n** meadow
sich **weigern** to refuse, decline
die **Weile** while, short space of time; **eine Weile** for a while
der **Wein, -e** wine
weinen to weep
die **Weise, -n** kind, manner
weiß white
der **Weiße, -n** white man
weißlich whitish
die **Weisung, -en** order, instruction
weit wide, large
weiter further, farther; **ohne weiteres** without further difficulties, easily
weiter-fahren, u, a to drive on
weiter-fliegen, o, o to fly on
der **Weiterflug** continuation of a flight
weiter-schlafen, ie, a to continue sleeping
weiter-wandern to wander on

welk wilted, withered
das **Wellblech** corrugated metal
das **Wellblechdach, ̈er** corrugated iron roof
die **Welle, -n** wave
wellen to roll in waves
der **Wellenschaum, ̈e** foam, froth of waves
die **Welt, -en** world
die **Weltklasse** international reputation
der **Weltkrieg, -e** world war
die **Weltlosigkeit** worldlessness
wem to, for whom
wen whom
wenig little
wenigstens at least
wer who
werden, u, o to become
das **Werk, -e** work
das **Wesen, -** essence, creature
der **Westen** the West
das **Wetter** weather
das **Wetterleuchten, -** summer lightning, sheet lightning
wichtig important
das **Wichtigste** the most important thing
wickeln to wrap (up), roll, wind
widerlegen to refute
widerlich disgusting, repulsive
widernatürlich unnatural
wider-rufen, ie, u to recant
der **Widerschein** reflection
widersprechen, a, o to contradict
der **Widerspruch, ̈e** contradiction, disagreement
der **Widerstand, ̈e** resistance
wie as, how, as though
wieder again
wiedergut-machen to make restitution
wiederholen to repeat
die **Wiederholung, -en** repetition
wieder-hören to hear again; **Auf Wiederhören** good-bye (radio or telephone)
wiehern to whinny
wieso in what way, how
der **Wildfang** unruly child; tomboy
wimmeln to teem
das **Wimmern** whimpering
die **Wimper, -n** eyelash
winden: es windet the wind blows

windig   windy
winken   to wave
winzig   tiny
wippen   to seasaw, flap (as of wings)
der Wirbel, -   whirl, swirl
wirbeln   to whirl
wirken   to have an effect, appear
wirklich   really
die Wirklichkeit   reality
wirr   confused, wild, chaotic
der Wirt, -e   host; owner of a lodg-
   ing establishment
wirtschaftlich   economical
die Wirtschaftslage, -n   economic
   situation
wischen   to wipe
wissen, u, u   to know
das Wissen   knowing, knowledge
die Wissenschaft   science
der Witz, -e   joke
das Witzchen, -   small joke
witzig   sparkling
wo   where
die Woche, -n   week
das Wochenende, -n   weekend
die Wochenschau   news of the week,
   news reel
woher   from where, whither
wohl   well
wohlmeinend   well-intended
der Wohlstands-Plebs   moneyed
   masses; vulgar, affluent masses
wohnen   to live, reside
die Wohnung, -en   apartment,
   dwelling
die Wolke, -n   cloud
der Wolkenkratzer, -   skyscraper
wolkenlos   cloudless
die Wolldecke, -n   wool blanket
wollen   to want to, wish
die Wolljacke, -n   wool jacket
die Wollust   sensual pleasure
das Wort, -e   word
wörtlich   literally
wortlos   wordless, silent
der Wortschatz, -̈e   vocabulary
wozu   for what reason, why
die Wunde, -n   wound
das Wunder, -   wonder; marvel;
   miracle
wunderbar   wonderful
sich wundern   to be surprised
der Wunsch, -̈e   wish, desire

wünschen   to wish
der Wurf, -̈e   throw
würgen   to strangle, choke; es würgt
   mich   I feel a strangling sensation
die Wurzel, -n   root
die Wüste, -n   desert
der Wüsten-Brief   letter from the
   desert
die Wut   rage
wütend   furious

zahlen   to pay
zählen   to count
zahllos   countless
zahlungsunfähig   unable to pay
der Zahn, -̈e   tooth
der Zahnarzt, -̈e   dentist
der Zahnstein   tartar
zart   frail
die Zärtlichkeit, -en   tenderness;
   caress
die Zeche, -n   bill (at an inn)
das Zeichen, -   sign
zeichnen   to draw
zeigen   to show, point out
die Zeit, -en   time
zeitig   in time
das Zeitlupentempo   slow motion
   tempo
die Zeitung, -en   newspaper
der Zeitvertreib   pasttime
zeitweise   from time to time
der Zentimeter, -   centimeter
zerbrechlich   fragile
zerknittert   crumpled
zerlegen   to take apart, disassemble
zerquetschen   to crush, squash, mash
zerreißen, i, i   to tear apart, tear up
zerren   to drag, pull out, tear
zerschellen   to be smashed to pieces;
   to disintegrate (as an airplane in a
   crash)
zersprungen   cracked
zerstören   to destroy
zertreten, a, e   to stamp out, crush
der Zettel, -   note
das Zeug, -e   stuff; thing
das Zeugnis, -(ss)e   evidence
der Ziege, -n   goat
der Ziehbrunnen, -   bucket-well
ziehen, o, o   to pull
das Ziel, -e   goal, destination
ziemlich   considerable

357

zierlich   dainty
das **Zifferblatt**, ⁼er   face of a clock
die **Zigarettenschachtel**, –n   cigarette package
das **Zimmer**, –   room
der **Zimmerschlüssel**, –   room key
die **Zimmertür**, –en   room door
zischeln   to swish, make a swish-like sound
das **Zischeln**   swish
zischen   to hiss
die **Zisterne**, –n   cistern, well
zitieren   to quote
zittern   to tremble
zitternd   trembling
der **Zoll**, ⁼e   customs
der **Zopilot**, –e   zopilote
der **Zorn**   anger
zornig   angry
zucken   to quiver, flicker, twitch
das **Zucken**   quivering, flickering
zuckend   flickering, twitching
der **Zucker**   sugar
zuckerig   sugary; sticky
zu-decken   to cover up
zudem   in addition
der **Zufall**, ⁼e   chance, accident, fluke
zufällig   accidentally
zufrieden   content
sich **zufrieden-geben**, a, e   to acquiesce (**mit**:   in)
der **Zug**, ⁼e   pull; train; feature; **am Zug sein: ich bin am Zug**   it is my move (as in chess)
zu-geben, a, e   to admit
zugleich   at the same time
der **Zuhälter**, –   pimp
zuhanden   at hand
zu-hören   to listen (attentively)
zu-kleben   to seal
die **Zukunft**   future
der **Zukunftstraum**, ⁼e   dream of the future
zu-lassen, ie, a   to allow, admit
zuliebe   for the sake of
zu-nähen   to sew up
die **Zunge**, –n   tongue
sich **zurecht-legen**   to arrange for oneself
zu-reden   to persuade, urge, encourage
zurück-grüßen   to return a greeting

358

zurück-kehren   to return, come back
zurück-klettern   to climb back up
zurück-stecken   to put back
zurück-treten, a, e   to resign
zurück-weichen, i, i   to back away
zurzeit   at present
zu-sagen   to confirm; to promise
zusammen   together
zusammen-falten   to fold together
zusammen-fressen, a, e   to eat in large quantities and indiscriminately
der **Zusammenhang**, ⁼e   connection
zusammen-klappen   to fold up
zusammen-kleistern   to glue together
zusammen-knüllen   to crush, squeeze
zusammen-löffeln   to scrape up with a spoon
sich **zusammen-nehmen**, a, o   to pull oneself together
zusammen-reißen, i, i   to pull together
zusammen-träumen   to gather up in dreams, to dream randomly
zusätzlich   additional, supplementary
zu-schauen   to watch, observe
der **Zuschauer**, –   onlooker
zu-schlagen, u, a   to shut
zusehends   visibly
der **Zustand**, ⁼e   condition
zuständig   appropriate, appertaining
die **Zustellung**, –en   delivery
zutage-liegen, a, e   to be evident
zuverlässig   reliable
die **Zuversicht**   confidence, trust
zuvor   before
zwanzig   twenty
die **Zwanzigerjahre**   the twenties
zwar   to be sure
zwecks   for the purpose of
zweierlei   two sorts
der **Zweifel**, –   doubt
zweifeln   to doubt
zweimal   second time, twice
der **Zweiräder**, –   two-wheel cart
zweitens   secondly
zwingen, a, u   to force, compel
zwischen-funken   to interrupt with one's own signals
die **Zwischenlandung**, –en   stopover
zwitschern   to twitter
zynisch   cynical